Heiner Gatzemeier, geboren 1947, war bis 1993 Redakteur für Gesellschaftspolitik beim ZDF. Als Autor sozialkritischer Filme für »Die Reportage« und »Zündstoff« haben ihn viele seiner Themen immer wieder ins »menschliche Elend« unserer Gesellschaft geführt: unter anderem in die Psychiatrie, in die Spielhalle und ins Obdachlosenasyl. Aus seiner intensiven langjährigen Beschäftigung mit der Drogenproblematik entstanden die Fernsehfilme »Ausstieg aus der Hölle« und die ZDF-»Zündstoff«-Sendung »Heroin auf Krankenschein«. Seit 1994 ist er Redaktionsleiter für die ZDF-Sendereihe »Doppelpunkt«. Seine besondere Vorliebe gilt – beruflich wie privat – Fragen von Umwelt und Ernährung. Er ist verheiratet und Vater von zwei Töchtern.

Dieses Buch wurde auf chlor- und säurefreiem Papier gedruckt.

Originalausgabe Dezember 1993
© 1993 Droemersche Verlagsanstalt Th. Knaur Nachf., München

Umschlaggestaltung Adolf Bachmann, Reischach
Umschlagfoto Zefa/M. Lawrence, Düsseldorf
Satz DTP ba · br
Druck und Bindung Ebner Ulm
Printed in Germany 5 4 3 2 1
ISBN 3-426-80032-2

Heiner Gatzemeier

HEROIN VOM STAAT

Für eine kontrollierte Freigabe harter Drogen

Meinen Töchtern
Stefanie und Amanda

Inhalt

1 Dirks Appell

»Ich stocher da so rum wie so ein Wahnsinniger, und es kommt kein Blut.« Dirk ist nervös, »affig« nennen sie das in der Szene, wenn ein Drogenabhängiger nach neuem Stoff giert. Dann wird er unruhig, hastig in den Bewegungen. Wie in einem unsichtbaren Käfig rennt er hin und her auf der Suche nach Gift. Ja, »Gift«, sagen diejenigen, die lange genug »drauf sind«, die einige Erfahrungen haben mit der Wirkung von Heroin. Dieser realistische Umgang mit der Droge läßt nichts vom Flair des Rausches spüren, der zu neuen Horizonten des Lebens führen soll. Die meisten wissen, daß sie gefangen sind in einer Hölle, aus der herauszukommen sehr schwierig ist.

Dirk ist in der Hölle. Er stochert weiter herum, und immer wieder fällt ihm die Nadel zu Boden. Dann hebt er sie auf, schnieft dabei laut durch die Nase und sucht weiter nach einer Einstichstelle im linken Unterarm. »Du kannst dir gar nicht vorstellen, wie widerlich das ist, wenn man ›affig‹ ist und keine Adern findet.«

Seine Haare sind rötlich-blond und seine Augen hellwach, die seinen jungenhaften freundlichen Charme unterstreichen.

Kennengelernt habe ich Dirk 1989 bei den Recherchen für eine ZDF-Reportage[1] über Ersatzdrogen. Das ist vier Jahre her. Damals war die Ersatzdroge Methadon, die den Hunger nach Heroin zu stillen vermag, als medizinisches und soziales Therapeutikum politisch sehr umstritten (siehe Kapitel 11). Ich suchte Menschen, die Erfahrungen hatten mit diesen Ersatzdrogen, um herauszufinden, ob sie helfen können beim »Ausstieg aus der Hölle«.

Bei meinen Recherchen stieß ich schnell auf den grauen Markt der Ersatzdrogen, denn Methadon gab es nur für ausgewählte Abhängige und nicht überall, sondern nur in wenigen Städten. Der Bedarf, so fand ich ziemlich schnell heraus, war viel größer als die staatlich kontrollierten Angebote, die zudem nur den Charakter einer Testphase hatten. Methadon galt damals vielen Politikern, Drogenexperten und Medizinern als ein Irrweg, aber dazu wird an anderer Stelle dieses Buches noch ausführlich zu schreiben zu sein.

Die Recherchen führten mich schließlich nach Hamburg und Kiel, wo ich Menschen traf, die von Ärzten andere Ersatzdrogen verschrieben bekamen – Remedacen zum Beispiel, ein ganz normales Hustenmittel, das, in genügender Dosis verabreicht, ebenso den Hunger nach Heroin zu stillen vermag wie Methadon. Diese Ärzte stehen auch heute noch mit einem Bein im Gefängnis. Über einen von ihnen – Dr. Gorm Grimm – werde ich berichten.

Dirk, damals 22 Jahre alt, lernte ich in der Praxis von Dr. Grimm kennen. Er war ausgebrannt. »Seit sechs Jahren ein Leben in der Hölle. Immer wieder Heroin. Immer wieder diese Nadel. Immer dieser ›Affe‹. Immer diese Jagd nach dem Stoff«, skandiert Dirk, der sehr beredt ist und seine Wirkung auf Menschen einzuschätzen weiß. Seine Art, seine Geschichte zu erzählen, zieht mich immer wieder in den Bann.

»Nun ja, Spaß hat es natürlich auch gemacht. Am Anfang.« Das war 1983. Er verdiente gut damals, es ging aufwärts, und Drogen gehörten wie selbstverständlich zum Alltag. Sie schienen für ihn beherrschbar. »Am Anfang war es gar nicht so schlimm. Da war es an und für sich mehr witzig so, da habe ich gar nicht begriffen gehabt, daß ich richtig abhängig bin. Hab' mich echt hochgearbeitet gehabt, für mein Alter damals.

Ich habe mit meiner Freundin ein Haus gehabt, mit 18 Lenzen dann einen fetten Ami-Schlitten gefahren und so. Und alles durch die Drogen natürlich wieder verloren. Alles wieder umgewechselt in Geld, damit ich mir was zum Drücken kaufen kann. Als ich das geschnallt hatte, wußte ich, du bist voll drauf.«

Die Erfahrungen, die Dirk in seinem Leben gesammelt hat, stellen die Biographien Gleichaltriger, die ein mehr oder weniger normales Leben führen, in den Schatten. Sein Leben ist geprägt von der Illegalität als Dieb und Hehler, Dealer und Betrüger.

Dirk ist von entwaffnender Ehrlichkeit. Seine Klugheit provoziert zum Widerspruch, was seine Lebensführung angeht. Ich mag ihn, auch wenn ich manchmal wütend auf ihn bin, daß er seine Intelligenz so jämmerlich vernebelt hat, daß er sie zugedröhnt hat mit Heroin und Kokain, Amphetaminen und Benzodiazepinen (siehe Kapitel 12) und daß er seine Vitalität und Energie nur dafür verbraucht, sich Stoff zu verschaffen.

»Wenn man die Energie hätte, die man hat, um Heroin aufzutreiben, wenn man die hätte ohne Heroin, dann wäre man Millionär innerhalb kürzester Zeit. Aber die Energie hat man nicht, wenn man nicht heroinabhängig ist und ständig Stoff braucht. Wenn der Affe da ist, was dann im Kopf los ist, da ist alles scheißegal, dir fallen Dinge ein, wie man zu Kohle kommen kann, das gibt es gar nicht.«

Dirk hat keine Angst, nicht vor den Bullen, nicht vor dem Knast, nicht vor der Öffentlichkeit, nicht vor den Medien.

Dirk erzählt mir vor laufender Kamera, wie Hasch ihn antörnte, ihn euphorisierte, wie Marihuana seine Stimmungen verstärkte, die glücklichen wie die traurigen, wie Opiate seine Wahrnehmungen veränderten, wie Bilder, Ideen und Gedanken aus dem letzten Winkel »meiner Seele« emporstiegen. Er wollte diese Drogen, das betont er immer wieder. Ihn als

Drogenexperten zu akzeptieren, fällt mir nicht schwer. »Du wirst nicht gegen deinen Willen angefixt. Du willst es. Ich wollte es. Claudia wollte es. Und Jens und Kerstin wollten es auch. Alle, die es genommen haben, wollten es. Man nimmt es wieder und immer wieder, und man wird nicht affig. Man kriegt keine Entzugserscheinungen. Und bumm, denkst du, das ist ja wie Hasch. Und damit war es für mich genauso eine lächerliche Droge wie alle anderen. Nach einem Jahr etwa, da kam es dann auf einmal richtig durch, da habe ich gemerkt, so, jetzt bist du drauf. Jetzt ist es passiert. Und damit hing ich voll drin.«

Als ich Dirk kennenlernte, wollte er aussteigen aus der Hölle. Mit Ersatzdrogen, egal wie. Ehrlich zu sich selbst und sehr offen auch gegenüber dem neugierigen Journalisten bekannte er mit unwiderstehlichem Charme, daß er eigentlich noch gar nicht so weit sei. »Ich lache halt noch drüber. Es ist komisch. Würde gern aufhören, aber irgendwie auch wieder nicht. Weil da halt auch so ein Ding ist, das Spaß macht.«

Er erzählt von seinem Lieblingscocktail, einer Mixtur aus Kokain und Heroin, eigentlich ein alter Hut. »Aber«, er bekommt einen Gesichtsausdruck wie der kleine Junge, der nach dem Sonntagsbraten eine extra große Portion Schokoladenpudding mit Vanillesoße von der Mama kriegt, »das haut tierisch rein!« Im nächsten Augenblick ist er wieder klar bei der Sache. »Und wenn ich jetzt ganz und gar damit aufhören würde, ich wäre auf einmal ganz alleine. Alle meine Leute, die ich kenne, die fixen und koksen, pfeifen sich Tabletten rein und spritzen sich die Cocktails. Wir sind alle Giftschlucker.«

Inzwischen habe ich Dirk oft wiedergetroffen, kenne seinen Leidensweg bis heute, über den noch zu berichten sein wird. Eine erste Fortsetzung fand seine Geschichte nach der Reportage »Ausstieg aus der Hölle« in der ZDF-Zündstoff-Sendung »Heroin auf Krankenschein«.[2] Auch zu diesen Dreharbeiten fand er sich sofort bereit. Wer die Unzuverlässigkeit drogenkranker Menschen kennengelernt hat, weiß zu schätzen, was es bedeutet hat, daß Dirk zu allen Verabredungen pünktlich kam.

Welches Interesse hat Dirk, über seine Erlebnisse und Erfahrungen in aller Medienöffentlichkeit zu berichten? Ist es Geltungsdrang? Ist es der Christiane F.-Effekt? Hofft er auf ein fürstliches Honorar, das das Fernsehen gar nicht zahlen darf? Ich wollte nicht weiter nur mutmaßen und fragte ihn danach.

»Ich will den Leuten zeigen, besonders denen, die jetzt kommen, die Kinder, die sollen schnallen, was da abgeht, daß das kein Spaß ist. Daß das nicht so ein Pillepalle ist wie Haschrauchen oder so was. Heroin ist was ganz anderes. Das kommt von hinten, ganz langsam. Aber auf einmal ist es da, und dann hängt man voll drin und kommt nicht wieder raus. Du saust ab in diesen Dreck, mußt gestrecktes und verschmutztes Zeug spritzen.«

Mit Spaß hat das dann nur noch wenig zu tun. Im Elend der Illegalität wird der Alltag vom Dauerstreß geprägt, die Droge mit hoher krimineller Energie zu beschaffen. Der Ausstieg aus allen sozialen Bezügen wie Familie, Beruf oder Freundeskreis ist programmiert. Die Illegalität macht krank: offene Wunden, eitrige Abszesse, Geschlechtskrankheiten oder Aids sind typische Fixerkrankheiten. »Fixer sind Kranke, doch Fixen ist keine Krankheit.«[3]

Mit dieser prägnanten Formel bringt es Günther Amendt, einer der kenntnisreichsten Drogenexperten, auf den Punkt. »Wäre der Stoff sauber und die Spritze steril, würden sichere Präservative benutzt, wäre ein Minimum an Hygiene garantiert und eine ebenso regelmäßige wie gesunde Ernährung – der Krankenstand in der Fixerszene würde sich kaum von dem einer nichtsüchtigen Vergleichsgruppe unterscheiden.«[4] Amendt wäre nicht der kluge Vordenker für eine neue Dro-

genpolitik, würde er den Gedanken nicht konsequent weiter-
führen, ebenso pragmatisch wie sachlich, ohne ideologische
Scheuklappen: »Stünde die Droge frei oder zu einem er-
schwinglichen Preis zur Verfügung, entfiele die Notwendig-
keit der Beschaffungsprostitution und mit ihr die Risiken von
Infektionskrankheiten.«[5]
Wenn das Wörtchen »wenn« nicht wäre!
Wie wäre Dirks Leben wohl verlaufen, wenn Heroin und
Hasch, Marihuana und Kokain legale Drogen wären? Die
Frage ist müßig, denn die Chance hat er nie gehabt. Vielleicht
hätte er mit der kontrollierten Freigabe von Heroin eine Chan-
ce, endlich auszusteigen. Über Dirks zahlreiche Versuche, aus
der Hölle zu entrinnen, wird noch zu erzählen sein.

2 Das Päckchen

Sie war 18 Jahre alt damals. Der Schreibtisch meiner Tochter war aufgeräumt. Ein Buch, das ich suchte, fand ich nicht. Mitten auf dem Schreibtisch lag ein sorgfältig in Cellophan gehülltes Päckchen, das meine Neugier weckte. Der Inhalt war von beigegrüner Farbe und wog schwer. Erinnerungen an meine Studentenzeit wurden wach. Ein oder zwei Pfund Hasch mögen das schon sein, dachte ich erschrocken.

Warum war ich so erschrocken? Schließlich war mir ja auch zwei Jahre lang entgangen, daß meine Tochter rauchte. Als sie mir bei Pizza und Wein erklärte, sie hätte keine Lust mehr auf diese Heimlichkeit mit Camel, Marlboro oder West, schien mir eine Diskussion über die Schädlichkeit des Tabakgenusses aussichtslos und müßig. Also verzichtete ich auf moralinsaure Bemerkungen und akzeptierte diesen, wenn auch fragwürdigen Genuß meiner Tochter. Ich bestellte mir noch ein Glas Wein.

Sollte ich wieder etwas übersehen haben? Ich wurde unruhig und hatte Angst. Daß meine Tochter rauchte und auch mal Wein oder Bier trank, daran hatte ich mich gewöhnt, wohl auch deshalb, weil das auch zu meinen Gewohnheiten gehörte. Aber Hasch und Marihuana oder gar Heroin – das geht entschieden zu weit, dachte ich. Hätte mich eine Flasche Chablis oder rheinhessischer Winzersekt »extra brut« auf dem Schreibtisch meiner Tochter auch so elektrisiert? Wohl weniger.

Als sie an diesem Tag nach Hause kam, legte ich das Päckchen auffällig auf den Eßtisch. Ich wollte es wissen. Meine Tochter war leicht irritiert, was dieses Päckchen neben Brot und Butter, Käse und Bier zu bedeuten hatte. Ich erklärte ihr meine Unruhe und den schlimmen Verdacht. Sie hielt sich den Bauch vor Lachen, mir schoß vor Pein und Scham die Röte ins Gesicht. »Das ist feinstes Henna direkt aus der Türkei.« Und sie vergaß nicht, für den vielleicht unwissenden Papa hinzuzufügen, daß Henna zum Haarefärben sei. Ich war blamiert. Heute – Jahre später – weiß ich, daß ich in die Falle der üblichen Vorurteile zu harten und weichen, legalen und illegalen Drogen geraten war. Allerdings bedeutet das nicht, daß ich heute hocherfreut wäre, wenn meine Tochter Heroin drücken oder Kokain sniffen würde, sich mit LSD oder Benzodiazepinen zuziehen würde.

Dieses einprägsame Erlebnis mit dem Haarfärbemittel Henna lenkte meine journalistische Neugier auf ein weiteres »Elendsthema«, das mich ähnlich gefangennahm wie andere Themen auch, die von vergessenen oder ins Abseits gedrängten Menschen handeln. Von Menschen, die der angewiderte Volksmund gern als Abschaum oder Kroppzeug diffamiert.

3 Das Interesse

Menschen, die mir nahestehen, haben einmal spekuliert, warum ich mit Vorliebe Themen behandle, die mich ins »Elend« dieser Gesellschaft führen und mit Menschen bekanntmachen, die leiden – in der Psychiatrie, in der Drogenszene, in der Spielhalle, im Obdachlosenasyl: Themen, die mich Menschen näherbringen, die an ihrem Lebensalltag und dessen Bewältigung krank werden.

Ihre Vermutung lautete, daß ich wohl Angst hätte, diese Schicksale selber zu erleiden. Da mag etwas dran sein.

Vor allem aber habe ich inzwischen die ziemlich unumstößliche Gewißheit, daß die gesellschaftliche Solidarität mit den »Gestrauchelten« äußerst unzureichend ist. Vorurteile, die meist von politischen, religiösen oder wirtschaftlichen Interessen geprägt werden, verhindern häufig, daß wirklich geholfen wird, wo Menschen in Not geraten.

Eine repressive Drogenpolitik zum Beispiel, bei der die Cannabisdelikte (Hasch und Marihuana) weit mehr als 50 Prozent aller Betäubungsmitteldelikte ausmachen, muß dazu führen, daß Bürger auf jeden verbal oder auch tatkräftig einprügeln, der Hasch und Marihuana genießt. Diese Cannabisprodukte – das ist inzwischen wissenschaftlich weltweit eine Binsenweisheit – machen nicht süchtig und auch nicht krank, aber sie werden nicht nur hierzulande unter Strafe gesetzt, wenn sie gekauft und geraucht werden (siehe Kapitel 12 und 14).

Was fehlt, ist eine umfassende Aufklärung. Wir erzählen unseren Kindern, daß Hasch sehr gefährlich sei. Wenn sie dann trotzdem Hasch rauchen, merken sie sehr rasch, daß diese Behauptung nicht stimmt. Wie sollen sie uns dann noch Glauben schenken, wenn wir vor Heroin warnen. Müssen sie dann nicht annehmen, das sei ebenso harmlos wie Hasch oder Marihuana? Allen wissenschaftlichen Erkenntnissen zum Trotz wird auch immer wieder behauptet, Hasch und Marihuana seien die typischen Einstiegsdrogen. Weil Hasch ebenso verboten ist wie Heroin oder Kokain, wird es natürlich auch dort gehandelt, wo die wirklich süchtig machenden Drogen gehandelt werden. Die Nähe des harten Stoffs in der Szene begünstigt den Einstieg, der Ort also befördert den Einstieg und nicht Cannabis an sich.

Sinnvoll wäre es, darüber aufzuklären, was die Cannabisprodukte bewirken und daß es Unterschiede in ihren Wirkungen gibt – je nachdem, beispielsweise, in welcher Stimmung der Konsument sein »Gras« genießt. Ein ehrlicher Leitfaden zum Konsum der verschiedenen Drogen wäre sinnvoller und präventiver als die ständige Aufrüstung der Polizei. Ein Leitfaden, der aufklärt und gleichzeitig durch Differenzierung warnt. Alle bisherigen Erfahrungen haben deutlich gemacht, daß die herkömmliche Aufklärung wie »Kampf den Drogen« nur an der Oberfläche geblieben ist. Die Drogen zu verteufeln, genügt allein nicht. Eine solche Prävention hilft nicht wirklich, sie gibt nur vor, sich um ein Problem zu kümmern, ohne den Menschen und seine jeweilige Lebenssituation zu berücksichtigen.

Natürlich ist – das sei hier mit aller Deutlichkeit hervorgehoben, »jede Anpreisung von Drogen, jeder Versuch, im Stile eines Handelsvertreters Menschen zum Konsum bestimmter Drogen zu überreden, unverantwortlich.«[6]

Der Umgang mit dem Drogenproblem ist hierzulande derart undifferenziert und mit Vorurteilen und Ideologien verstellt, daß immer mehr drogenabhängige Menschen an den Rand unserer Gesellschaft gedrängt werden, ins Abseits.

Wie eine Gesellschaft mit ihren Mitbürgern, die sie zum größten Teil wohlwissend ins soziale Elend abgleiten läßt, umgeht, steht im Mittelpunkt des Interesses, das mich zu »meinen« Themen führt.

Auf einer ganz anderen Ebene zeugt auch der Raubbau an unseren existentiellen Lebensgrundlagen – Wasser, Boden, Luft und Energie – davon, wie wenig uns die Nachgeborenen wert zu sein scheinen, daß wir ihre Zukunft aufs Spiel setzen. Ihr künftiges Leben auf diesem Planeten spielt in unserem Verhalten nur am Rande eine Rolle. »Die Zukunft unserer Kinder liegt uns am Herzen!« rufen wir allenthalben, wenn wir gefragt werden, wie wir es mit der Umwelt halten. Unser Handeln steht dagegen und entlarvt diesen Spruch jeden Tag aufs neue als zynische Floskel. Wir sortierten brav den Müll in tausend verschiedene Tonnen und Säcke und vergessen dabei, daß wir den Unrat, den wir da sammeln, vorher für teures Geld mit eingekauft haben. Wir wandern durch die Natur und beklagen den sterbenden Wald, die gerodeten Skihänge, die begradigten Flüsse und setzen uns dann wieder ins Auto und vergiften mit Benzol nicht nur die Luft, sondern auch die Menschen, die sie einatmen, auch unsere Kinder. Bis heute – im Zeitalter des bleifreien Benzins – finden wir immer noch 500 Gramm Blei auf einen Quadratmeter Erde am Rande unserer Autobahnen. Alle Gifte, die wir produzieren, haben einen Haltbarkeitswert über viele Generationen hinweg. Wir wissen viel, aber wir handeln nicht danach.

Setzen wir die Reihe der Beispiele fort.

Kinderreiche Familien und vor allem auch alleinerziehende Mütter und Väter geraten zunehmend ins soziale Elend. Die Armut hat auch den Mittelstand längst im Würgegriff. Der äußere »Elendsrand« unserer Gesellschaft wird immer breiter.

Wir ernähren unsere Kinder mit Speisen aus der Industrieretorte und akzeptieren, daß sie dabei auch krankheitserregende Stoffe zu sich nehmen. Wir »versorgen« sie bis an den Rand des Unverträglichen mit Zusatzstoffen in der Nahrung, die bei ihnen Allergien auslösen können.

Warum schlagen wir alle Warnungen in den Wind? Warum reagieren wir nicht auf die bedrohlichen Signale unserer Natur?

Warum lassen wir zu, daß der Schutzschild unserer Erdatmosphäre immer weiter aufreißt und uns an den Rand von Naturkatastrophen unermeßlichen Ausmaßes bringt?

Warum gilt der wirtschaftliche Wohlstand mehr als die Bewahrung der Natur, unserer Lebensgrundlage?

Warum?

Was das mit dem Drogenproblem zu tun hat? Es ist der gleiche zynische Umgang mit der Lebensqualität: Wir lassen Körper und Seele durch Schmutz und Dreck, Radioaktivität und Chemie malträtieren, und wir lassen es zu, daß drogenkranke Menschen nicht saubere Drogen bekommen, sondern »verschreiben« ihnen auf politischer Ebene geradezu Krankheiten, Seuchen und Tod bringenden schmutzigen Stoff. Wider besseres Wissen verhalten wir uns so. Der Bürger wird beruhigt und mit Wohlstandskonsum geködert, sich gemein zu machen mit den Umweltverschmutzern. Der Bürger wird gespickt mit Fehlinformationen und Vorurteilen, die ihm das Hören und Sehen und Denken abnehmen, wenn es um Hasch und Heroin, Crack und Kokain geht (siehe Kapitel 12).

4 Freßpakete

Immer mehr Eltern ergreifen die Initiative, um für ihre Kinder einen Ausweg aus dem Drogenelend zu finden.

Hamburger Väter und Mütter, die sich in einer Eltern- und Angehöriginitiative für akzeptierende Drogenarbeit zusammengeschlossen haben, haben jeden ersten Mittwoch im Monat ein besonderes Treffen. Sie kaufen Obst, Joghurt und Saft ein, schmieren Hunderte von Brötchen mit Wurst und Käse und packen Freßpakete für die Junkies am Hauptbahnhof zusammen. Unter ihnen auch die eigenen heroinabhängigen Kinder. Die Eltern wollen nicht länger mit ansehen, wie ihre Töchter und Söhne betrügen, stehlen und sich prostituieren müssen, um das verdreckte Heroin kaufen zu können.

Sie sagen, wir müssen die Heroinsucht unserer Kinder als Krankheit akzeptieren. »Unsere Kinder brauchen uns!« betonen sie.

»Mit den Freßpaketen finden wir den zur Zeit einzig möglichen Weg und damit Kontakt zu ihnen. Wir können sie sehen, mit ihnen sprechen, wir können zumindest gegen ihre erbärmliche Ernährungssituation etwas tun.« Manche Väter und Mütter gehen so weit, ihren Kindern Heroin zu besorgen, wenn sie erleben, wie sie bettelnd nach Stoff durch St. Georg taumeln.

»Wenn ich das Zeug selbst kaufe«, erzählt eine Mutter, »dann weiß ich, was ich kaufe. Dann achte ich darauf, daß die Qualität einigermaßen stimmt. Ich weiß doch, wie das abläuft. Wenn das Geld, das meist ohnehin kriminell beschafft wurde,

19

nicht reicht, dann kaufen sie trotzdem Stoff und wenn er noch so dreckig ist. Dann schlucken sie Tabletten oder greifen zusätzlich zu Alkohol.« Die Kinder wissen selbst sehr gut, wie schlecht es ihnen geht, daß sie tief im Sumpf stecken und daß der Spaß am Rausch längst verblaßt ist. Entzug, Entwöhnung, Therapie – das sind für sie durchaus keine Fremdworte. Die meisten haben den Ausstieg aus der Hölle mehr als einmal versucht. Tiefer als sie schon im Sumpf der Drogenszene versunken sind, geht es nicht mehr. Sie halten sich gerade so über Wasser. Daß sie überleben, liegt gewiß auch an diesen Freßpaketen.

Was diese Hamburger Eltern so selbstverständlich tun, läßt andernorts Väter und Mütter besorgt die Köpfe schütteln. Sie vertreten die Ansicht, das verlängere nur die Sucht, die Eltern würden selbst zu Dealern und zu Co-Abhängigen. Das halten sie für verwerflich. Dabei ist es für viele eine Überlebenschance. Süchtige müßten leiden, argumentieren sie mitleidlos kalt, das Leiden müsse sie im Elend versinken lassen. Wenn dann die »Einsicht« käme und sie nach Hilfe schrien, dann erst dürfte die rettende Hand gereicht werden, die sie aus dem Sumpf zieht, geradewegs in die Abstinenz-Therapie, in eine Therapie jedoch, die bitteschön nicht nach den Bedürfnissen der Süchtigen fragt, sondern nach dem Diktat der »Helfer« verläuft. Was machen diese Eltern eigentlich, wenn der Hilfeschrei ausbleibt oder sie ihn schlicht überhören, weil jeglicher Kontakt fehlt? Und ist der Weg in den süchtigen Konsum von Heroin oder Tabletten, Alkohol oder Kokain nicht schon ein einziger Hilferuf, der allzu gern geflissentlich überhört wird? Was ist so verwerflich daran, wenn ein Vater nach sauberem Stoff für seinen Sohn verlangt, weil er weiß, daß er auf Dauer nur so überleben kann?

Mir schwebt eine einfache Szene vor, die einen vielleicht banalen, aber doch treffenden Vergleich vor Augen führt. Dieselben Eltern, die das Verhalten der Hamburger Initiative als kriminell brandmarken, möchte ich einmal erleben, wenn sie für ihre Grillparty am Wochenende Stoff einkaufen – also normalerweise Sekt, Bier, Wein oder auch Schnaps – und nach dem Genuß erfahren, daß ihr Stoff mit Fusel gestreckt, unvergoren oder überlagert war. Wie würden sie wohl reagieren, wenn ihre Zigaretten oder Zigarillos mit getrocknetem Wiesengras angereichert wären? Zweifellos würden sie dann ihr Recht auf sauberen Stoff, auf Nikotin und Alkohol, einfordern, auf Drogen also, die gesundheitlich weitaus bedenklicher sind als Heroin, Kokain, Hasch oder Marihuana (siehe Kapitel 12). Das Elend der Heroinabhängigen, die von ihren Eltern am Hamburger Hauptbahnhof mit Freßpaketen versorgt werden, hat doch in erster Linie mit den Umständen und den Bedingungen ihres Konsums in der Illegalität zu tun. Seit der Prohibition des Alkohols in den USA zu Beginn dieses Jahrhunderts wissen wir doch spätestens, daß solche politischen Wege ins Elend führen (siehe Kapitel 6).

5 Väter

In den Gärten blüht der Flieder. Ich atme den Duft tief ein. Das hebt meine Stimmung.

Ich bin in einem Hamburger Vorort und suche die Straße und das Haus von Claudias Eltern. Ihr Grundstück liegt in einer hübsch-ordentlichen Siedlung aus den sechziger Jahren. Die Häuser ähneln sich ebenso wie die Gärten.

Claudias Vater arbeitet im Garten, als ich ihn anspreche. Wir bleiben am Zaun stehen, Claudias Vater hat sich jenseits des Jägerholzes aufgebaut und hält seine Arme über dem Bauch fest verschränkt. Ich bleibe während des Gesprächs auf dem Bürgersteig. Er fragt mich, was ich wolle, und ich erzähle ihm, daß ich seine Tochter Claudia bei Recherchen für eine ZDF-Reportage[7] kennengelernt habe und gern wissen möchte, wie er reagiert habe, als er hörte, daß seine Tochter drogenabhängig sei.

»Ich hätte sie am liebsten an den Kai geschickt. Auf gut deutsch.« Ich verstehe nicht recht. »Na ja, wie ich das so spitz gekriegt hatte, wieweit sie schon mit Drogen war, habe ich ihr angeboten, den goldenen Schuß zu nehmen. Den hätte ich auch bezahlt, aber das wollte sie nicht.«

Ich äußere Verständnis für Claudias Verweigerung.

»Aber wenn man vier Kinder hat und eines ausflippt davon ...«

Er schüttelt den Kopf und preßt ein langes »neee« durch die Lippen. »Ich würde auch jedem anderen, der so weit ist, helfen, da runterzukommen, aber, wie gesagt, auf meine Art.«

Sie würden der eigenen Tochter den »Goldenen Schuß« verpassen?

»Ja – gut – ich hätte ihn besorgt – nech – dann wäre der Fall erledigt gewesen.«

Der Fall.

»Florian, Claudias Sohn, hätten wir übernommen.«

Die Übernahme.

»Dann wären wir damit durchgewesen.«

Erledigt. Abgelegt. Vergessen.

In den Gärten blüht der Flieder. Ich atme tief durch.

Claudias Vater redet von dem »Scheiß, den sie da nimmt«. Er kennt weder Namen noch Bedeutung von Hasch oder Marihuana oder Heroin oder Kokain. Er weiß nichts von Drogenberatung oder Therapie, Entzug oder Entwöhnung. Er will nicht wissen, was er wissen könnte. Er möchte damit nichts zu tun haben und basta. Seine panische Angstreaktion ist letztlich Ausdruck seines minimalen Wissensstands. Und da der Weg zu den vorliegenden Erkenntnissen über illegale Drogen ihm zu beschwerlich scheint, liegt der Kurzschluß nahe: der Tod als Problemlösung.

Claudias Vater ist da kein Einzelfall. Selbst Politiker schwätzen ebenso munter drauflos, ohne Informationen in der Sache zu besitzen. Ihre Reden über Repression, hartes Durchgreifen, Zwangseinweisungen und Strafverfolgung finden willkommene Verbreitung durch flüchtige, oberflächliche Publikationen unserer bunten Medienwelt. So werden Reden und Meinungen vervielfältigt, die sich festsetzen und im eigenen Erleben und Denken zum Kurzschluß führen. In den Köpfen betroffener wie unbeteiligter Menschen bleiben Panik, Horror, Angst und Entsetzen. Die Botschaft lautet: Hilfe ist nicht möglich. Das ist ein fruchtbarer Boden für Stammtischparolen: »Laßt sie doch verrecken!« So ist für Claudias Vater der »Goldene Schuß« die »Endlösung«. Aus dem Leben – aus dem Sinn.

23

Der Frankfurter Rechtsgelehrte Winfried Hassemer zieht in Kenntnis dieses Phänomens der Ahnungslosigkeit ein treffendes Fazit: »Es folgt ... der Abschied von der Hoffnung, wir seien auf absehbare Zeit zu einer umfassenden und schlüssigen Drogenpolitik imstande; daran hindern uns vorerst öffentliche Ahnungslosigkeit, Angst und Vorurteile, explosiv gemischt mit der Entschiedenheit der moralischen Bewertung.« Klein beigeben im Kampf gegen die elenden Bedingungen unserer Drogenpolitik will er dennoch nicht. Hassemer plädiert dafür, »unter dem Schutt von Vorurteilen einige Fakten freizulegen, welche für drogenpolitische Entscheidungen bedeutsam sein können.«[8]

»Ich kämpfe um das Leben meines Sohnes. Ich will, daß mein Sohn lebt«, sagt Hans Jürgen Senft. Dieser Vater führt einen erbitterten Kampf, um maßgebliche Politiker zu bewegen, endlich wahrzunehmen, was viele Ärzte, Polizisten, Richter, Staatsanwälte oder Psychologen und Soziologen aufgrund fundierter wissenschaftlicher und empirischer Forschungsergebnisse zur Entschärfung des Drogenproblems veröffentlicht haben. Weltweit sind Plädoyers für eine Freigabe oder besser für eine kontrollierte Vergabe illegaler Drogen immer deutlicher und entschiedener zu vernehmen.

Mit seinem jahrelangen, entbehrungsreichen Kampf um das Leben seines Sohnes ist Hans Jürgen Senft zur Leitfigur vieler Eltern geworden, die an den Staat appellieren, die längst überfällige Wende in der Drogenpolitik einzuleiten, die in den vergangenen zwanzig Jahren in erster Linie von Repression und Prohibition, Verfolgung und Bestrafung geprägt war.

»Als Eltern standen wir jahrelang vor einer Wand von Fehlinformationen. Wir haben ja alles geglaubt, was die uns erzählt haben. Was diese zum Teil sehr bewußt eingesetzten Fehlinformationen angerichtet haben, das kann nur nachvollziehen, wer es bitter erlitten hat.« Vater Senft weiß, wovon er spricht.

Seit vielen Jahren begleitet er seinen drogenabhängigen Sohn durch alle Höhen und Tiefen eines von der Sucht bestimmten Lebens.

Seit langem kenne ich Hans Jürgen Senft, und wir treffen uns immer wieder, und der Anlaß ist immer der Kampf um eine liberalere Drogenpolitik, der sein Leben diktiert. Wieder einmal sitzen wir zusammen, gemeinsam mit Vätern und Müttern seiner Elterngruppe Schleswig-Holstein in Kiel. Wir haben uns in einer Kneipe zu einem Fernsehinterview getroffen. In einer Ecke bauen wir Scheinwerfer und Kamera auf, verkabeln die Gesprächspartner mit Mikrofonen. Auf dem Ecktisch stehen Gläser mit frisch gezapftem Bier, zwei Flaschen Piccolosekt und Selterswasser, und vor Vater Senft liegen griffbereit seine starken Zigaretten. Die Elterngruppe ist noch in ihrer Gründungsphase, manche Eltern sind erst seit kurzem dabei, so ist es nicht verwunderlich, daß Senft die Gesprächsrunde dominiert. Er ist eigentlich ein stiller, ruhiger Mensch, aber je länger er über seine Erfahrungen mit den illegalen Drogen spricht, desto engagierter wird seine Stimmlage. Dann kümmert es ihn nicht, daß die Kamera läuft und im Lokal noch andere Gäste sitzen und womöglich zuhören. Flehentlich schreit es plötzlich aus ihm heraus: »Es ist illusorisch zu glauben, der Stoff könnte verboten werden. Das Heroin ist da, aber es ist unsauber da, und ich bin davon überzeugt, daß der Staat die Pflicht hat, dafür zu sorgen, daß sauberes, reines Heroin verfügbar ist.« In der Kneipe wird es ruhiger. Er hebt noch einmal die Stimme: »Denn was kann daran falsch sein, einem Abhängigen, der den Stoff unter allen Umständen braucht und ihn sich beschafft und immer beschaffen kann, diesem statt des verdreckten Stoffs sauberen zu geben. Was kann daran, um Gottes willen, falsch sein?«

In der Kneipe ist es still.

Ja, was kann falsch daran sein?

6 Allmacht der Drogen

Da laufen die Fußballstars mit Energie und Stolz auf das Spielfeld. Es sind unsere Nationalspieler. Sie haben eine Verpflichtung zu erfüllen, nämlich das Länderspiel für uns zu gewinnen. Verpflichtet sind sie auch dem Deutschen Fußballbund, denn der läßt sie über seinen Angestellten, dem Bundestrainer, für die ehrenvollen Spiele nominieren und aufstellen. Wer dieser Pflicht die Ehre gibt, muß noch eine ganze Reihe anderer Verpflichtungen übernehmen. Eine ganz besondere ist es, einen Werbeslogan zu Markte zu tragen, der da lautet: »Keine Macht den Drogen«. Wohlgemerkt, gemeint sind nicht Bier, Schnaps, Wein, Zigaretten oder Zigarillos, nein, die Kampagne zielt auf die illegalen Drogen wie Hasch und Kokain, Heroin und Marihuana. Wie sollte sonst ein reklamerauchender Trainer seinen Dauergenuß – zumindest solange er in der Öffentlichkeit zu sehen ist – seinen Spielern erklären und seinen Fans auf der Tribüne und an den Bildschirmen? Wie sollten die Alkoholeskapaden von Sportlichen Direktoren entschuldigt werden? Wie könnte diese Kampagne, zielte sie denn auf die ganz legalen Drogen, den Widerspruch zu den Werbetafeln am Spielfeldrand lösen, zu den eingespielten Fernsehspots, die immer wieder den Genuß von Wodka, Bier und anderen Alkoholika preisen? Haben sich nicht schon einige Stars der Fußballarenen unter Alkoholgenuß um die Karriere gebracht, einige gar ums Leben, weil sie trotz Bier- oder Sektkonsum in ihre Nobelkarossen stiegen und auf menschenleeren Autobahnen zur Nachtzeit das Höchsttempo austesten wollten? Ja, all das kennen wir zur Genüge – es wird abgehakt unter »allzu menschlich«.

Die »Fratze« des Alkohols nehmen wir hinter diesen Geschichten nicht wahr, weil wir ja alle drinhängen im Konsum dieser Alltagsdrogen und wissen, morgen könnte es schon mich erwischen. Es wird einfach das Tuch kumpelhaften Verständnisses drübergehängt. Aber sehen wir in der Zeitung das Bild des toten Fixers in der Bahnhofstoilette, dann ist sie da, die »Fratze« des Teufels, die den armen Sünder heimgeholt hat, und meist fügen wir hinzu »mit Recht«.

Dem *Jahrbuch Sucht '93*,[9] herausgegeben von der Deutschen Hauptstelle gegen die Suchtgefahren, entnehmen wir, daß jeden Tag mindestens 100 Menschen an den Folgen ihres Alkoholgenusses sterben. Das schreckt uns weniger als die vier Drogentoten täglich. Der öffentliche Kampf unserer Gesellschaft gilt zuallererst den illegalen Drogen, während die legalen Drogen mit aller Raffinesse in Presse, Funk und Fernsehen sowie auf Reklametafeln umworben werden dürfen. Daß der Staat an Steuern kräftig mitverdient, ist eine Binsenweisheit, die hier nicht weiter diskutiert zu werden braucht.

Hat der Staat nicht längst aufgegeben, den Mißbrauch von Alkohol, Nikotin und Arzneien einzudämmen, weil kein Kraut dagegen gewachsen ist und sich die Zahl der Abhängigen in den Statistiken irgendwo bei einer annehmbaren Größe eingependelt hat? Es scheint so.

Warum aber glauben so viele, daß dem Kampf gegen Heroin und Hasch mehr Erfolg beschieden sein muß? Warum führen sie ihn? Vielleicht als Stellvertreterkrieg, um politisch Stärke zu zeigen gegenüber Suchtmitteln, die der überwiegenden Mehrheit der Bundesbürger fremd sind? Beruhigen wir uns und unsere eigene hohe Suchtbereitschaft mit dem Hinweis, daß es andere noch viel schlimmer treiben?

27

Jetzt, im Sommer 1993, jubeln sie wieder, die Fans der Leicht-
athletik bei den Weltmeisterschaften in Stuttgart. Ich interes-
siere mich für Sport, verstehe aber schon lange nicht mehr
dieses widersprüchliche Verhalten, was die Dopingfrage angeht. Jeder weiß es, manche Sportler bekennen auch in der
Öffentlichkeit, daß im Hochleistungssport in der Regel gedopt
wird. Und als Fans jubeln wir; zumindest solange unsere Stars
und Lieblinge wie Krabbe und Co. nicht erwischt werden.
Aber wenn sie ertappt werden, dann bricht der Sturm der
doppelbödigen Entrüstung los, wird das Maß unserer Doppelmoral in aller Offenheit bloßgelegt, doch auch das führt
zu keinerlei Konsequenz in unserem Verhalten. Wir wollen
Höchstleistungen von unseren Showstars und Spitzensport-
lern. Wir wissen, daß sie oft nur zu erzielen sind mit Drogen – Alkohol, Kokain oder Medikamente sind häufig die
Garanten für den großen Erfolg beim Publikum. Wir jubeln
trotzdem, applaudieren kräftig, trampeln mit den Füßen, zeigen aber unseren Kindern den erhobenen Zeigefinger, wenn
wir von Drogen reden, erzürnen uns, wenn öffentlich wird,
was hinter den Erfolgen unserer »Lieblinge« bislang verborgen blieb.
Dann wenden wir uns ab und warten gespannt auf die neuen
Sterne auf dem Showparkett oder der Tartanbahn. Wir
schwingen wieder unsere Fähnchen – bis zum folgenden
Skandal.
Das nächste Großereignis im Sport wird wieder genauso wer-
beträchtig inszeniert und von den Zuschauern als willkommene Freizeitattraktion akzeptiert. Was den Kokaingenuß des
Fußballidols Maradonna angeht, scheinen die Zuschauer gern
den jeweiligen Topzuschlag gezahlt zu haben, wenn er gespielt hat, weil seine Leistung gerade in den letzten Minuten
des Spiels alle natürlichen Grenzen eines Fußballers über-
schritt. Dann wuchs ER ins »Göttliche« – dank Kokain.

Was soll's, solange es für uns in der Südkurve oder im Fernsehsessel ein – wenn auch anderer – Hochgenuß war.

Und puschen wir nicht unsere eigenen Kinder hoch mit fragwürdigen Medikamenten, um ihre schulischen, ballettösen, musischen oder sportlichen Leistungen zu steigern?

Wir verdrängen, wie Amendt zu Recht feststellt, daß wir ohne Stimulanzien schon kaum mehr auskommen, wollen wir nicht abgehängt oder gar überrundet werden im Wettlauf nach Konsum und Produktionshöchstleistungen.[10]

Die Drogen sind da, sie gehören zu unserem Alltag, sie sind ein Phänomen, mit dem wir mehr oder weniger schlecht leben.

Und Drogen sind auch keine Erfindung der Neuzeit, der Industriegesellschaft, es gab sie schon immer, zumindest solange wir zurückdenken können.

Die Droge ist da, sie war schon immer da, und sie wird auch in Zukunft da sein. Eine drogenfreie Gesellschaft gibt es nicht, sie einzufordern mag ehrenhaft sein, zeugt aber von großer gesellschaftspolitischer Naivität.

Zu allen Zeiten haben Menschen Glücksreisen ins Innere ihrer Seele unternommen, wollten sie mehr erfahren als ihnen der normale Alltag hergab, wollten sie sich entspannen oder antreiben, ihrem Geist und Verstand eine neue, unbekannte Richtung geben. Die historischen Erkenntnisse über das Suchtverhalten der Menschen in aller Welt lassen eigentlich nur den Schluß zu, daß alle Versuche, ein Rauschmittel durch Verbote und Sanktionen vom Markt zu bringen, fehlgeschlagen sind. So drohte im 17. Jahrhundert sowohl den Rauchern in der Türkei wie in Lüneburg die Hinrichtung, wollte König Karl II. von England 1675 die Kaffeehäuser verbieten, wurde das Trinken von Bier und Branntwein unter Zar Michael mit Exil und Folter bestraft.[11]

In der Schöpfungsgeschichte verschiedener Völker und Kulturen finden wir die Mythen der anstachelnden Drogen. Homer singt ein Loblied auf die getrocknete und pulverisierte Milch aus den Kapseln des Schlafmohns (Opium; Heroin ist ein synthetisiertes Opiumderivat): »Ein Mittel, Kummer zu tilgen und Groll und jeder Leiden Gedächtnis«, schreibt er in seiner Odyssee. Im Alten Testament wird vor Weingenuß gewarnt, Alkohol sei Teufelszeug und verführe zur Sünde. An gleicher Stelle – in den Sprüchen 23,31 – ist nachzulesen, wie Alkohol zu wirken vermag, daß er nämlich am Ende beiße wie eine Schlange und steche wie eine Viper. Geholfen haben diese eindeutigen Warnungen anscheinend wenig, denn Jesus verwandelte höchstpersönlich Wasser zu Wein, in der Eucharistiefeier gilt der Wein als Blut Christi. Der Germanist und Journalist Wolfgang Nagel vermerkt in diesem Zusammenhang recht respektlos, daß die Umwandlung von Wasser zu Wein allein dem Zwecke gedient habe, die Zecher bei der Hochzeit zu Kana nicht auf dem trockenen sitzenlassen zu müssen.[12]

In aller Welt und zu allen erdenklichen Zeiten haben fast alle Völker – so unterschiedlich sie auch waren – Phantasie und Energie eingesetzt, um Rauschmittel herzustellen. Die Pflanzen, aus denen sie ihre Suchtstoffe meist gewannen, waren höchst verschieden, in ihrer jeweiligen Wirkung jedoch sehr verwandt: Der Rausch entführte aus der Realität, löste den Körper von der Seele, ließ ungeahnte Blicke ins Unbewußte zu. Von Freud wird in der Literatur berichtet, daß er ohne die Selbstversuche mit Kokain seine These vom Unterbewußten im Menschen wohl nicht hätte entwickeln können.

In jener Vorzeit, als Religionen noch Riten und Mythen einer Gesellschaft bestimmten und streng darüber wachten, wer zu welcher Zeit und zu welchem Anlaß welche Rauschmittel genießen durfte, war der Genuß von Drogen relativ eng begrenzt. Je schwächer der Einfluß von Religionen und ihrer Heilsbringer – ob Schamane oder Priester – wurde, desto ausuternder wurde auch der Genuß von Rauschmitteln. Wenn man so will, ist das der Ursprung des Mißbrauchs. Der reine Genuß ersetzte Riten und die damit eng verknüpften Mythen. Ob zu Zeiten Caesars oder im Jahre 1993, in der politischen Auseinandersetzung um Macht und Herrschaft spielen Drogen oft eine dominierende Rolle. Was macht es für einen Unterschied wenn Caesar seinem politischen Gegner Cato Trunksucht vorhält oder Politiker der Bundesrepublik als Rotwein trinkende Toscana-Freaks angeprangert werden? Das Ziel ist eindeutig, den Gegner als nicht voll zurechnungsfähig und somit als schwach abzustempeln. Da wird der Genuß einer legalen Droge plötzlich als Waffe genutzt. Im politischen Machtkampf, ob offen oder verdeckt, wird die Droge Alkohol manchmal sehr wohl als Disziplinierungsmittel eingesetzt. Also wissen und wußten Politiker zu allen Zeiten um die tatsächliche Wirkung von Bier und Met, Wein oder Schnaps. Wie dem auch sei, aufzuhalten waren Drogen dieser und anderer Art zu keiner Zeit, nicht mit moralischen Appellen, nicht mit heuchlerischer Doppelmoral, nicht mit Strafandrohungen wie Folter oder Tod durch Erhängen, selbst die polternden Predigten eines Martin Luther konnten die Freude seiner Landsleute, Hochprozentiges zu verkösten, nicht im geringsten trüben, auch wenn er drohte, »den betrunkenen Schweinen« bleibe das Reich Gottes verschlossen.

Um Substanzen, die höchsten Genuß bescherten, Visionen und märchenhafte Traumwelten hervorzauberten, waren weder Chinesen noch Ägypter, Griechen, Mexikaner, Römer oder Germanen verlegen. Mal sind es die Blätter des Quat, mal die Opiumpflanzen, mal der blaue Eisenhut. Die Geschichte der Drogen ist immer auch die Geschichte der menschlichen Phantasie. Bereits im Jahre 245 westlicher Zeitrechnung entwickelten die Chinesen die erste Designerdroge, »Han Shi«. Sie löste zwar Depressionen, starke Krämpfe, Schmerzen und Geschwüre aus und brachte manche Zeitgenossen vor allem aus der Oberschicht frühzeitig ins Grab. Gesellschaftliche Wertschätzung und Anerkennung in der Gesellschaft schmälerten diese Nebenwirkungen allerdings nicht.

Was Sucht und Rausch angeht, sind sich die Forscher und Historiker, die auf diesem Gebiet gearbeitet haben, so ziemlich darin einig, daß es zu keiner Zeit ein geeignetes Mittel gegeben hat, Rauschmittel den Menschen gegen ihren Willen vorzuenthalten. Selbst in hochmodernen Sicherheitstrakten heutiger Gefängnisse oder in totalitären Staaten ist der Genuß »verbotener Früchte« nicht zu unterbinden.

Einzelne Rauschmittel erlebten gar ein ständiges Auf und Ab in der Gunst von Staat und Gesellschaft. Erst wurden die Kaffeetrinker verbannt in geheime Hinterzimmer, dann reüssierte das schwarze Getränk als Mittelpunkt gesellschaftlicher Ereignisse und erfuhr in seiner Vielfalt, es zu genießen, eine phantasievolle Geschichte: Da gibt es in Wien den »Einspänner«, in Frankreich den »Expresso«, in Italien den »Cappuccino«, in der Türkei den »Mokka«. Andere Rauschmittel erfreuten sich – ganz anders als beim Kaffee – zunächst höchster Wertschätzung. So galt Heroin dereinst um die Jahrhundertwende als vielgepriesenes Hustenmittel, das rezeptfrei zu kaufen und in jeder ordentlichen Hausapotheke zu finden war. Schon im Mittelalter fehlte Opium in keiner gut sortierten Hausapotheke und fand vor allem als Schlaf- und Schmerzmittel Verwendung.

Der Paderborner Apotheker Sertürner isolierte 1804 das »schlafmachende Prinzip« im Mohnsaft. Er nannte es Morphium, bekannt auch unter der Bezeichnung Morphin. Morphium läßt sich leichter dosieren als Opium, ein pharmazeutischer und medizinischer Fortschritt aus damaliger Sicht. Die Darmstädter Pharmafirma Merck übernahm wenige Jahre später die Massenproduktion. In den Kriegen in der Zeit nach dieser Entdeckung des »schlafenden Prinzips« kamen vor allem schwerverletzte Soldaten in den Genuß des schmerzstillenden Mittels, das zudem noch so angenehme Begleiterscheinungen mit sich bringt (siehe auch Kapitel 12). Aus dem 2. Weltkrieg sind bis zum heutigen Tage Bundesbürger als »Morphinisten« bekannt und registriert. Sie haben das Rauschmittel nie besiegen können, die meisten von ihnen haben Jahrzehnte unter dem Einfluß dieser Droge gearbeitet, ohne in irgendeiner Form sozial auffällig geworden zu sein.

Diese enorme Suchtwirkung blieb den Medizinern und der Öffentlichkeit natürlich nicht verborgen. Die Pharmakologen waren alarmiert und fühlten sich herausgefordert, ein Mittel herzustellen, dessen Wirkung »milder« ist. 1874 synthetisierte ein englischer Forscher das Diacetyl-Morphin, das die Firma Bayer später als Medikament auf den Markt bringt: *Heroin*, empfohlen gegen Erkältungskrankheiten bei Kindern, rezeptfrei zu beziehen in der Apotheke. Opium, Morphium und auch Kokain, das viele Jahre Kindern bei allen möglichen Krankheiten zur Linderung verabreicht wurde, hatten als stimulierende Kräfte nachhaltigen Einfluß auf die künstlerischen Leistungen von Malern, Dichtern und Forschern, die unter diesen Drogen ins Zwischenreich von Realität und Phantasie eintauchten, in das Irrationale der Traumwelten, unter ihnen Novalis, Baudelaire, Poe und E. T. A. Hoffmann. Die Wirkung ihrer Drogen verstärkten sie nicht selten mit Alkohol.

Im Laufe der Zeit geraten die teuflischen Wirkungen dieser Medikamente ins Kreuzfeuer der Kritik. Sie werden als Teufelswerk mit dem Bann belegt. Das internationale Opiumabkommen von 1925 ächtet weltweit Opium, Heroin, Kokain und im moralischen Übereifer den weitaus harmloseren Hanf (Hasch, Marihuana) gleich mit.

In den USA wird gleichzeitig die Prohibition aller alkoholischen Getränke durchgesetzt. Schnapsbrenner tauchen ab in den Untergrund, die Mafia-Bosse erhalten die Macht mit dieser Produktionslücke, quasi als Staatsgeschenk. Die organisierte Kriminalität war per Staatsdekret aus der Taufe gehoben. Die Geschäfte mit Alkoholika blühen in der Illegalität, auf die Reinheit des flüssigen Stoffs achtet niemand mehr, wer daran krepiert, ist selbst schuld, denn warum tut er etwas, was ihm der Staat verbietet. Diese Zeit der Prohibition bleibt schmerzlich und leidvoll in Erinnerung, weil sie die Sinnlosigkeit ins Bewußtsein gerückt hat, Genußmittel per Verbot vom Markt zu drängen. Das gerade die USA wenige Jahrzehnte später einen neuen »Feldzug« gegen Drogen wie Heroin und Kokain organisieren, bleibt vor diesem Hintergrund recht unverständlich (siehe auch Kapitel 7).

Längst ist es weltweit in fast allen Ländern völlig legal, Schnaps zu brennen, Bier zu brauen, Wein zu keltern. Vergessen alle Sorgen um das gesundheitliche und soziale Wohl des Bürgers, allenthalben heißt es »Prost«. Wein ist nicht der Feind, nein der Freund des Menschen, der Sorgen vergessen läßt, der Fröhlichkeit einziehen läßt. Und wehe es hagelt in der Saison und die Ernte ist zerstört, dann hebt ein großes Wehklagen unter den Winzern und Weinfreunden an. Erzielen die Weine der Saison Spitzenqualität, dann ist das allemal genug Stoff für zahlreiche Frohbotschaften in Presse, Funk und Fernsehen. Und als Genießer haben wir auch Verständnis dafür, daß der Staat mit Steuergeldern Winzern unter die Arme greift, wenn Unwetter ihnen die Reben zerstört haben. Daß es heute zum guten Ton gehört, kalifornischen oder südafrikanischen Wein zu trinken, einen Bordeaux oder Burgunder im Keller reifen zu lassen, belegt, wie sehr sich die gesellschaftliche Bewertung einer einstmals geächteten Droge verändert hat.

Die Alkoholproduzenten müssen sich keine Sorgen machen, sie haben alle Ächtungen gut überstanden. Die Pharmaindustrie allerdings mußte nach dem Bannstrahl von 1925 umdenken und neue Strukturen entwickeln, um den Menschen zu helfen, wenn Körper und Seele leiden. Ihr Erfolg kann sich sehen lassen, die Zahl der Medikamentenabhängigen ebenso: 800 000 sind es schätzungsweise in den alten Bundesländern. Der Medikamentenmarkt ist zwar gesetzlich geregelt, Pillen, die verschrieben werden und zur Abhängigkeit führen, sind allenfalls ein Problem des Patienten, der davon nicht mehr loskommt. Und wer erst einmal drin ist in dieser Mühle, der wird auch nicht im Stich gelassen, entweder wird tüchtig weiterverschrieben, oder andere Arzneien werden als Substitut, als Ersatz, angeboten.

Hunderttausende Bundesbürger stecken im dumpfen Gefängnis der Chemie, was auch niemand bestreitet. In der Politik jedoch veranlaßt das kaum jemand zu Proteststürmen, wie sie üblich sind, wenn es um Hasch oder Heroin geht.[13]

Benzodiazepine spielen in der Drogenszene mittlerweile eine immer größere Rolle, weshalb es mir wichtig erscheint, auf diese Medikamentengruppe etwas ausführlich einzugehen. Benzodiazepine gehören nämlich zu den allmächtigen Drogen unserer Gesellschaft wie Schnaps oder Heroin.

Benzodiazepine sind relativ ungiftig und finden vielfältigen Einsatz bei Epilepsien, Schlafstörungen oder Angstzuständen. Sie beruhigen, betäuben aber nicht. Als »Tranquilizer« bekommen sie die Alltagssorgen leicht in den Griff, lösen Beklemmungen, lassen den Menschen sanft und gelassen wirken, sie machen Muskeln weich und die Seelen sanft. Sieben Prozent der Bundesbürger, so hat Hania Luczak für *GEO* recheriert, bekommen Benzodiazepide als Beruhigungspillen, drei Prozent als Schlaftabletten. Die hohe Zahl der Abhängigen ist wissenschaftlich längst aktenkundig und auch die Tatsache, daß diese Sucht vor allem von Ärzten gemacht ist, denn diese Präparate gibt es nur auf Krankenschein. Kaum zu glauben, aber belegt ist, daß in jedem Moment mehr als 100 Millionen

Menschen weltweit Benzodiazepine im Blut haben. Bereits 1961, so Luczak, war in den USA bekannt, daß die »Benzos« süchtig machen, aber hierzulande dauerte es zwanzig Jahre, bis die Pharmahersteller gezwungen wurden, in Beipackzetteln auf das Suchtpotential dieser Arzneien hinzuweisen. Die Chemiker und Pharmakologen in den Pharmafabriken denken fortschrittlich und suchen weiter nach neuen Benzodiazepinen, die eine Flucht aus der Wirklichkeit erlauben ohne Nebenwirkungen.

Derweil werden die alten munter weiter verordnet. Warum Heroin oder Opium oder Kokain in sauberer chemischer Form außen vor bleiben, ist angesichts dessen nicht nachzuvollziehen (siehe auch Kapitel 12).

Warum fragt niemand, ob Ärzte, die Benzodiazepine in Massen verschreiben, Dealer sind, wenn doch gleichzeitig Politiker und Wissenschaftler, die eine kontrollierte Abgabe von Heroin im Modellversuch für 250 Patienten erproben wollen, nicht nur als Dealer an den Pranger gestellt werden, sondern obendrein auch noch als Handlanger des Teufels und als vom Wahnsinn befallen charakterisiert werden? Immerhin 100 Millionen Menschen weltweit haben in jedem Moment Benzos im Blut, 800 000 Bundesbürger leben in Tablettenabhängigkeit.

Es ist erschreckend, was ein Medikament alles an Nebenwirkungen produzieren darf, ohne daß Bedenken geäußert oder Verbote ausgesprochen werden. Benzos können das Reaktionsvermögen einschränken, Leistung mindern, Verlust an Realität herbeiführen, Gedächtnisstörungen können auftreten. Die Abnahme der Libido, der Potenz, Depressionen und Artikulationsstörungen sind als weitere Wirkungen bekannt. Auch wenn die Benzos nicht süchtig machten, wären diese Faktoren allein wohl Grund genug, von diesen Arzneien Abstand zu nehmen.

Gerd Glaeske, der Medikamentenfachmann in der Bundesrepublik schlechthin, warnt seit Jahren vor diesem Breitbandabwurf eines ganz legalen Suchtmittels, das von den Ärzten deshalb so gern verschrieben würde, weil es trifft, ohne daß eine genaue Diagnose erforderlich wäre. »Bei unklaren, langandauernden Leiden«, zitiert Glaeske die gern benutzte Indikation vieler Ärzte.[14] Kein Wunder, denn *Die Rote Liste*,[15] ein Nachschlagewerk der Pharmaindustrie als Hilfestellung für den Mediziner, diktiert die Verschreibungsempfehlung ziemlich flächendeckend: emotionell bedingte Schlaf- und funktionelle Organstörungen, Stimmungsbeeinträchtigung und Antriebsstörungen bei nervösen Erschöpfungszuständen; Verhaltensstörungen, Sexualneurosen und prämenstruelle Spannungen. Besonders betroffen von der Medikamentenabhängigkeit sind Frauen. Zwei Drittel der Verschreibungen gehen auf Rechnung des weiblichen Geschlechts. Die Pillenkarriere beginnt mit 14 Jahren, wenn die prämenstruellen Beschwerden auftauchen.

Bei Heroin oder Kokain, selbst bei Hasch oder Marihuana wird immer darauf hingewiesen, daß der Abhängige seine Dosis ständig steigern müsse. Das stimmt zwar nur bedingt, aber bei den Benzos stellt sich oft ziemlich rasch ein Gewöhnungseffekt ein, der die eigentliche Wirkung ad absurdum führt, der Patient wird tolerant, wie der Fachmann das ausdrückt. Das Mittel führt zur Apathie und steuert den Menschen in eine ganze andere Richtung als erwünscht. Oft stellt sich ein noch viel schlimmerer Effekt ein, wenn das Medikament plötzlich das hervorruft, was es beherrschen sollte: die Angst. Setzen die Patienten ihre Benzos ab, kommt es nicht selten zu stärkeren Schlafstörungen oder Unruhephasen als vor der medikamentösen Behandlung. Die Abhängigkeit ist da, wird aber oft von den Ärzten übersehen, die dann das Medikament in höherer Dosis, gar ein stärkeres noch verschreiben. Immer tiefer treibt es den Patienten in die Sucht.

Wir regen uns auf, wenn wir die jugendlichen Menschen im Hamburger Bahnhofsviertel St. Georg sehen, die auf der Suche nach ihrem Stoff sind, die sich kaum auf den Beinen halten können, so schwanken sie über das Straßenpflaster. Ursache dafür ist nicht das Heroin, höchstens das Heroin, das ihnen fehlt, und wenn es ihnen fehlt, dann sind sie hektisch, nervös, unruhig. Wenn Geld fehlt für neuen Stoff, dann überbrücken oft die Benzos vom Schwarzmarkt die Hungerstrecke. Benzos beruhigen auch Junkies, aber in Kombination mit Alkohol oder anderen Drogen betäuben sie so stark, daß alle Bewegungen wie in extremer Zeitlupe ablaufen.

Nebenbei bemerkt, 15 Prozent der verschriebenen Medikamente für Kinder sind Psychopharmaka, die aus unruhigen Kindern mustergültige Jungen oder Mädchen machen sollen. Es ist davon auszugehen, daß Eltern von diesen durch Ärzte verschriebenen Medikamenten wissen.

In der Zeitung *Suchtreport*[16] beklagt der Erste Kriminalhauptkommissar und Vorsitzende der Fachgruppe Kriminalpolizei der Gewerkschaft der Polizei im Landesbezirk Berlin, Werner Thronicker, daß deutsche Pharmafirmen durch unkontrollierten Chemikalienexport nicht unerheblich mit dazu beitrügen, daß in den Herkunftsländern von Heroin und Kokain die Produktion stetig expandiere. Allein 1989 sollen nach Erkenntnissen der US-amerikanischen Drug Enforce Agency (Drogenpolizei) 14 315 Tonnen von Aceton, Ethyläther und anderer zur Kokainherstellung geeigneter Lösungsmittel aus Deutschland nach Kolumbien gelangt sein. Seine Bewertung in einer Zeitschrift, die nicht im Verdacht steht, einer Liberalisierung von Drogen das Wort zu schreiben, ist eindeutig: »Vorstände, Aufsichtsräte und Aktienbesitzer machen ein Millionengeschäft. Ob sie sich die Hände auch noch reiben, wenn ihre eigenen Söhne und Töchter der Medikamenten-, Alkohol- oder Heroinsucht verfallen sind?«

Die Macht der Drogen ist nicht zufällig und nicht allein dem einzelnen als individuelle Schuld zuzuweisen. Die Allmacht der Drogen ist ein gesellschaftspolitisch geduldetes Alltagsphänomen, und wenn sich die Staatsgewalt einige der existierenden Drogen heraussucht, um sie als Geißeln der Menschheit zu bekämpfen, dann muß das von vornherein zum Scheitern verurteilt sein. Daß unter diese Auswahl der zu bekämpfenden Drogen auch die Cannabisprodukte Hasch und Marihuana gehören, die gesundheitlich unbedenklich sind (siehe auch Kapitel 12), wird von dem Argument getragen, es seien Drogen aus einem fremden Kulturkreis und daher per se schon unverträglich. Daß sie trotzdem bei uns auf dem Markt sind, scheint die Verfechter einer Drogenkulturhoheit nicht zu stören. Im Umkehrschluß hieße es doch, daß jedwede Droge, und sei sie noch so schädlich, kommt sie nur aus heimatlichen Gefilden, verträglich ist, wie der Alkohol beispielsweise. Deutsche berauscht euch deutsch …

Die Allmacht der Drogen hat alle gesellschaftlichen Schichten erfaßt. Die jahrtausendealte Geschichte der Rauschmittel zeigt, daß Drogen in erster Linie die Folgen einer gesellschaftlichen Elendsmisere sind, in der immer mehr Bürger stecken, nicht nur solche, die arm sind und arbeitslos, ohne Obdach und durch Krankheit gezeichnet, auch viele Menschen, die ohne Orientierung und Perspektiven leben, die sich in der Welt von Konsum und Leistung nur mit Aufputschmitteln am Morgen und Beruhigungspillen am Abend zu helfen wissen. Drogen sind Belege für eine stete Überforderung im Wettlauf um Höchstleistungen und Höchstanforderungen.[17] Zehn Jahre ist es her, da starb Rainer Werner Fassbinder, dem der junge deutsche Film so viele Impulse zu verdanken hatte und der wie ein Besessener arbeitete und in wenigen Jahren ein Lebenswerk an Filmen produzierte, an einer Überdosis Schlaftabletten, Alkohol und Kokain. Da wird im Frühjahr 1993 einem

Münchner Schickeria-Koch die Lizenz entzogen, weil er sich zu viel Kokain reingezogen hat. Da warnt der Koordinator für Jugendschutz in Hannover, Peter Eisler, daß Alkohol für Jugendliche zunehmend zur Einstiegsdroge würde, daß es eine Trennung zwischen Alkohol und anderen Rauschgiften kaum mehr gebe, da das Ziel vieler Jugendlicher sei, sich »vollzuknallen oder abzutauchen«[18] – egal mit welcher Droge. Sie wollen weg aus der Realität, die ihnen zumeist trist erscheint und wenig Hoffnung bietet für eine erfüllte Zukunft. Und die Industrie beklagt im Sommer 1993 die stark gestiegenen Arbeitsausfälle durch Alkohol am Arbeitsplatz (siehe auch Kapitel 12).

Die Drogen sind da – Drogen, die am Markt frei zugänglich sind, und andere, die unter Strafe stehen und demnach auf dem Schwarzmarkt nur teuer zu erstehen sind. Die eine Droge – Alkohol etwa – ist hochgefährlich, die andere – Hasch etwa – ist dagegen vergleichsweise harmlos. Ein Mißverständnis, das »lauthals gerechtfertigt« wird. Da kann ich Amendt[19] nur zustimmen, wenn er von »Doppelmoral« und »Verlogenheit« spricht.

7 Das Scheitern

Vor mir liegt eine Sammlung von Agenturberichten, die in den Monaten Mai bis Juli 1993 in verschiedenen Tages- oder Wochenzeitungen und von Funk und Fernsehen als Meldungen verbreitet wurden. Es ist eine zufällige Auswahl, die sich auf die *Mainzer Allgemeine Zeitung,* die *Süddeutsche Zeitung,* die *Frankfurter Rundschau, Die Zeit* und *Die Woche* beschränkt. Ich bin allerdings sicher, daß diese Nachrichten bundesweit veröffentlicht wurden, was Stichproben auch belegen.

»GUS-Staaten neue Drehscheibe für den Rauschgifthandel. 1,5 Millionen Russen sollen drogenabhängig sein« titelt AP, Associated Press, am 14. 7. 93[20] und bezieht sich dabei auf die Dokumentation der Wochenzeitung *Die Woche,* wonach rund 70 Prozent des europäischen Heroinbedarfs über das Gebiet der ehemaligen Sowjetunion in den Westen gelangen. In keinem anderen Land der Erde nehme zudem die Zahl der Drogenabhängigen so schnell zu wie in den GUS-Staaten. Zwei Drittel der schätzungsweise 1,5 Millionen Drogenabhängigen sei jünger als 30 Jahre, viele seien minderjährig. Der Markt orientiert sich bei den Preisen an den Einkommensverhältnissen, und so ist das Kilo Hasch bis zu 90 Prozent billiger als hierzulande.

Im gleichen Monat beschreibt AP,[21] wie sich der Wegfall der Grenzen in Westeuropa im ersten Halbjahr 1993 auf die Rauschgiftfahndung auswirkte. Demnach leitete das Zollfahndungsamt in Düsseldorf in den ersten sechs Monaten dieses Jahres 1716 Strafverfahren gegen Rauschgiftschmuggler ein, was einen Rückgang von einem Drittel bedeutet im Vergleich zum ersten Halbjahr 1992. Die Zahl der erkannten Drogenkuriere sei sogar um 61,2 Prozent auf 47 Personen zurückgegangen. Dieser Bericht bezieht sich allein auf den Schmuggel an der deutsch-niederländischen Grenze. Diese Grenze gelte nach wie vor als Nahtstelle für den Drogennachschub für die Regionen des Niederrheins, des Ruhrgebiets sowie für Nord- und Süddeutschland, selbst Österreich, die Schweiz und Italien würden teilweise von den Niederlanden aus beliefert. Die Menge des sichergestellten Heroins nahm um nahezu 50 Prozent ab, die beschlagnahmte Menge an Kokain lag im Vergleich zum Vorjahr noch niedriger. Die Agenturmeldung zitiert Zollfahnder, die übereinstimmend feststellten, daß die Schmuggler inzwischen häufig größere Mengen als früher auf einmal transportierten, zudem sei die Gewaltbereitschaft besorgniserregend gestiegen. Scharfe Waffen und Munition seien fast immer im Gepäck der Drogenkuriere, so hätten die Fahnder in einem einzigen Auto drei Sturmgewehre des Modells Kalaschnikow mit acht Magazinen, einen Revolver, zwei Pistolen sowie vier schußsichere Westen entdeckt.

AFP,[22] eine französische Presseagentur, übermittelt einen Bericht der *Welt am Sonntag* an andere interessierte Tageszeitungen.

»Europa vor Drogenschwemme«, lautet die Überschrift, und die Quelle für diese Meldung ist der Bericht des Bundesnachrichtendienstes, wonach durch die jahrelange Überproduktion von Kokain in Lateinamerika der US-Markt ziemlich gesättigt sei und sich der Angebotsdruck auf dem europäischen Markt erheblich verstärken würde. Der Mechanismus, daß sich die Wirtschaft ihre Märkte sucht, ist uns aus der freien Marktwirtschaft ja durchaus bekannt, auch daß sich Preise und Angebot an der Nachfrage orientieren und zum Einstieg gern Rabatte gewährt werden. Länder wie der Iran, Afghanistan und Pakistan – so die Agentur weiter – hätten in der Produktion illegaler Drogen einen Exportschlager entdeckt, so drängten aus diesen Ländern zunehmend Rauschmittel wie Heroin nach Europa. Nach wie vor seien Brasilien, Ecuador und Surinam für Europa die bedeutendsten Herkunftsländer. Der Drogenmarkt ist grenzenlos.

DDP,[23] der Deutsche Depeschen Dienst, führte im Juni 1993 ein Interview mit dem Referenten in der Lagezentrale Rauschgiftbekämpfung des Bundeskriminalamtes, Joachim Keßler. Er bestätigt, daß sich in den neuen Bundesländern, wenn auch zögernd, aber deutlich sichtbar eine Drogenszene aufbaue, in Potsdam, Leipzig und Dresden vor allem. Noch seien es die weichen Drogen wie Hasch und Marihuana, die sich immer größerer Beliebtheit erfreuten. Heroin oder Kokain besäßen noch keine sehr große Akzeptanz, wiewohl die mecklenburgische Hansestadt Rostock inzwischen zu einer der wichtigsten internationalen Drehscheiben für Kokain geworden sei. Die 1992 beschlagnahmte Menge wird mit 173 Kilogramm angegeben bei lediglich fünf Polizeieinsätzen, Tendenz steigend.

Der Drogenmarkt wächst und wächst, expandiert wie kaum eine andere Wirtschaftsbranche, hinzu kommt, daß viele arme Länder in der Herstellung, Verarbeitung und Vermarktung illegaler Drogen große ökonomische Vorteile sehen und diese auch nutzen. GLP, Global Press Nachrichtenagentur,[24] verbreitet einen Bericht ihres Korrespondenten Egge Weers am 7. 6. 93 mit dem Fazit, daß das »Geschäft mit dem Tod weltweit im Umbruch« sei. Nach Einschätzung des Bundesministeriums für wirtschaftliche Zusammenarbeit und Entwicklung stelle der illegale Drogenhandel eine »globale Herausforderung« dar.

Die hohen Wachstumsraten bei Heroin und Kokain sind überall in der Dritten Welt zu beobachten. In Peru und Bolivien stammen 45 beziehungsweise 75 Prozent der Exporteinnahmen aus dem Rauschgifthandel. In diesen Ländern sind 80 000 beziehungsweise 500 000 Menschen in der Drogenwirtschaft tätig. Deren Bedeutung für den von Arbeitslosigkeit stark gezeichneten Arbeitsmarkt beider Länder muß wohl nicht besonders hervorgehoben werden. Die positiven Effekte der Drogenwirtschaft bewerten die Regierungen weitaus höher als die negativen Folgen.

Aus Ländern wie Pakistan ist bekannt, daß milliardenschwere Unterstützungen zum Beispiel der USA, die die Infrastruktur der produzierenden Industrie verbessern und den Anbau und die Herstellung von Drogen unattraktiv machen sollten, ziemlich rasch versandet sind.

Waren vor wenigen Jahren noch die Länder im »Goldenen Dreieck«, Burma, Laos und Thailand, die Rangersten im Drogendeal, so hat der »Goldene Halbmond«, Afghanistan, Iran und Pakistan, zur Zeit die marktführende Rolle inne. So ist Pakistan ein wichtiges Zentrum zur Weiterverarbeitung von Schlafmohn zu Opium und Heroin, sind Indien und China zu bedeutenden Transitländern geworden, wie übrigens auch Nigeria, die Elfenbeinküste, Kamerun, Kenia und Somalia. Abzusehen ist bereits im Ansatz ein neues Produktions- und Handelszentrum für Heroin in den zentralasiatischen Staaten der alten UdSSR. Das sind nicht gerade Signale der Hoffnung.

Lukrativ ist die Drogenwirtschaft – das sei noch einmal ganz deutlich unterstrichen –, vor allem deshalb, weil die Produkte wie Heroin und Kokain, Hasch und Marihuana in fast allen Ländern der Erde der Prohibition unterliegen und daher die Preise auf dem Schwarzmarkt je nach Belieben diktiert werden können, Preise, die der Abhängige, will er an seinen Stoff kommen, wohl oder übel akzeptieren muß. Viele Meldungen der Agenturen klingen wie Erfolgsmeldungen. So gilt es manchen Zeitgenossen als Beruhigung, wenn dpa, Deutsche Presse Agentur,[25] meldet, daß auf dem Flughafen von Karachi 114 Kilogramm Heroin im Gepäck eines Nigerianers entdeckt worden sind oder AFP[26] den Wert von 332 Kilogramm beschlagnahmten Heroins in Taiwan auf 610 Millionen Mark beziffert oder wiederum dpa den Rauschgiftfund von 300 Kilogramm Hasch und Kokain in einem Teecontainer bei Stettin als Meldung in die Zeitungen bringt.

Was erzählen uns diese Fakten? Wie toll weltweit die Fahndung funktioniert, wieviel Geld im Drogengeschäft zu verdienen ist, wer alles mitspielt im Ring der Drogenmafia? Es ist bei Fahndern wie bei Politikern unbestritten, daß mit jedem Kilogramm Rauschgift, das entdeckt wird, mindestens zwanzig weitere Kilogramm ihre Adressaten finden. Manche Meldungen verführen zu der Annahme, daß nicht nur Drogenbosse, Banken oder angesehene Chemiekonzerne im Drogengeschäft mitmischen, sondern auch Staatsbeamte und Politiker.

Was AFP[27] und fast alle anderen Agenturen am 11. Mai 1993 melden, war in fast allen Zeitungen nachzulesen, in den Nachrichten von Funk und Fernsehen zu hören: daß der frühere Botschafter Costa Ricas in Warschau, Carlos Vargas Solis, am 21. April auf dem Warschauer Flughafen verhaftet wurde, nachdem der polnische Zoll zwölf Kilogramm Heroin in seinem Gepäck gefunden hatte. Die Regierung Costa Ricas reagierte sofort, entließ Solis aus dem Botschaftsdienst und hob seine Immunität auf. In Polen erwarten ihn bis zu fünf Jahren Haft. – Ein Einzelfall? Ich mag es nicht glauben (siehe auch Kapitel 10).

Im selben Monat weiß dpa[28] zu berichten, daß in der Tschechischen Republik das Drogenproblem an Gewicht gewinne. So gelangten Rauschgifte nicht nur über die »Balkan-Route« ins

Land, sondern auch über Rußland, der größte Umschlagplatz dabei sei der Flughafen von Prag. Besorgniserregend sei laut Aussagen tschechischer Fahnder, daß ihre Republik nicht mehr nur Transitland sei, sondern inzwischen zunehmend Zielstation für den Absatz von Rauschgiften. Daß das Alter der Drogensüchtigen immer jünger würde, sei beklagenswert, aber leider eine Realität, an der so manche spektakulären Fahndungserfolge auch nichts ändern könnten.

Die Drogenkuriere kommen aus aller Herren Länder, kaum eine Nationalität, die im Fahndungsbuch der internationalen Polizei nicht zu finden wäre. So meldet AP[29] im Mai 1993 die Festnahme von 13 Syrern und drei Ägyptern, die versuchten, acht Pfund Heroin in verschluckten Kapseln nach Kairo zu schmuggeln. In Ägypten droht den Festgenommenen die Todesstrafe. Ob das abschreckt? Manche vielleicht, aber die hohe Gewinnspanne lockt immer wieder Wagemutige an, wie sechs andere Syrer, die der ägyptischen Polizei ins Netz gingen, die in Glaszylindern Heroin im Straßenverkaufswert von 1,6 Millionen Mark ins Land der Pharaonen schmuggeln wollten.

Ich bin mir sicher, daß sich diese Liste beliebig fortsetzen ließe, aber als Belege für die Tatsache, daß die Allmacht der Drogen kaum einzudämmen sein wird, mögen diese wenigen Beispiele genügen.

Der Drogenhandel ist eine Weltmacht, die auf den westlichen Absatzmärkten einen jährlichen Umsatz von geschätzten 500 Milliarden Dollar erzielt. Die Tendenz ist steigend, da mit dem Zusammenbruch des Kommunismus neue Märkte in Osteuropa hinzukommen, Grenzen durchlässiger werden und die wirtschaftlichen Sorgen der GUS-Staaten beispielsweise so groß sind, daß sie sich der Drogenflut nur schwer erwehren können. Ihr politisches Augenmerk ist auf andere soziale und wirtschaftliche Probleme gerichtet, in deren Schatten die internationalen Mafiaorganisationen in aller Ruhe ihre neuen Netze spannen können.

Es ist genau zwanzig Jahre her, daß der damalige US-Präsident Richard Nixon den Drogen den Kampf ansagte. Die Plage sollte ausgerottet werden, ein für allemal. Nixon hatte vor allem die politisch mißliebige Generation der »Flower Power«-Kinder im Visier, die sich vor allem mit Marihuana oder Hasch den Tag und auch die Nächte verschönten. Mit Cannabis und der synthetischen Droge LSD, die das Bewußtsein und den Verstand auf den Kopf zu stellen vermag und vor allem von Künstlern und anderen Intellektuellen wahrlich gepriesen wurde, wollten die Blumen- und Friedenskinder der Welt den Kopf verdrehen, forderten sie mit sanften Protesten in San Francisco und Woodstock die repressionsfreie Gesellschaft. Mit seinem Feldzug gegen Hasch, LSD und Marihuana verstärkte Nixon den verhaßten gesellschaftlichen Druck – allerdings ohne Erfolg. Im Gegenteil, dieser Kampf steigerte die Dynamik des Drogenmarktes, der mehr und mehr den Umstieg auf andere Drogen organisierte, auf Heroin und Kokain beispielsweise. Im Gegensatz zu 1931, als die Gegner des Alkoholverbots in den USA auf die Straßen gingen und ihr Bier lauthals forderten, verlief der Protest der Drogenkonsumenten der siebziger Jahre im stillen. Sie handelten, das heißt sie kauften sich ihre Drogen, die sie wollten, und das überall dort, wo sie lebten.

Zu Beginn der achtziger Jahre blies Ronald Reagan zu einer noch viel stärkeren Attacke gegen die Drogensucht der Amerikaner. Hohe zweistellige Milliardenbeträge aus dem Steuerbudget wurden aufgebracht, um den Konsumenten, den Dealern und den kriminellen Organisationen den Garaus zu machen. Auch George Bush, der den martialischen Begriff »war on drugs« prägte und vor allem Europa einreden wollte, der Kampf gegen das nationale und internationale Drogenelend sei zu gewinnen, er müsse nur mit allen Mitteln kriegerischer Auseinandersetzung geführt werden, mußte einsehen, daß dies teure Versprechen waren, die so gut wie nichts bewirkten. Bushs Außenminister Baker mußte schließlich in aller Öffentlichkeit bekennen, daß weder in den USA noch in Europa ein Erfolg im Kampf gegen die Drogen absehbar sei. Eine kritische Studie des US-Kongresses bestätigte inzwischen, daß der Feldzug gegen die harten Drogen als rundweg gescheitert angesehen werden muß.

Warum auch sollte den politischen Potentaten der Gegenwart gelingen, was über Jahrtausende bislang niemandem vergönnt war? Trotz Aufrüstung von Militär und Polizei, trotz Einsatz der modernsten elektronischen Fahndungsmittel blieb die Droge Sieger. Bitteres Fazit der Drogenarbeiter: Alle Drogenkonsumenten sind pauschal kriminalisiert und in die Illegalität getrieben worden, dorthin, wo es die Dealer am einfachsten haben, in den großen Nischen des Schwarzmarktes. Die Zahl der Einsteiger wächst weltweit stetig an, die Drogenproduzenten bringen zudem mit Phantasie und mit Unterstützung der Forscher immer neue Drogen auf den Markt – das Angebot muß schließlich auch im Sortiment breit gestreut sein, für jeden Geldbeutel etwas, für die ganz Armen billiges, wenn auch entsetzlich schädliches Rauschgift wie Crack, für die ganz Reichen das Kokain auf dem gläsernen Tablett mit silbernem Sniffröhrchen. Und wo kommt das Geld her, das die Abhängigen, die sich ihren Rausch vom Einkommen her nicht leisten können, für ihre tägliche Ration benötigen? Sie beschaffen es sich mit höchster krimineller Energie, und allein in den alten Bundesländern wird die Beschaffungskriminalität jährlich auf weit über fünf Milliarden Mark geschätzt. Unsauberer Stoff, verschmutzte Spritzbestecke und schließlich die Drogenprostitution zur Geldbeschaffung für den nächsten Schuß haben im Milieu zur Verbreitung von Infektionskrankheiten geführt, in starkem Maße auch zu Aids. Die Ansteckungsherde breiten sich weiter aus und bleiben nicht etwa vakuumverpackt in der Szene sicher verwahrt. Für eine Ausbreitung ins ganz normale bürgerliche Milieu sorgen die Herren in Blaukittel und Maßanzug, die mittags in der Arbeitspause oder abends vor der Fahrt nach Hause mal eben kurz vorbeischauen auf dem Drogenstrich, denn da bekommen sie es erstens preisgünstig und meistens auch noch ohne Kondom im Auto oder im Park oder hinter der nächsten ruhigen Häuserecke »besorgt«. Ob in Bremen oder Hamburg, Dortmund oder Bielefeld, Zürich oder Bern, wer will, der kann das selbst in Augenschein nehmen in der offenen Szene.

Es wirkt zynisch, aber der illegale Markt der Drogen schafft noch andere Märkte am Rande, derer sich diejenigen bedienen, die in ihrem bürgerlichen Milieu zu wenig Nervenkitzel geboten bekommen. Und sie nutzen diese Nischen, um billig an ein Vergnügen zu kommen, für das sie anderswo viel mehr Geld bezahlen müßten.

Die Verbannung der harten Drogen in die Illegalität hat die Elendsmisere der Abhängigen immer weiter verschlechtert, die Gewinne der Drogenkartelle immens gesteigert und den einkommensarmen Ländern neue Exportmärkte erschlossen, gegen die eine herkömmliche Entwicklungspolitik kaum etwas ausrichten kann. Die Versuche der USA, die Produktion von Hanf oder Schlafmohn oder Cocapflanzen in den Anbauländern einzuschränken, schlugen ebenso fehl wie der Feldzug auf heimischem Terrain gegen die Drogen, selbst Ausgleichszahlungen für einen Anbauverzicht zielten ins Leere. Die illegale Einfuhr konnte bislang weder in den USA noch in Europa eingedämmt werden, nicht einmal der Status quo gehalten werden. Intensivere Fahndungen in den eigenen Grenzen und die Verschärfung des Strafmaßes haben keine Wirkung gezeigt.

Werner W. Pommerehne, Professor für Nationalökonomie an der Universität des Saarlandes, hat sich mit der Frage beschäftigt, wie teuer das politische Versagen in der Drogenproblematik eigentlich ist. Er kommt zu dem Schluß, daß Strafen und Verbote nicht zur Abschreckung führen, sondern lediglich den Gewinnzuschlag auf dem Schwarzmarkt in die Höhe schrauben und damit auch das Ausmaß an Beschaffungskriminalität.[30]

Pommerehne geht ganz nüchtern davon aus, daß sogenannte Risikozuschläge zur Bestechung von Beamten, Polizisten, Richtern und Politikern auf den Verbraucher abgewälzt werden. So steigt der Preis für Heroin in schwindelnde Höhen und mit ihm die Beschaffungskriminalität. Die Herstellungskosten von Heroin liegen bei etwa einem Prozent des normal üblichen Straßenverkaufswertes. Wenn die Butter im Feinkostladen zu teuer wird, dann weiche ich aus auf den Supermarkt oder ein anderes Produkt, was der Abhängige in der Regel nicht kann. Die steigenden Kosten für seinen Konsum muß er durch noch mehr Betrügereien, Diebstähle und Einbrüche wettmachen. Wie die Zahlen der Drogenabhängigen ja zeigen, hat das Verbot der Droge diesen Mechanismus bislang nicht außer Kraft setzen können. Strafen sind keine Abschreckung, verschärfte Fahndungen durch Polizei und Justiz auch nicht. Pommerehne zitiert Schätzungen aus den amerikanischen Großstädten New York und Detroit, die nahelegen, daß eine Verdoppelung des Schwarzmarktpreises für Heroin eine Zunahme der Beschaffungskriminalität um vierzig bis fünfzig Prozent zur Folge habe. Aus der weitgehenden Erfolglosigkeit des Drogenverbots und den damit verbundenen hohen gesellschaftlichen Kosten zieht er die Schlußfolgerung, daß die pauschale Repression eine vergleichsweise ineffiziente Politik ist. »Es liegt in der Tat ein gravierendes Politikerversagen vor«, weil der Staat nicht abwäge, welche Güter mit gesellschaftlich unerwünschten Folgen im Konsum eingeschränkt werden sollen, denn das könnten neben Heroin und Kokain ebenso der Alkohol, das Nikotin oder die Höchstgeschwindigkeit auf Autobahnen sein. Darüber hinaus versäumt es der Staat, Überlegungen anzustellen, welche Alternativen zur repressiven Haltung es noch geben könnte, statt dessen steigert er die Ausgaben für die Einsatzmittel im Kampf gegen die Drogen, die dadurch auch nicht erfolgreicher werden. Insgesamt gesehen unterscheiden sich nach Pommerehnes Untersuchungen die materiellen und immateriellen Kosten des Drogenkonsums nicht wesentlich von den gesellschaftlichen Kosten erlaubter schädlicher Verhaltensweisen wie des Alkohol- oder Nikotinkonsums. »Eine erste Alternative zum pauschalen Verbot besteht in der Freigabe des Drogenmarktes«,[31] eine Maßnahme, die zuallererst den Schwarzmarkt und das organisierte Verbrechen treffen würde.

Es ist inzwischen eine Binsenweisheit, die aber immer wieder geradezu »gepredigt« werden muß, um endlich ins Bewußtsein verantwortlicher Politiker zu gelangen, daß internationale Abkommen und nationale Strafverfolgung durchschnittlich nur fünf Prozent aller illegalen Drogen vom Markt nehmen können. Viele kritische Drogenarbeiter, wie der Leiter des Frankfurter Drogenreferats, bringen es auf den bitteren Punkt, daß zwar die Verbotspolitik der vergangenen zwanzig Jahre blamabel gescheitert sei, es aber dennoch keine, auch nicht die kleinsten Anzeichen einer Wende in der Drogenpolitik gebe. Die Städte, die besonders unter der Drogenmisere leiden, seien daher gezwungen, sich mit eigenen Konzepten gegen die Bonner Betonmauern zu stemmen (siehe auch Kapitel 9).

Die Städte Amsterdam, Frankfurt, Hamburg und Zürich unterzeichneten bereits vor drei Jahren eine Resolution, die schonungslos Bilanz zog: »Der Versuch der Eliminierung des Drogenangebots und des Drogenkonsums aus unserem Kulturkreis ist gescheitert. Die Nachfrage nach Drogen hält trotz aller Aufklärungsbemühungen bis heute an, und alle Anzeichen deuten darauf hin, daß wir auch in Zukunft mit Drogenbenutzern werden leben müssen.« Es dauerte nicht lange, da schlossen sich andere europäische Städte dieser Resolution an.

Unterstützung erhalten diese Städte inzwischen von Politikern, die die Signale des Scheiterns nicht länger ignorieren können, nachdem sie sich intensiver mit der Thematik auseinandergesetzt haben. So besuchten die beiden SPD-Innenpolitiker Wilfried Penner und Hans-Gottfried Bernrath Anfang des Jahres 1992 Laos, Thailand und Pakistan, Staaten, in denen der Drogenanbau expandiert. Der persönliche Augenschein hat ihnen bewußt gemacht, »daß eine Lösung der Drogenfrage von den Anbauländern kaum erwartet werden kann.«[32] Vielmehr läge der Schlüssel zur Problementschärfung in den Konsumentenländern. Solange nämlich der Illegalität nicht der Boden entzogen würde, seien riesige Gewinne des Rauschgifthandels und die damit ursächlich zusammenhängende Beschaffungskriminalität die Folge. Penner hält es auch für ein schlichtes Märchen, daß Hilfen zum Anbau anderer Produkte bezahlbar seien, abgesehen davon, daß eine Kontrolle gar nicht möglich sei, während der Korruption damit Tür und Tor geöffnet würden. Geldwäsche geschehe in Pakistan praktisch mit staatlicher Hilfe. Für Penner ist die Freigabe harter Drogen nicht ausgeschlossen.

Der Vorsitzende der Jungsozialisten, Ralf Ludwig, sprach sich im Sommer 1992 für eine Drogenfreigabe in mehreren Schritten aus. Theoretisch könne Heroin in der Apotheke verkauft werden, kein Junkie brauchte mehr zu stehlen, niemand müßte sich prostituieren oder für seinen Stoff selbst dealen. Diese forschen politischen Leitsätze basieren auf der Erkenntnis, daß der bisherige Kampf gegen die Drogen lediglich das Elend der

Abhängigen förderte, während die Großverdiener sich goldene Nasen verdient hätten.

In allen Konsumentenländern wurde in den vergangenen zwanzig Jahren der Polizeiapparat gewaltig ausgebaut. Ein Großteil der Arbeit von Polizisten, Kriminalbeamten, Staatsanwälten und Richtern ist inzwischen auf die Kriminalität in Sachen Drogen ausgerichtet. Und trotzdem bleiben die Erfolge aus. Amendt stellt dazu lapidar fest: »Wenn aber ein Apparat nicht mehr in der Lage ist, seine Existenz durch Erfolge zu legitimieren, wird er unweigerlich seine Erfolglosigkeit auf das Anwachsen des Problemberges schieben, um dann nach der bewährten Formel den weiteren Ausbau des Apparates zu fordern. Je größer der Apparat, desto größer das Problem«,[33] das sich so weit auswachsen kann, daß der Apparat, weil er nun mal da ist, eine Wende in der Drogenpolitik blockiert. Denn sonst müßten die verantwortlichen Politiker ja ein weiteres teures Versagen eingestehen. In den USA kostet es die Steuerzahler jedes Jahr 60 Milliarden Dollar, die Prohibition harter Drogen mit staatlichen Mitteln aufrechtzuerhalten.

Viel ist geredet und geschrieben worden über die Therapieangebote für drogenabhängige Menschen, und immer wird dabei der Eindruck vermittelt, wenn es nur genügend finanzielle Angebote gäbe, hätten wir das Drogenproblem im Griff. Und genau das stimmt eben nicht. Selbst in den viel zu dünn gesäten therapeutischen Einrichtungen ist die Quote der Abbrecher hoch und die Zahl derer, die durchhalten, ziemlich niedrig, und niemand weiß genau, wie viele von ihnen wieder rückfällig werden. Manche Junkies ziehen in die Therapie, um einer richterlichen Strafe zu entgehen – Therapie statt Strafe heißt der soziale Slogan –, aber für die meisten ist das eine fast ebenso harte Strafe, nur daß die räumlichen Bedingungen entscheidend komfortabler sind.

Die Maximalforderung lautet bei Entzug und Therapie, clean

zu sein, frei von allen Drogen. Dem einen hilft dieser Ansatz, für den anderen bedeutet er Zwang und somit Strafe.

Vor allem berücksichtigen diese Modelle so gut wie gar nicht, in welche Lebensumstände der Abhängige entlassen wird, wenn er die Therapie beendet hat. Seine alten sozialen Bezüge sind in der Regel kaputt, es gibt kaum noch Verbindungen zu alten Freunden oder der Familie, er bleibt auf sich allein gestellt, und will er Menschen treffen, die er kennt, dann muß er zurück in die Szene.

Wie eine Wohnung finden, wie Arbeit, wie Anschluß suchen an Menschen, die helfen, nicht wieder zurückzufallen ins alte Milieu? Nicht wenige Junkies haben ein Dutzend Therapieversuche hinter sich. Natürlich dürfen Therapien nicht pauschal verworfen werden, denn für alle, die es dadurch geschafft haben, zurückzufinden in einen halbwegs normalen Alltag, sind sie möglicherweise lebensrettend gewesen.

Wie wenig der Staat selbst auf Therapien setzt, belegt ein Report der Caritas: »Jeder 10. Drogentote in Deutschland stand auf der Warteliste für eine Therapie … monatelange Wartezeiten sind üblich. Frauen mit Kleinkindern müssen mit bis zu 9 Monaten am längsten warten … durchschnittlich 45 Tage dauert es, bis eine Kostenzusage vorliegt … am längsten brauchen die Rentenversicherungen mit bis zu 3 Monaten … die skandalös langen Wartezeiten überleben viele Therapiewillige nicht. Andere können die Therapie nicht antreten, weil sie zwischenzeitlich inhaftiert werden. Bezogen auf alle rd. 2800 bundesdeutschen Therapieplätze sind bis November 1992 bereits 215 Drogenabhängige von den Wartelisten gestorben.«[34]

Das Drogenproblem ist vor allem ein Drogenpolitik-Problem, weil diese Politik nicht zur Kenntnis nehmen will, daß die Macht der Drogen nicht zu brechen ist. Da halfen weder die Appelle eines Aristoteles, »den Süchtigen gar doppelt zu bestrafen, da es ihm freistehe, sich zu betrinken«, noch die Durchhalteparolen des Präsidenten des Bundeskriminalamtes, Zachert, der Härte gegen jeden Umgang mit illegalen Drogen jedweder Liberalisierung vorzieht, ungeachtet aller weltweit gesammelten Erfahrungen. Er plädiert für eine Verschärfung des Strafrechts und nimmt dabei auch den Verlust an Liberalität in Kauf. Das ist für ihn »der Preis, der gezahlt werden muß, um einen wirksamen Schutz gegen diese nie zuvor dagewesene Gefährdung unseres Gemeinwesens aufzubauen«.[35]

8 Augen zu und durch

Der Drogenbeauftragte der Bundesregierung ist ein CSU-Politiker namens Eduard Lintner, seines Zeichens Parlamentarischer Staatssekretär im Innenministerium. Dem Innenministerium obliegt neben vielen anderen Aufgaben vor allem die der inneren Sicherheit, das heißt wie unser Staat zu schützen ist vor Terroristen von links oder auch von rechts etwa oder wie unsere Polizei organisiert sein muß, um den Bürger zu bewahren vor Diebstahl, Gewalttaten wie Mord oder Totschlag, Entführung oder Erpressung, oder wie das Bundeskriminalamt zu funktionieren hat, wenn es übergeordnete polizeiliche Maßnahmen wie bei der geplanten Festnahme angeblicher RAF-Terroristen im mecklenburgischen Bad Kleinen zu koordinieren hat.

Drogenmißbrauch – ob bei Alkohol, Nikotin oder Heroin – schadet in erster Linie dem menschlichen Organismus. Psychische und soziale Probleme können in vielen Fällen Ursachen eines krankhaften Konsums von Bier, Schnaps, Zigaretten oder Heroin und Kokain sein. In der Regel führt der Griff zur Flasche oder zur Spritze nicht zu einer Verbesserung der psychischen wie sozialen Situation der Betroffenen, er verschlimmert sie meist. Viele Süchtige werden kriminell auffällig, weil sie aus allen sozialen Bezügen fallen, ihren Arbeitsplatz verlieren und von ihren Familien oder Partnern nicht mehr gestützt werden können, sie geraten an den Rand der Gesellschaft.

Natürlich bietet unsere Gesellschaft eine breite Palette an gesundheitlichen wie psychosozialen Hilfen, aber bei einer Vielzahl von Menschen bewirken diese Angebote – aus welchen Gründen auch immer – einfach nichts, sie bleiben hängen in ihrer Sucht.

Der Staat hat auch für diese Männer und Frauen die Verpflichtung, nach Auswegen aus ihrem Elend zu suchen. Er kann und darf in diesen Fällen auch nicht den scheinbar einfachsten Weg gehen und »law and order« proklamieren. Damit dient er niemandem, er beruhigt damit nur die Bürger, die sich ängstigen, gibt vor, zu handeln, ohne das Problem, um das es geht, zu entschärfen, geschweige denn zu lösen.

Welches Signal wird ausgelöst, wenn der Drogenbeauftragte der Bundesregierung dem Bundesinnenminister unterstellt wird und nicht dem Minister für Gesundheit? Es darf daraus gefolgert werden, daß der Staat, oder besser die jeweils regierenden Parteien und ihre Protagonisten, davon ausgehen, daß das Problem des Drogenmißbrauchs zuallererst ein Problem von Polizei und Justiz, von Verfolgung und Bestrafung ist. Es darf gefolgert werden, daß es ihnen allenfalls erst in zweiter Linie um das Wohl der abhängigen Menschen geht, die krank geworden sind an Heroin und anderen illegalen Drogen.

Eduard Lintner setzt auf die Mittel der Verfolgung und Bestrafung all derjenigen, die Heroin spritzen, Kokain schnupfen, Haschisch oder Marihuana rauchen oder Amphetamine und Benzodiazepine ohne ärztliche Rezeptur schlucken. Er glaubt, daß Strafe abschreckt und damit andere davon abhält, einzusteigen in diese Welt der verbotenen Genüsse. Seine eigenen Veröffentlichungen strafen diese Politik Lügen, denn Jahr für Jahr gibt es immer mehr Einsteiger, sogenannte Erstkonsumenten. Er glaubt, daß ein härteres Vorgehen gegen Dealer und ihre Hintermänner den Drahtziehern der Mafia und der massenhaften Einfuhr illegaler Drogen einen Riegel vorschiebt. Im »besten« Fall jedoch verteuert es allenfalls die Ware, die den Weg trotz aller Polizeimaßnahmen zum Konsumenten findet. Realität ist, daß immer mehr Stoff in immer besserer Qualität auf dem Markt ist. Er glaubt, daß internationale Verbrechensbekämpfung den Handel mit Heroin oder Kokain auszutrocknen vermag. Für jedes Land, das sich für US-Dollars oder D-Mark überzeugen läßt, statt Hanf oder Schlafmohn Mais oder Tomaten anzubauen, finden sich zahlreiche andere arme Länder der Dritten Welt, die bereit sind, den Weltmarkt mit den geächteten Produkten zu bedienen.

Lintners Glaube versetzt leider keine Berge. Er verlängert allenfalls die elenden Bedingungen der illegalen Drogenszene in Bochum wie in Chicago.

Wenn also der Drogenbeauftragte offensichtlich nur untaugliche Mittel einzusetzen bereit ist, ist ja vielleicht ein Gesundheitsminister klüger, der zuständig ist für das gesundheitliche Wohlergehen aller Staatsbürger, der Wege weisen muß in unserem Gesundheitssystem, um kranken Menschen zu helfen, daß sie wieder auf die Beine kommen, wieder arbeiten und sich ihren familiären und gesellschaftlichen Verpflichtungen widmen können. Woran also glaubt ein Gesundheitsminister, wenn es um Alternativen zur herkömmlichen Drogenpolitik geht?

Bundesgesundheitsminister Horst Seehofer, CSU, glaubt nichts von dem, was Politiker, Wissenschaftler oder Ärzte, die für eine kontrollierte Freigabe von Heroin etwa plädieren, an Argumenten ins Feld führen.

Er glaubt an Aufklärung, Prävention und Therapie. Er glaubt an die Plakate »Keine Macht den Drogen«; er glaubt an Strafen, die den Konsumenten abhalten würden von Heroin oder Hasch, Marihuana oder Kokain; er glaubt an Therapie und meint damit ausschließlich die Abstinenztherapie. Im Grunde glaubt er das gleiche wie sein politischer Freund im Innenministerium. Nach dem Motto, daß nicht sein kann, was nicht sein darf, halten beide es nicht für nötig, sich mit Fakten und Argumenten differenziert auseinanderzusetzen. Der Blick in eine Rede des Bundesministers für Gesundheit, Horst Seehofer,[36] lenkt das Interesse denn auch auf die Art und Weise, wie Politiker, die strikt gegen eine auch noch so streng kontrollierte Freigabe von Heroin sind und die schon die Diskussion um eine Legalisierung von Hasch oder Marihuana für äußerst gefährlich halten, mit Argumenten derer umgehen, die eine staatlich eng begrenzte Vergabe illegaler Drogen befürworten.

Die Fronten in der politischen Debatte um Heroin auf Krankenschein sind ziemlich starr. Hier und da gibt es zwar auch in den Reihen der CDU oder FDP Stimmen, die für einen solchen Versuch plädieren, aber die grundsätzliche Haltung der Bundesregierung ist ablehnend. Abzulesen ist das sehr gut an den Ausführungen des Bundesgesundheitsministers vor dem Deutschen Bundestag am 1. Juli 1993. Es erscheint mir wichtig, einmal auf das »Wie« der Debattenführung am Beispiel eines verantwortlichen Ministers einzugehen. Die Argumente für und wider eine Drogenfreigabe werden hier nur verkürzt erörtert. An dieser Stelle geht es mir in erster Linie um den Nachweis, wie Schlagworte Sachverhalte methodisch verzerren, wie politische Botschaften konstruiert werden.

»Wer für eine Heroinfreigabe ist, verabschiedet sich von seiner Verantwortung«,[37] ruft der Minister dem Plenum des Bundestages zu und geißelt andersdenkende Politiker mit der Bemerkung: »Das ist keine Gesundheitspolitik mehr, das ist eine Politik der Verlängerung der Drogenabhängigkeit, eine Politik, die die Geister nicht mehr los wird, die sie ruft.« Diese warnenden Worte kennen wir schon aus den Jahren 1987 und 1988, als es um die Ersatzdroge Methadon ging (siehe Kapitel 11). Damals ereiferten sich die Gegner einer Ersatzdrogentherapie in fast gleichlautenden Schlagworten. Daß die Methadonvergabe im jetzt ausgelaufenen fünfjährigen Modellversuch in Nordrhein-Westfalen als Erfolg gefeiert werden kann und über alle Parteigrenzen hinweg als ein möglicher Weg in der Drogentherapie akzeptiert wird, verschweigt der Minister, der inzwischen selbst eine Ausweitung der Methadon-Programme befürwortet, die vor fünf Jahren noch ebensowenig als gesundheitspolitische Maßnahmen galten wie heute die Heroinvergabe. Während Methadon nach langjähriger Testphase ein Mittel der Wahl geworden ist, wird die kontrollierte Freigabe von Heroin ähnlich verteufelt wie früher die Ersatzdroge. Natürlich »verlängert« die Vergabe von Heroin ebenso wie von Methadon die Drogenabhängigkeit, aber sie stabilisiert zugleich den Gesamtzustand des Kranken, schafft ihm die Möglichkeit, Distanz zu finden zum Elend der Drogenszene, sich sozial einzubinden in einen ganz normalen gesellschaftlichen Alltag, sich psychisch und physisch wieder zu erholen. Natürlich ist der Erfolg dieser Therapie nicht hundertprozentig, aber für weit über ein Drittel der Heroinsüchtigen ist die Methadonvergabe eine akzeptierte Überlebenshilfe. Und beim Modellversuch, Heroin, die Droge selbst also zu verabreichen, soll erprobt werden, wieviele Abhängige über diesen Weg zusätzlich erreicht werden könnten, um den Ausstieg aus der Szene zu schaffen. Die Abkehr von der Droge ist sowohl bei der Abstinenztherapie als auch bei einer Therapie unter Methadon oder Heroin immer erst der zweite Schritt. – Bleibt mit Spannung abzuwarten, wie lange es dauern wird, bis sich – analog zur Methadondebatte – die derzeitigen Kritiker einer Heroinfreigabe einer sachlicheren und ehrlicheren Diskussion stellen werden.

Drogen wird es immer geben, es wird auch immer Menschen geben, die Heroin wollen oder Kokain, LSD, Alkohol, Medikamente oder Nikotin. Und da diese Drogen allesamt hochgradig – körperlich oder psychisch – süchtig machen können, wird es immer auch Menschen geben, die daran krank werden und gegebenenfalls einer ärztlichen oder psychosozialen Behandlung bedürfen. In der Verantwortung des Arztes liegt es, welche Therapieform gewählt werden soll, und er muß auch entscheiden, welcher Weg den bestmöglichen Erfolg verspricht. In der Behandlung suchtkranker Menschen geht es vorwiegend um die Frage, welches Konzept zunächst einmal das Überleben garantiert. Erst nach der Überlebenshilfe schließen sich therapeutische Wege an, die langfristig aus der Sucht führen können. Selbst der Drogenbeauftragte der Bundesregierung, Eduard Lintner, hat den Schweizer Großversuch zur staatlichen Heroinvergabe als »begrüßenswert«[38] bezeichnet, weil das oberste Ziel dieses Experimentes das »suchtfreie Leben« bleibe.

Damit bestätigt doch Lintner, der eine staatlich kontrollierte Freigabe illegaler Drogen hierzulande für völlig abwegig hält, daß es möglich ist, über Ersatzdrogen und auch über die Droge selbst den Ausstieg aus der Sucht zu finden. Auch Seehofer will ja eine Ausweitung der Methadon-Programme, und Methadon ist eine Ersatzdroge, die in ihrer pharmakologischen Wirkung Morphium und Heroin sehr ähnlich ist. Morphium ist verschreibungspflichtig und steht unter besonderer Kontrolle des Betäubungsmittelgesetzes. Heroin darf nicht verschrieben werden, weil es als illegale Droge definiert ist. Wissenschaftliche Erkenntnisse aus den USA oder aus Großbritannien zum Beispiel unterstützen hingegen die These, daß auch Heroin selbst – wohlgemerkt als Therapeutikum – ein Wegbereiter aus der Sucht sein kann (siehe auch Kapitel 9, 11 und 12).

Muß sich Gesundheitspolitik nicht auch daran messen lassen, ob sie Wege findet, schwerkranken Menschen in fast hoffnungsloser Lage vor dem Tod bewahren zu können? Wie verantwortungsbewußt ist eine Politik, die erfolgversprechende Perspektiven tabuisiert. Perspektiven, die in anderen Ländern wie der Schweiz sehr wohl akzeptiert werden?

Seehofers Credo liest sich in seiner Bundestagsrede so: »Wer für die Heroinfreigabe ist, verabschiedet sich endgültig von der Verantwortung – von der Verantwortung für die Drogenabhängigen, von der Verantwortung für die Suchtgefährdeten und die Nichtabhängigen, vor allem von der Verantwortung für die Kinder.«[39] Niemand bestreitet, daß sich ein Minister um das gesundheitliche Wohl seiner Bürger sorgen muß, es ist seine Pflicht. Niemand hindert ihn, aufzuklären, wo aufzuklären ist, vorzubeugen, wo vorgebeugt werden kann. Ist es aber nicht seine Pflicht – ich wiederhole das –, auch denjenigen zu helfen, denen es sehr schlechtgeht? Darf man Überlebenshilfe verweigern, nur weil sie politisch nicht opportun ist?

»Wie wollen eigentlich die Befürworter dieser Politik noch glaubwürdig begründen, warum sie auf der einen Seite für eine Freigabe von Drogen sind und den Staat zum Drogenproduzenten machen wollen, und auf der anderen Seite härtere Maßnahmen im Kampf gegen den Alkoholmißbrauch anmahnen oder für scharfe Kontrollen unserer Arzneimittel eintreten?«[40] fragt Seehofer weiter.

Die Befürworter sind nicht für eine generelle Freigabe, sondern für eine staatlich kontrollierte Vergabe illegaler Drogen, sie wollen sie eben nicht in aller Freizügigkeit in den Handel über Supermarkt und Kiosk geben. Das ist das eine. Der Staat würde bei einer Heroinvergabe unter ärztlicher Aufsicht nicht zum Drogenproduzenten, sondern er würde lediglich die Kontrolle übernehmen, wie er es im übrigen bei Alkoholika und Arzneimitteln oder auch beim Nikotin längst tut. Nur ist es mit der Kontrolle bei Medikamenten oder alkoholischen Getränken nicht sehr weit her, da dürfen Psychopharmaka und Hochprozentiges in allen Medien beworben werden, da werden Medikamente auf dem Markt zugelassen, die sich als sehr gesundheitsgefährdend herausstellen, nachdem sie von Tausenden »getestet« worden sind, da werden risikoreiche Nebenwirkungen toleriert, da werden Schnaps und Bier als abendländische »Kulturdrogen« gesellschaftlich anerkannt, da klären wir bei Wein und Cognac unsere Kinder vorbeugend über die möglichen teuflischen Auswirkungen des kurzfristigen wie langfristigen Alkoholgenusses auf, da fordert der Gesundheitsminister Seehofer einen Krankenkassensonderbeitrag der Raucherinnen und Raucher und schiebt ihnen allein die Verantwortung für ihr gesundheitsgefährdendes Handeln zu, signalisiert aber zugleich, daß der Staat dann doch Hilfsmöglichkeiten im Krankheitsfalle anzubieten hat.

Nach der gleichen Logik könnte man fragen, warum wir nicht den Heroinabhängigen einen Sondertribut abfordern, um ihnen spätestens dann helfen zu können, wenn sie zwischen Leben und Tod durch die Drogenszene stolpern? Der Staat kümmert sich recht wenig um die zunehmenden Probleme des Alkohol-, Medikamenten-, und Nikotinmißbrauchs, er nimmt seine soziale Verantwortung diesbezüglich auch nicht sonderlich ernst.

Es verlangt doch nun wirklich niemand von Minister Seehofer, daß er bei einer eingeschränkten Vergabe von Heroin die notwendige Kontrolle ebenso lax gestaltet wie bei unseren »Kulturdrogen«, von Werbung und Steuereinnahmen wollen wir erst gar nicht reden.

»Der Staat darf nicht zum Notar der Gleichgültigkeit werden«,[41] sagt der Minister an anderer Stelle in seiner Rede. Ist er nicht längst genauso gleichgültig geworden, was den Jugendalkoholismus angeht, wie auch in bezug auf die Heroinabhängigkeit – gleichgültig, weil er keine Konzepte hat, Menschen im besten Falle vor Drogenmißbrauch zu schützen, nach den Bedingungen süchtigen Verhaltens zu forschen, um ihnen schließlich helfen zu können, wenn sie es selbst nicht mehr können?

Warum schlägt der Staat auf die einen, die Heroin spritzen, ein, und warum umsorgt er die anderen, die sich um den Verstand saufen, sich den Krebs in die Lungen ziehen?

»Und wie sollen die Abhängigen jemals die Chance erhalten, von der Droge loszukommen, wenn sie sich die Tagesration beim Arzt oder Gesundheitsamt abholen können?«[42] fragt der Minister scheinbar arglos ins Plenum. Entweder weiß er es nicht besser, oder er treibt hier ganz bewußt ein irreführendes Spiel. Denn die Grundidee der Vergabe von Heroin an Süchtige geht davon aus, daß eine legale Vergabe den Weg in das kriminelle Milieu des illegalen Drogenmarktes überflüssig macht, der Abhängige zur Ruhe kommt, weil nicht mehr die alltägliche Hatz nach dem Stoff den Rhythmus seines Lebens bestimmt. Gerade darin liegt ja die Chance, nachzudenken, sich seiner Situation klar zu werden, um dann mit Hilfe von Sozialarbeitern, Medizinern oder Therapeuten den anderen Weg zu wählen – den der Abstinenz.

Die folgende Bemerkung Seehofers spricht denn auch für sich: »Denn wir wollen nicht die Verantwortung dafür übernehmen, daß der Drogenmarkt unter den Augen des Staates zu einem Basar der tausend Möglichkeit wird.«[43] Schön formuliert, aber diesen »Basar« gibt es bereits und zwar in der Illegalität der Drogenszene und vor allem *wegen* der Illegalität.

»Wer die kontrollierte Freigabe der Todesdroge Nummer 1, des Heroins, sanktioniert, der öffnet – ob er es will oder nicht – auch die Schleusen für weitere Freigabeforderungen.«[44] Hier müssen berechtigte Zweifel angemeldet werden, wie weit es mit der Fachkompetenz eines Gesundheitsministers her ist. Der Bundesminister für Gesundheit müßte wissen, daß die Todesdroge Nummer 1 hierzulande wie in vielen anderen

Ländern auch der Alkohol ist, selbst an zweiter oder dritter Stelle der Liste stehen andere Drogen wie etwa Nikotin oder Arzneien, die mißbräuchlich geschluckt werden, bis die Nieren oder andere Organe versagen.

»Deshalb ist die Freigabe kein Königsweg, sondern ein abenteuerlicher und gefährlicher Irrweg.«[45] Mit diesem Passus bringt der Redner seine Schlagwort-Rhetorik auf den Punkt. Niemand hat von den Befürwortern je behauptet, daß die kontrollierte Freigabe der »Königsweg« sei, im Gegenteil, sie haben immer betont, dies könnte ein Weg von vielen sein, der aus der Sucht führt.

Wie abenteuerlich und gefährlich die *herkömmliche* Drogenpolitik inzwischen geworden ist, beschreibt dieses Buch in fast allen Kapiteln. Drogenexperten in den USA haben die Formel geprägt, daß die Lösungsansätze der repressiven Drogenpolitik in ihren Auswirkungen längst verheerender sind als die Probleme des Heroinmißbrauchs selbst. Für Seehofer ist dennoch selbst der Versuch einer kontrollierten Freigabe ein »Irrweg«.

»Er ist abenteuerlich, weil die Befürworter einer Freigabe den Eindruck erwecken, als ob Drogenabhängigkeit eher ein Lebensstil und keine Krankheit ist.«[46] Drogenabhängigkeit ist eine Krankheit, was auch niemand bestreitet, nicht beim Alkohol und nicht beim Heroin, nur hat der mißbräuchliche Konsum der illegalen Droge Heroin psychosoziale Begleiterscheinungen, die nur ein Zyniker als bewußt gewollten »Lebensstil« unterstellen könnte, der alle Symptome der Drogenszene einfach ignoriert.

Günter Amendt weist auf die Erfahrungen hin, die weltweit, überall dort, wo es den Konsum illegaler Drogen gibt, gleich sind, Erkenntnisse, die auch Seehofer bekannt sein müßten: »Junkies, besonders die, denen man in der offenen Szene begegnet, sind auf ärztliche Hilfe dringend angewiesen – nicht erst seit Aids. ... Abszesse, Venenentzündungen und andere Infektionskrankheiten gelten als typische Fixerkrankheiten. Auch Geschlechtskrankheiten als Folge von Beschaffungsprostitution sind weit verbreitet. ... Keine dieser Krankheiten ist die unmittelbare Folge des Fixens. Wäre der Stoff sauber und die Spritze steril, würden sichere Präservative benutzt, wäre ein Minimum an Hygiene garantiert und eine ebenso regelmäßige wie gesunde Ernährung – der Krankenstand in der Fixerszene würde sich kaum von dem einer nicht-süchtigen Vergleichsgruppe unterscheiden. ... Fixer sind Kranke, doch Fixen ist keine Krankheit.«[47]

»Und er ist gefährlich (der Irrweg), weil die Befürworter Argumente ins Feld führen, die einer genauen Prüfung nicht standhalten«, droht der Minister, und wir erwarten Belege. So sagt er, es sei falsch, wenn behauptet würde, Heroin sei gesundheitlich unbedenklich, und argumentiert: »Nach allem, was wir wissen, kann es nach der Einnahme von hochkonzentriertem Heroin zu gefährlichen Nebenwirkungen kommen, die vor allem in Verbindung mit anderen Suchtmitteln sogar lebensbedrohlich sein können.«[48] Es ist völlig unstrittig, daß hochkonzentriertes Heroin ebenso tödlich sein kann wie hochprozentiger Alkohol. Nur würde wohl kein Arzt, der in einem Modellversuch zur Heroinfreigabe für die Rezeptur verantwortlich wäre, eine Überdosis verabreichen. Indem der Minister die denkbar extremste »Nebenwirkung« als Beispiel hervorhebt und sie mit der Frage der gesundheitlichen Bedenklichkeit verknüpft, glaubt er, den Beleg für seine These geliefert zu haben. Wenn er sich auf die wissenschaftliche Literatur, die weltweit Standard ist, einließe, müßte er genauer und differenzierter mit der Materie umgehen. Das aber wäre für ihn politisch ein gefährlicher Weg, da diese Literatur dem Stoff Diamorphin (Heroin) in gesundheitlicher Hinsicht eine relative Unbedenklichkeit bescheinigt (siehe auch Kapitel 12).

Wird eigentlich Schnaps verboten, weil man bei einer »Überdosis« an Alkoholvergiftung sterben könnte, oder Tabak, weil exzessiver Genuß zum Tode führen könnte?

Seehofer zeigt sich auch sehr skeptisch, daß eine Heroinfreigabe Drogenabhängige erreichen könne, für die eine andere Form der Therapie bislang nicht in Frage kam oder erfolglos war. Dafür, so der Minister, gäbe es keine schlüssigen Beweise. Das stimmt so wiederum nicht, denn es gibt durchaus Erfahrungen mit Heroin als Therapeutikum (siehe auch Kapitel 9), die sehr wohl eine erfolgversprechende Perspektive eröffnen. Selbst in den Ländern, in denen bislang nur mit Methadon oder Morphium substituiert wurde, belegen die wissenschaftlichen Berichte die These, daß Drogenabhängige Opiatstoffe wie Heroin, Morphium oder Methadon als Therapieangebot annehmen. Heroin, Morphium und Methadon sind in ihrer pharmakologischen Wirkungsweise fast identisch, und so müßte sich der Bonner Gesundheitsminister schon die Arbeit machen, aus diesen internationalen Erkenntnissen heraus seine politischen Schlüsse abzuleiten.

»Es gibt aber keine zuverlässigen Kriterien, die es uns erlauben, Betroffenengruppen zu definieren, für die eine Form der Behandlung besser als alle anderen geeignet ist.«[49] Mit dieser Schlußfolgerung schmettert Seehofer alle Überlegungen zu alternativen Wegen in der Drogenpolitik kategorisch ab. Seehofer verkennt, daß Junkies Menschen mit sehr eigenwilligen Biographien und Denkweisen sind, die ihre Lebensperspektiven in unserer Gesellschaft nicht allein den Prinzipien von Leistung und Anpassung, Gehorsam und Ehrgeiz unterordnen. Heroin gehört für sie zum Alltag wie für andere das Glas Milch zum Frühstück. Für sie ist es die Droge, die sie wollen, die sie gut finden. Schlecht finden sie lediglich die Begleitumstände, die die Illegalität von Heroin oder Kokain nach sich zieht. Das Elend in der Szene verabscheuen sie, die Droge selbst aber nicht. »Wenn Fixer nur Hilfe wollen, ohne von der Droge, auf der sie sind, ablassen zu wollen oder zu können, dann hat Therapie sich auch darauf einzustellen. Einen Königsweg der Drogentherapie gibt es nicht.«[50]

Ich denke, wir können der Schweiz nicht unterstellen, sie handele fahrlässig mit ihren Modellversuchen zur Freigabe von Heroin (siehe auch Kapitel 12). Gerade die Schweizer wollen herausfinden, ob die bislang vorliegenden wissenschaftlichen Erkenntnisse auch unter strengsten Kriterien und Auflagen zu bestätigen sind. Es ist nicht anzunehmen, daß die Schweizer einen »Ritt über den Bodensee« veranstalten. Spätestens in drei Jahren wird sich auch der Bonner Gesundheitsminister mit »schlüssigen Beweisen« unter anderen Vorzeichen beschäftigen müssen. Drei Jahre sind allerdings eine lange Zeit für drogenabhängige Menschen, die Hilfe suchen und keine adäquate finden können.

Weiter im Ministertext heißt es in militärischem Vokabular: »Heroinfreigabe ist für die Betroffenen kein Befreiungsschlag aus der Drogenszene.«[51] In der Logik der herkömmlichen repressiven Drogenpolitik, die vor allem auf Verfolgung und Bestrafung Abhängiger setzt, mag es stimmig sein, auf eine Therapie zu hoffen, die mit einem »Schlag« die Junkies »befreien« würde, mit der Realität aber hat das sehr wenig zu tun.

Seehofer argumentiert in seiner Weise weiter: »Heroinpatienten nehmen ganz überwiegend auch andere Drogen. Und nur einem verschwindend kleinen Teil gelingt es, aus der Drogenszene auszusteigen.«[52] Ja, worum geht es denn? Es kann doch wohl nur darum gehen, Heroinabhängigen, die sich oft mit Medikamenten, Alkohol oder anderen Drogen wie Kokain, LSD oder Crack über die »Durststrecke« retten müssen, weil sie nicht genug Geld haben für den Stoff, den sie eigentlich wollen, zu helfen, aus eben diesem Teufelskreis herauszukommen, der eine wesentliche Ursache für die Verelendung vieler Junkies in der Szene ist. Daß es nur wenigen gelingt, auszusteigen, liegt unter anderem darin begründet, daß es nicht ausreichend Therapieangebote gibt, die den Bedürfnissen der Abhängigen gerecht werden.

An anderer Stelle freut sich der Minister darüber, daß sich 90 Prozent der Abhängigen ein drogenfreies Leben wünschen, um anschließend zu triumphieren, mit einer staatlichen Drogenverteilung könne man ihnen diesen Wunsch ja eben nicht erfüllen. Aber warum beklagt sich denn der Minister in der derselben Rede, daß es »nur einem verschwindend kleinen Teil gelingt, aus der Drogenszene auszusteigen«?[53] Daß viele den Wunsch haben, mag richtig sein, aber haben sie auch den Willen und die Kraft, ihn in die Tat umzusetzen, oder scheitern sie nicht unter anderem auch daran, daß die derzeit staatlich genehmen Therapieangebote nicht ihr Weg sind?

Der parteilose hessische Generalstaatsanwalt Hans Christoph Schaefer, der zu der wachsenden Zahl von Strafrechtsjuristen gehört, die für einen Rückzug der Strafverfolgung aus der Drogenpolitik eintreten, berichtet über seine einschlägigen Erfahrungen in der Stadt Frankfurt: »Es ist doch so, daß in Frankfurt rund 40 Prozent der Süchtigen weder einer Abstinenz-Therapie noch der Methadon-Substitution zugänglich sind. Für die müssen wir etwas anbieten.«[54]

Wenn der Fixer nicht zur Therapie geht, die der Staat ihm anbietet, dann müssen Therapiekonzepte entwickelt werden, die sich genau auf die Bedürfnisse und Lebensumstände des Fixers einstellen. Wenn der Staat das Elend der Drogenabhängigen lindern will, dann wird er allein aus humanitärer Sicht neue Wege suchen müssen. Doch der Minister gibt sich weiter unerbittlich: »Wir werden daran festhalten, daß der Besitz und Erwerb von Drogen auch für den Eigenkonsum als Straftat eingestuft bleibt. Nur eine Strafvorschrift ist eine wirksame

Hemmschwelle für Drogenkonsumenten und Drogenhändler. Und nur eine Strafvorschrift ermöglicht der Polizei, die notwendigen Ermittlungsverfahren nach der Strafprozeßordnung durchzuführen.«[55] Was der Minister hier so kühn behauptet, klingt ganz anders, wenn sich ein Praktiker zu diesem Thema äußert. Generalstaatsanwalt Schaefer wie auch andere Juristen, die mit den Auswirkungen des illegalen Drogenkonsums lange Jahre beschäftigt sind, wissen von Erfahrungen zu berichten, die eigentlich zu anderen Schlußfolgerungen beim Minister führen müßten: »Ich war vor rund 25 Jahren in der riesengroßen Frankfurter Staatsanwaltschaft der einzige, der Rauschgiftsachen bearbeitet hat. Heute sind zwei komplette Abteilungen mit 16 Leuten von Betäubungsmittelverfahren überschwemmt. Aus meiner Erfahrung kann ich Ihnen sagen: die Strafdrohungen des Betäubungsmittelrechts haben noch keinen an Rauschgift Interessierten abhalten können.«[56]

Abschließend blickt der Minister in die Zukunft: »Die erfolgreichste Therapie ist und bleibt die Prävention. Sie macht immun gegen die Verführung zum Drogenkonsum.«[57] Prävention heißt Vorbeugung und in diesem Zusammenhang ist damit vor allem Strafandrohung gemeint, Strafverfolgung durch Polizei und Staatsanwaltschaft, Verurteilung durch Richter.

Generalstaatsanwalt Schaefer kann aus seiner beruflichen Kenntnis belegen, wie erfolglos der Ausbau des Polizeiapparates geblieben ist, der die Rauschgiftkriminalität »eindämmen« soll; andere, wie die Polizeipräsidenten mehrerer deutscher Großstädte – Bonn, Bielefeld oder Stuttgart beispielsweise – bestätigen die Einsicht, daß die herkömmliche Drogenpolitik gescheitert ist. Sie vertreten die Ansicht, daß süchtige Menschen als Kranke und nicht als Kriminelle zu behandeln seien und die Macht der Drogenkartelle nur mit den Mitteln der Marktwirtschaft zu brechen sei.

Minister Seehofer zum letzten: »Wenn wir verhindern wollen, daß es bei uns zu einer freien Marktwirtschaft für geächtete Drogen kommt, dann müssen wir auf dem Weg fortfahren, den wir beschritten haben.«[58]
Augen zu und durch!

9 Stoff vom Staat

Liberalität hat Grenzen, Toleranz auch. Wenn ich in Bremen ins »Viertel« gehe, dort, wo die Stadt lebt, wo die Lehrer wohnen, Studenten, wo die Penner rumhängen, die gewerblichen Nutten ihre Dienste anbieten, wo es den billigen Supermarkt gibt, aber auch den Cappuccino für fünf Mark, wo es Klamotten und Kleidung gibt, wo es edel ist und schmutzig, wo Sanierer und Immobilienhändler so ganz allmählich das Liebenswürdige einer eher bürgerlichen Subkultur mit Schickeria-Luxus übertünchen, wenn ich dort also über den Sielwall, den Steintordamm, die Friesenstraße oder Humboldtstraße spaziere, begegne ich seit Jahren immer auch den Junkies, die hier auf offener Szene leben, fixen, dealen, stehlen, sich prostituieren, die kleinen Grünanlagen, Kinderspielplätze oder Schulhöfe zu ihren Wohn- und Schlafstuben gemacht haben. Wenn ich dort herumschlendere, meinen Espresso trinke, ins Kino gehe, in den Buchhandlungen stöbere oder einfach nur das bunte Leben betrachte, stört mich diese Szene nur wenig, zu gut kenne ich die Bedingungen dieser »Lebensart«.

Es wäre unehrlich, sich nicht zu fragen, wie es mir erginge, wenn ich täglich in wechselnden Schichten mit meinen Nachbarn die Spielplätze von Spritzen, Kondomen, Blechbüchsen und anderem Unrat säubern müßte, wenn meine Kinder jeden Tag miterleben würden, nicht nur was Prostitution ist, sondern auch, wie sie ausgeführt wird in diesem Milieu, in den Garagenecken, in den Büschen der Grünanlagen, auf den Spielplätzen und nicht nur nachts, wenn sie mir mit sechs

Jahren haargenau erklären können, wie eine Spritze aufgezogen wird, wie der Schuß gesetzt wird, wie wieder ein junges Mädchen torkelnd über die Straße gestolpert ist und beinahe von der Straßenbahn überfahren wurde, wenn sie Aggressivität und Brutalität alltäglich frei Haus geliefert bekommen, ungefiltert, pur? Ja, wie würde ich reagieren? Die Bremer Leute im Viertel spielen Polizei und Müllabfuhr, bauen Zäune und gründen Initiativen zur Vertreibung der Szene aus der Stadt. Teilerfolge haben sie schon – die Szene ist weitergezogen, ein paar Straßenecken weiter, wo nun die anderen Viertel in die praktische Drogenarbeit vor Ort eingeführt werden. Ein Problem wird beiseite geschoben von einem Fenster zum nächsten, für die einen endlich außer Sicht- und Reichweite, für die anderen plötzlich zum Anfassen, direkt im Vordergarten. So wird dieses drogenpolitische Schachspiel zur Farce, macht aber deutlich, in welcher Zwickmühle Bürger und Politiker stecken, wenn sie die Szene auflösen wollen, ohne die eigentlichen Ursachen ihrer Entstehung zu berücksichtigen. Bürger, die ihre Kinder und sich selbst vor den Auswirkungen des Drogenelends schützen wollen, verdienen Unterstützung, aber nicht in der Form, wie das allgemein üblich ist, nämlich durch die Polizei, die die Szene ab und zu »ordentlich aufmischt« und in der Stadt umhertreibt, um dann wieder »Ruhe« einkehren zu lassen. Die betroffenen Bürger haben ja lange genug vor Augen gehabt, wie wenig solche oberflächlichen kosmetischen Korrekturen genutzt haben, daß weder Gewalt noch sanftes Zureden noch die Drogenberatungsstelle um die Ecke das Problem haben mildern können. Sie haben lange Zeit erlebt, daß unsere Gesellschaft weder geeignete Mittel gefunden hat, die abhängigen Menschen zur Umkehr zu bringen, noch in der Lage gewesen ist, andere am Einstieg in ein Leben unter Heroin zu hindern. Ihr Aufschrei dürfte daher nicht im moralischen Aufbegehren steckenbleiben, aus ihrem persönlichen Erleben heraus müßten sie politisch initiativ werden, gemeinsam mit aufgeschlossenen politischen Köpfen neue Wege suchen aus der Drogenmisere. Und nicht von ungefähr kommen ja die Anstöße für eine Wende in der Drogenpolitik aus den Städten, die mit den offensichtlichen Auswirkungen der Drogenabhängigkeit täglich konfrontiert sind.

Erstaunlich ist, daß wir es nicht vermögen, aus den Erfahrungen anderer zu lernen, um eigene Fehler zu vermeiden. Da doktert jede Stadt am gleichen Symptom herum, ohne nach links und rechts zu schauen, nur um des vermeintlichen politischen Friedens wegen, den man zu schaffen glaubt durch undurchdachten Aktionismus. Die Politiker tun ja doch nichts, schimpfen die Bürger, und damit die nächste Wahl nicht verlorengeht, schicken die Regierenden der Stadt dann ihre Polizeibataillone aus, treiben die Drogenabhängigen wie beim Viehauftrieb zusammen und drücken sie in die nächste Sackgasse, wo es dann wieder etwas dauern wird, bis sich andere Bürger beklagen.

So wollen die Frankfurter endlich ihr Bahnhofsviertel säubern – ja, wovon denn? Von den Banken, den Geldwaschanlagen, den Schutzgeldeintreibern, den Sexshops, den Alkoholikern, den Hütchenspielern? Säubern heißt da wohl, alles aus den Augen verschwinden zu lassen, was offensichtlich nach Elend aussieht. Was im verborgenen geschieht, das soll nicht weiter stören. Und die Vertreibung der Junkies aus der Stadt, die dort nicht ihren behördlich abgestempelten ersten Wohnsitz haben, kann doch auch nur einen augenwischenden Effekt haben, denn das Drogenproblem hat sich dadurch keinesfalls nur einen Deut verändert, es ist nur verschoben nach Wanne-Eickel, Kassel oder Böblingen.

Den Platzspitz – wer kennt ihn nicht? Das ist der Fixerplatz Europas gewesen mitten in der Bankenmetropole Zürichs. Im Herbst 1991 fiel dann der Beschluß, den schönen Park am

Limmatufer leerzuräumen und einzuzäunen, Zutritt verboten für jedermann, heißt es seitdem. Doch die Karawane zog weiter, jenseits des Limmat, den Platzspitz immer in Sichtweite, über eine Betonbrücke hinein ins stillgelegte Bahnhofsgelände »Letten«. Dort und im benachbarten Wohn- und Geschäftsviertel »Kreis fünf« sind sie jetzt zu Hause, die Junkies der offenen Züricher Drogenszene. Anfangs, so berichten mir Kenner der Szene, schien es ganz so, als würde die Szene zerstreut und zerschlagen sein, nur vereinzelt sah man sie in kleinen Grüppchen. Im Herbst 1992 machte ich meinen ersten Gang durch die neue Szene, bekam gleich »Kontakt«, wurde angemacht, was ich denn bräuchte, Koks oder Hasch oder Heroin oder LSD oder Benzos. Ich lernte, daß die Szene funktioniert wie ein Kiosk für alle, die ab und zu einmal ein wenig Speed oder andere Rauschmittel begehren für den gemütlichen Sessel daheim oder die Party im Villenviertel auf der Höhe. In Grauschwarz gekleidete Männer vom Typ Banker, salopp gewandete Yuppies vom Typ Kreativer, blaue Latzhosenträger vom Typ Arbeiter – alle sind sie dort am Ufer des Limmat anzutreffen, morgens um elf, nachmittags um fünf, abends um acht. Daß die erfolgreiche Vertreibung der Fixer aus ihrem Milieu eine Mär ist, wird zu ganz bestimmten Zeiten sichtbar, dann ist »rush hour« in Letten und am Limmat, Drogenflohmarkt ohne Standgebühr. Sie spritzen und kochen, was der Stoff hergibt, die Päckchen wechseln ihre Besitzer. Gekocht wird auf Holzplatten, die in bequemer Arbeitshöhe auf geklaute Einkaufswagen gelegt sind. Sie sind beweglich, was sehr von Vorteil ist, wenn wieder mal – sehr auffällig – die Züricher Polizei in ihren kleinen japanischen Schmalspurbussen den Fußweg entlangkommt. Dann rattern sie in Richtung Lettenbrücke, den kochenden Stoff auf dem Brett, die Spritze noch im Mund oder im Arm. Auf der Brücke wird es dann eng, aber das schützt auch, denn leicht durchzukommen ist da auch nicht für die

Polizei. Oft bleibt es allerdings nur bei dieser Drohgebärde, die etwa so wirkt, wie wenn der gemütliche Dorfpolizist mit seinem kugelspitzen Bauch einen Trunkenbold aus dem Festzelt freundlich hinauskomplimentiert. Am Limmat wirkt es lächerlich und entwürdigend zugleich, denn am Elend der Süchtigen ändert das nichts. Die hocken dann zwischen den Gleisen des Bahnhofsgeländes, mischen und kochen und spritzen weiter, bieten feil und betrauern, daß wieder einmal einer von ihnen verhaftet wurde, trösten sich damit, daß er schon wieder auftauchen würde. Sie kennen den Kreislauf der behördlichen Hilflosigkeit.

An den Tagen, die ich für Recherchen in Zürich zubringe, zähle ich bis zu 800 Menschen, die sich hier am Limmat aufhalten. Züricher Experten meinen, daß sich die Szene sogar noch weiter aufgebaut habe. Und wie die Polizisten, mit kugelsicheren Westen und handlichen Maschinenpistolen ausgerüstet, einhellig erzählen, die Szene ist brutaler und aggressiver geworden, Kämpfe rivalisierender Drogenhändler sind an der Tagesordnung.

Die Bewohner des benachbarten Viertels wollen die Drogenszene ebensowenig dulden wie die Bremer ihre Szene. Auch sie bauen Barrikaden, ziehen mit Besen und Eimern über Parkanlagen, Schulhöfe und Kinderspielplätze, verscheuchen Junkies aus ihren Hauseingängen, von ihren Höfen.

Die Uferböschungen sind übersät mit weggeworfenen Spritzen, benutzten Kondomen, vergessenen Kleidungsstücken, mit Plastikzeug, in dem die Spritzen vakuumverschweißt verteilt werden. 13 000 Spritzen vergeben die Behörden in Zürich Monat für Monat, um der Ansteckungsgefahr durch Infektionen vorzubeugen, aber eine medizinische Versorgung vor Ort gibt es nicht. Es gibt Fixerräume in bereitgestellten Containern nicht unweit des Limmat, es gibt Anlaufstellen für hilfesuchende Junkies, es gibt Projekte, die ziemlich unbürokratisch

Methadon verabreichen, es gibt nicht nur Spritzen zum Null-
tarif, sondern auch Kondome.

Die Szene ist nach wie vor da, die Drogen sind nach wie vor
da, was sich verändert hat, ist die sehr angespannte Situation
vor Ort, das ständige Kesseltreiben hat Junkies wie Dealer
nervös gemacht, vertrieben hat es sie nicht. Vertrieben werden
immer häufiger Passanten, Touristen, Bürger, Journalisten mit
ihren neugierigen Blicken und gezückten Kameras, da fliegen
dann schon mal Steine, werden Prügel angedroht, Spritzen als
Waffen genutzt. Eine Mutprobe ist es nicht. Die Szene am
Limmat verdeutlicht, daß alle bisherigen Mittel im Kampf
gegen das Drogenelend erfolglos geblieben sind und nur auf
Kosten derer gehen, die abhängig sind und den Ausstieg aus
der Hölle nicht schaffen. Die Szene sollte Markstein sein für
die Argumente einer kontrollierten Freigabe harter Drogen
aus verschiedenen Bereichen unserer Gesellschaft. Sie verdeutlicht, was Hans Jürgen Senft sagte, daß die Drogen in
unserer Gesellschaft nicht wegzudenken, nicht wegzureden
sind, daß wir wohl oder übel mit ihnen werden leben müssen,
daß wir Wege finden müßten, das Leid der Betroffenen zu
mildern, daß es nicht damit getan sei, das Problem im wahr-
sten Sinne des Wortes vor uns herzutreiben.[59]

Das Zentrum des Problems liegt denn auch in dieser offenen
Szene, die viele Kommunalpolitiker nicht mehr sehen können
und sie nach Auswegen suchen läßt, die sich nicht im Verdrängen erschöpfen. Im Juni 1993 berichtete AP-Korrespondent
Helmut Stalder[60] über den Bahnhof Letten und das Limmatufer. Seine aktuellen Recherchen unterstreichen und bestätigen meine eigenen Eindrücke und Erfahrungen vor Ort. Er
schreibt, das Areal sei teilweise knöcheltief mit Abfall be-
deckt, Süchtige mit zerstochenen Armen und offenen Wunden
wühlten im Unrat nach verwertbaren Drogenresten. Er beob-
achtete, wie immer jüngere Menschen auf der Szene erschei-

nen, wie die »neue Art«, Heroin zu rauchen, das Milieu beherrscht: Erhitzt auf Alufolien wird es über Röhrchen inhaliert, »blowen« heißt das und ist in New York genauso »in« wie in Köln-Bilderstöckchen. Polizeibeamte klagten ihm ihr Leid, daß mit dem Anwachsen der Szene auch die Brutalität zunimmt, die am Limmat zur Zeit nur deshalb noch nicht ganz so stark zu spüren ist, weil sehr viel Stoff vorhanden sei, die Preise somit auch relativ niedrig sind. Dieses »Billigangebot« – und das ist die Kehrseite der Medaille – lockt natürlich viele Junkies aus der ganzen Schweiz an, aus Deutschland, aus Holland oder Frankreich und Italien. Jeden Tag würden zehn Kleindealer festgesetzt werden, was für die internationalen Drogenschieber aber kein Problem ist. Sie werden umgehend durch andere ersetzt, denn der Sog, als Kleindealer 5000 bis 10 000 DM in der Woche zu kassieren, ist groß, vor allem für junge Menschen aus sozial schwachen Lebensumfeldern.

Personell, berichtet Stalder, sei die Züricher Polizei ohnehin schon längst am Ende, und es grenze schon an unverantwortliches Handeln gegenüber den Züricher Bürgern, wenn immer mehr Polizisten abgestellt werden müßten für den Dienst am Limmat und dem Letter Bahnhof.

In die nahegelegene Badeanstalt gelangen die Züricher Bürger nur, wenn sie bereit sind, das Risiko, quer durch die Szene zu gehen, zu tragen. Eine Absperrung und eine eigens gebaute Treppe sollen den ungehinderten Zugang möglich machen. Da fragt sich, »wer nun tatsächlich hinter Gittern sitzt«, die Junkies oder die Zürcher?[61]

Nun wird es ja in Zürich noch in diesem Herbst erstmals den Stoff auf Krankenschein geben, wie in fünf anderen Schweizer Großstädten auch. Daß dieses sehr eng begrenzte Modellprojekt, in das lediglich 200 bis 300 Schwerstabhängige aufgenommen werden, die Szene am Limmat entscheidend verändern wird, ist nicht zu erwarten. Erst wenn in etwa drei oder vier Jahren die Ergebnisse des wissenschaftlich, ärztlich und sozialtherapeutisch begleitenden Großversuchs mit der Vergabe von Heroin oder anderen Rauschmitteln vorliegen, wird es Aufschlüsse für eine neue Drogenpolitik geben.

Ich habe bei einem meiner Züricher Recherchebesuche den Arzt und renommierten Drogenfachmann André Seidenberg gefragt, warum denn in der Schweiz solche Versuche gestartet würden, man hätte doch einfach nach Liverpool reisen können und dort in einem kleinen Vorort Erfahrungen einholen können, die dort schon seit vielen Jahren mit der kontrollierten Vergabe von Heroin gesammelt worden seien. Das stimme zwar, antwortete er, und die Erfolge könnten sich sehen lassen, aber die Schweiz möchte schon eigene gesicherte Erkenntnisse als Grundlage für politisches Handeln auf den Tischen der verantwortlichen Behörden liegen haben.

Liverpool und Widnes, Dr. Marks und seine Patienten – das sind für die einen die Silberstreifen der Hoffnung am Horizont, für die anderen die Quelle, aus der das Böse kommt, die Freigabe aller Drogen für jedermann.

Wir wollten es genauer wissen und recherchierten vor Ort, sprachen mit Ärzten, Patienten, Sozialarbeitern, Polizisten. Heroin auf Krankenschein, zu einem vernünftigen Preis, das ist in der englischen Drogenklinik Widnes, in der Nähe von Liverpool, seit 14 Jahren Alltag. 300 drogenabhängige Menschen bekommen hier regelmäßig Heroin, Kokain, Morphium oder Methadon – auf Rezept. Einmal in der Woche müssen sie an Therapiegesprächen teilnehmen. Das ist Pflicht, sonst wird ihnen das Rezept gesperrt. In diesen Gesprächen reden sie über ihre Alltagssorgen, aber auch darüber, was ihnen wieder besser gelingt als früher und über die Perspektiven für ein normales Leben unter Drogen. Auf Fragen, was sich in ihrem Leben verändert habe, seit sie vom Arzt sauberes Heroin verschrieben bekommen, antworten die meisten von ihnen übereinstimmend, sie hätten seit längerer Zeit keine kriminellen Geschäfte mehr getätigt, hätten eigene Wohnungen beziehen können, um wegzukommen aus dem Sog der Szene. Einige der Patienten leben in Wohngemeinschaften, um nicht so allein zu sein mit den Sorgen um einen Arbeitsplatz, eine Lehrstelle. Sie kommen in der Regel auch gern in die Klinik, sie böte ihnen Unterstützung, Rückhalt, Stabilität, sagen sie.

Natürlich stellt der Reporter vom Festland auch die Frage, ob sie denn runter wollten vom Stoff. Die einen bejahen das, glauben aber, daß das noch einige Zeit dauern würde, andere verneinen, weil sie gelernt hätten, mit der Droge ganz normal zu leben, so wie der Nachbar, der jeden Tag zur Arbeit in den Hafen fährt. »Ich führe ein geordnetes Leben«, berichtet Paul ganz kühl und bestimmt, »seit acht Jahren komme ich hierher. Ich habe eine Familie und Kinder, ein schönes Haus. Ich wäre sonst bestimmt im Gefängnis, Diebstahl, Hehlerei. Ich muß nicht mehr raus in die dreckige Szene, um Heroin zu besorgen.«

Der Arzt und Psychotherapeut Dr. John Marks leitet die Drogenklinik in Widnes. Aus vielen Gesprächen und Untersuchungen kennt er seine Patienten sehr genau, und regelmäßig kontrolliert er die Menge ihres Drogenkonsums. Er findet nichts Sensationelles daran, Süchtigen Heroin und andere harte Drogen zu verschreiben, und verweist dabei auf die britische Tradition, denn bereits in den zwanziger Jahren sei in diesem Land Heroin als Medikament verschrieben worden, was auch heute noch kein Gesetz verbietet. Ein Pionier, nein, das sei er nun gar nicht, das möchten gern andere aus ihm machen, er setze nur das fort, was andere Ärzte vor ihm begonnen hätten, auch wenn der Bedarf heute sicher größer ist. Und seine generellen Erfahrungen in Widnes? Die Beschaffungskriminalität habe um ein Vielfaches abgenommen, die Zahl der Erstkonsumenten sei äußerst niedrig, es gäbe auch keine Drogentoten und eine sehr niedrige Aids-Rate. Er schüttelt ein wenig verständnislos den Kopf auf die Frage, welches Ziel er denn mit der Verschreibung von Heroin verfolge, ob er seine Patienten lediglich mit Stoff versorgen wolle und gar nicht versuche, sie drogenfrei zu kriegen. »In diesem Sinne erfolgreich ist niemand. Nur fünf Prozent, nur fünf Prozent aller Drogenabhängigen schaffen jedes Jahr den Ausstieg. Ob wir sie ins Gefängnis stecken, in Krankenhäuser oder ihnen Drogen geben, es hat keinen Einfluß auf die Zahl der Aussteiger.« Ihr Heroin bekommen die Patienten von Dr. Marks in der Drogerie an der nächsten Ecke, nicht unweit der Klinik, die Zusammenarbeit funktioniert bestens. Dr. Marks verschreibt sowohl Heroinzigaretten als auch Ampullen mit flüssigem Stoff. Sechs Heroinzigaretten sind die durchschnittliche Tagesdosis, die der Konsument bei seinem vorgeschriebenen täglichen Besuch in der Drogerie auf Rezept quittiert.

Die Verabredung mit der Drogenpolizei in Widnes liefert einen zusätzlichen Beleg für die Richtigkeit der Aussagen von Marks und seinen Patienten. Mike Lofts, Chef der Drogenpolizei, bestätigt, daß die Beschaffungskriminalität spürbar abgenommen habe, die Polizisten sich wieder stärker auf andere Aufgaben konzentrieren könnten. »Widnes ist wieder ein Ort geworden, in dem man sicher und ruhig leben kann.« Wie es um Aids stehe? Er räumt ein, daß es Aids-Fälle gebe, aber die Zahl der Erkrankten sei in Widnes sehr niedrig und nicht drogenbedingt.

Wen immer man in der Bonner Regierungsriege in verantwortlichem Ministeramt zur Drogenfreigabe oder zur kontrollierten Abgabe harter Drogen hört, alle sagen das gleiche wie Bundesgesundheitsminister Seehofer: »Drogen werden nicht freigegeben«, lautet lakonisch die kühle Botschaft.

Da heißt es für diejenigen, die neue Wege aus der Drogenmisere suchen, kühlen Kopf zu bewahren und vor allem Geduld und Langmut zu beweisen. Die Verantwortlichen in der Stadt Frankfurt wissen das, aber Geduld her und Langmut hin, sie mögen nicht länger warten, bis die Bundesregierung und mit ihr die Mehrheit des Bundestages bereit ist, das Betäubungsmittelrecht zu ändern, um endlich einen Versuch mit der Vergabe von Heroin beginnen zu können. Sie wissen, daß das Bundesgesundheitsamt* in Berlin auch ohne Änderung des geltenden Rechts wissenschaftlich fundierte und begründete Projekte zur Vergabe illegaler Drogen zulassen könnte. In einem Antrag vom Frühjahr 1993 an das BGA bittet denn auch die Stadt Frankfurt um die Genehmigung, bestimmte Heroinsüchtige mit Diamorphin, wie Heroin pharmakologisch bezeichnet wird, zu versorgen. Ginge der Antrag durch, was derzeit niemand für möglich hält, dann wäre Frankfurt die erste Stadt der Bundesrepublik, in der es außer der Ersatzdroge Methadon auch Heroin vom Staat gäbe. Der Leiter des Frankfurter Drogenreferats, Werner Schneider, hat bereits dezidierte Pläne, wie die Ausgewählten an den Stoff kommen sollen: im Stadtgesundheitsamt nämlich. Dreimal täglich müßten sie erscheinen, um unter ärztlicher Kontrolle ihre Droge einzunehmen. Es ginge dabei um die Menschen, an die mit herkömmlichen Mitteln, also Abstinenztherapie oder Methadonbehandlung, nicht heranzukommen sei. Es sei also nicht *der* Weg aus dem Drogenelend, sondern nur einer unter vielen möglichen. Der Vorteil des Frankfurter Planes – vorausgesetzt das Bundesgesundheitsamt erhält das Plazet des Bundesgesundheitsministers – wäre ein großer Zeitgewinn gegenüber einer Veränderung des Betäubungsmittelrechts, wie sie

---

* Wenn, wie beabsichtigt, das Bundesgesundheitsamt in Berlin aufgelöst wird und die Institute, wie geplant, dem Bundesgesundheitsminister unterstellt werden, ist es erst recht fraglich, ob die Frankfurter Pläne – und mit ihnen alle Freigabeversuche – realisiert werden können. Nach den derzeitigen politischen Mehrheitsverhältnissen im Bundestag ist mit einer kontrollierten Freigabe von harten Drogen vor Ende 1994 nicht zu rechnen.

von Hamburg angestrebt wird. Doch auf diesem Weg ist vor 1996 nicht mit einem entsprechenden Modellprojekt zu rechnen. 1996 hätten die Schweizer dann schon ihre ersten Ergebnisse vorliegen ...

In diesem Zusammenhang fragte ich André Seidenberg, warum denn ein koordiniertes Modellprojekt nicht möglich sei zwischen der Schweiz und der Bundesrepublik. Darauf konnte er nur bedauernd den Kopf schütteln, das sei eben der nationalpolitische Eigensinn im Europa der fließenden Grenzen. Alle Erfahrungen deuten darauf hin, daß Hamburg, wenn alles gut läuft, am Ende dieses Jahrzehnts zur Jahrtausendwende erste eigene Ergebnisse wird vorweisen können.

Die Frankfurter verweisen in ihrer Drogenpolitik zu Recht auch immer darauf, daß sie nicht allein einseitig auf die Freigabe oder Vergabe harter Drogen durch den Staat setzen. So verzeichnen die Frankfurter Drogenarbeiter für das erste Halbjahr 1993 einen Rückgang bei der Zahl der Drogentoten um mehr als 50 Prozent. Der Erfolg beruht auf einem Konzept der kommunalen Drogenhilfe, das seit 1989 kontinuierlich aufgebaut wurde. So finden Abhängige in Krisenzentren und Kontaktläden sowie in Einrichtungen, in denen sie tagsüber und auch nachts zur Ruhe kommen können, jederzeit Hilfe. In einem Kontaktladen erhalten vor allem Drogenstricher und -stricherinnen zur Vorbeugung gegen Infektionskrankheiten wie Aids kostenlos ihre Spritzen. Aufsehen erregte im Herbst 1992 die Vertreibung der Frankfurter Junkies aus ihrem Milieu in der Taunusanlage, deren Erfolg gegenwärtig nur bedingt als positiv zu bezeichnen ist. Drei Fünftel der Drogenabhängigen in der Frankfurter Szene sind vom Wohnsitz her gesehen Auswärtige, die mit mehr oder weniger sanfter Gewalt in ihre »Heimatstädte« abgeschoben wurden. Inwieweit die Beratung dieser Gemeinden durch die Frankfurter Drogenprofis erfolgreich ist, bleibt abzuwarten. Am Konsum harter Drogen haben die Frankfurter Projekte auch nur wenig ändern können, sie haben das Elend vielleicht ein wenig mildern, die Zahl der Drogentoten allerdings – statistisch gesehen – deutlich senken können. Jedoch bleibt abzuwarten, welche Zahlen die Gemeinden zum Jahresende melden werden, die es nun mit den »alten« Frankfurter Junkies zu tun haben.

Was macht die Frankfurter eigentlich so sicher, daß die Vergabe von Heroin der richtige Weg ist? Es sind in erster Linie die Erfahrungen in Widnes, die ihnen Rückendeckung geben, auch wenn es in der Bewertung, welchen Erfolg oder Mißerfolg die »Drogenhölle« Widnes vorzuweisen hat, immer wieder zänkische Auseinandersetzungen gibt. Für die einen gilt als Erfolg nur, ob die vom Staat mit Heroin Versorgten in rascher Zeit wegkommen vom Stoff. Werner Schneider bekräftigt demgegenüber, daß das nicht das Maß sein könne für Erfolg oder Mißerfolg, und verweist dabei auf Erkenntnisse des Münchener Drogenberaters Rolf Wille, der eine Langzeitstudie mit Teilnehmern von Londoner Heroinprojekten veröffentlicht hat, die von Freigabegegnern gern, wenn auch immer unvollständig, zitiert wird. Nach dieser Studie leben mehr als 30 Prozent der von Wille Befragten seit über sechs Jahren abstinent, 38 Prozent seien weiterhin süchtig, hätten sich jedoch psychosozial deutlich stabilisiert und wurden zum Beispiel nicht mehr straffällig, 77 Prozent gingen gar einer regelmäßigen Beschäftigung nach. Entscheidend ist, daß diese Studie auch das Argument widerlegt, eine Heroinvergabe verlängere die Sucht. Weltweit bestätigen auch andere Langzeitstudien, die die Entwicklung von Heroinabhängigen unter ganz unterschiedlichen Unterstützungs- und Therapiemethoden beobachtet haben, ähnliche Abstinenzraten zwischen 25 und 33 Prozent. »Das heißt: Nach einigen Jahren steigt etwa ein Drittel bis ein Viertel der Süchtigen aus – gleichgültig, ob sie an einem Methadonprogramm, an einer ambulanten Therapie oder einer stationären Langzeittherapie teilnahmen. Sogar unter Selbstheilern finden sich ähnliche Ausstiegsquoten.«[62] Das kann doch nur bedeuten, daß eine kontrollierte Vergabe von Heroin auch hierzulande einer beträchtlichen Zahl von Drogenabhängigen, die über andere Ausstiegsmethoden nicht zu erreichen sind, eine Überlebenschance böte.

Hans Harald Bräutigam, kritischer Journalist und Professor der Medizin, plädiert entschieden für den Modellversuch des Hamburger Senats, der davon ausgeht, mit der kontrollierten Vergabe von Heroin das Drogenelend eindämmen zu können, vor allen Dingen deshalb, um zu erproben, »ob mit der kontrollierten Abgabe von Heroin die Kranken nicht eine tragfähige soziale Kompetenz erreichen können, die sie zur Distanzierung von der illegalen Drogenszene befähigt.«[63]

Für Bräutigam wie Voscherau oder Schneider ist es klar, daß der kriegsähnliche Kampf gegen die illegalen Drogen in erster Linie geführt wird, weil die verantwortlichen Politiker nicht bereit sind, darüber nachzudenken, ob ihr Verbot überhaupt noch Sinn macht. Bräutigam hält ein umsichtiges Nachdenken über die bisherige Drogenpolitik für angebracht, denn »um ihren Opiathunger stillen zu können, schrecken Abhängige weder vor Diebstahl noch Straßenprostitution oder Mord und Totschlag zurück.« Und: »Das Drogenelend beruht, anders als beim exzessiven ›Genuß‹ der viel stärker verbreiteten Droge Alkohol, eben nicht auf dem Wirkmechanismus, der Pharmakologie von Morphium oder Heroin, sondern darauf, daß aufgrund unserer Gesetzgebung die Beschaffung der Suchtmittel nur auf kriminellen Wegen möglich ist.«[64]

Hamburgs Bürgermeister Voscherau hat für diese Erkenntnisse, die Basis seiner politischen Initiative sind, vielfach nur Hohn und Schimpf geerntet, da Überlegungen zur kontrollierten Vergabe von bisher illegalen Rauschmitteln wohl nur den Gehirnen »Wahnsinniger« entspringen könnten.

10 Wahnsinn

»Das ist kollektiver Wahnsinn!«, die »Todeswaffe Heroin«[65] freizugeben. Das ist die Reaktion des Parlamentarischen Geschäftsführers der CDU/CSU-Bundestagsfraktion, Jürgen Rüttgers, als er von der erfolgreichen Bundesratsinitiative zur staatlich kontrollierten Freigabe von Heroin an ausgewählte Abhängige hört. Für Rüttgers muß das ein Tag des Greuels gewesen sein.

Es muß ein ganz besonderer Tag im Leben des Henning Voscherau, Bürgermeister des Stadtstaates Hamburg, gewesen sein, auf dessen Vorschlag die Initiative im Bundesrat am 18. Juni 1993 mit Mehrheitsbeschluß auf den – wenn auch langen – parlamentarischen Weg gebracht wurde.

Voscherau nennt das Ergebnis, nicht ohne Triumph in der Stimme, einen »wegweisenden Etappensieg«.[66] Auf dem weiteren Weg liegen sichtbar – um im Voscherau-Bild zu bleiben – jede Menge Stolperdrähte und Tellerminen.

»Todeswaffe«, »Drogenkrieg«, »Stolperdrähte« oder »Tellerminen«!

Warum eigentlich, möchte ich an dieser Stelle einmal fragen, ist Sprache in der Drogendiskussion so martialisch, so militärisch, so kriegerisch, selbst bei denen, die auf Sachlichkeit und Argumente bauen? Verstellt nicht diese Sprache schon den notwendigen sachlichen Zugang zur Drogenproblematik.

Was sind das für Vokabeln: »Wahnsinn«, »Todeswaffe«, die bewußt emotional auf eine sehr wohl sachlich begründete und

politisch belegbare Initiative zielen. Tödlich wäre es mit großer Wahrscheinlichkeit für viele Drogenabhängige, wenn es
solche Versuche nicht geben würde. Der Wirklichkeit unseres
Drogenalltags scheint nicht nur Jürgen Rüttgers deutlich und
unüberhörbar entrückt zu sein. Wo bleiben ähnliche scharfe
Formulierungen, wenn es um Alkohol beispielsweise geht?
Hören wir Reaktionen auf Meldungen der Hauptstelle gegen
Suchtverfahren, die am gleichen Tag alarmierende Zahlen
über den Alkoholismus von Kindern und Jugendlichen veröf-
fentlichen? Nein! Ohne politischen Kommentar bleibt die Er-
klärung des Geschäftsführers der Organisation, Rolf Hüling-
horst, daß über 500 000 Kinder und Jugendliche alkoholkrank
oder stark alkoholgefährdet seien. Die Gefahr, von Alkohol
abhängig zu werden, sei erheblich größer als die, der Heroinsucht zu verfallen.[67] Wo bleiben die Appelle eines Jürgen
Rüttgers, etwa die Werbung für Alkohol strikt zu untersagen,
den Erwachsenen mahnend den Spiegel vorzuhalten, was
ihren eigenen »vorbildlichen« Alkoholkonsum angeht?
Unbestritten ist inzwischen, daß für viele Heroinabhängige
nicht Hasch oder Marihuana die Einstiegsdrogen sind – der
Alkohol ist der Einstieg. Und in welchen Zügen und Maßen
Alkohol getrunken wird, leben wir Erwachsenen den Kindern
und Jugendlichen vor (siehe Kapitel 11). Dazu ein Beispiel, das
jeder fast täglich an jedwedem Ort in unserer Republik nach-
erleben kann. Mit meiner zweijährigen Tochter besuchte ich
das Verbandsgemeindefest der Alzeyer Landkommunen mitten im »Weinparadies Rheinhessen«.
Zur Mittagszeit schlenderten wir gemütlich von Stand zu
Stand, von Hof zu Hof. Tausende von Menschen suchten ihren
Platz, um zu essen und zu trinken. Vor allem, um zu trinken.
Nur für die Kinder gab es unter den zahlreichen »Angeboten«
kaum eines, das den Wünschen und Freuden von Kindern
gerecht geworden wäre. Die Erwachsenen sitzen oder stehen,

die Kinder essen mehr oder weniger gelangweilt Pommes, nuckeln an Limonade oder Cola und erleben, wie die »Großen« ihren »Schoppen stechen« und im Lauf der Zeit immer »weinseliger« werden. Über Lautsprecher tönt es mahnend, man möge ja ordentlich trinken, denn der Gemeindediener gehe um und würde jeden notieren, der noch keinen Wein getrunken habe. Ist das Spaß oder Dummheit oder gar Nötigung? Ich will das nicht beantworten. Aber über solche Feste flanieren auch die Politiker – mit dem Weinkelch in der Hand –, die die Worte »kollektiver Wahnsinn« oder »Todeswaffe Heroin« an anderer Stelle lauthals unterstreichen.

Argumente fehlen. Die Tugend, zu Einsichten zu kommen, ist verlorengegangen, die sachliche Auseinandersetzung wird gar nicht erst gesucht. Es setzt gleich Hiebe und das mit dem gröbsten Keil. Der Frankfurter Strafrechtsprofessor, Winfried Hessemer, beklagt, daß es kein Thema in der Vielzahl der gesellschaftspolitischen Auseinandersetzungen gebe, »wo uns unsere Streitkultur so restlos abhanden kommt, wie angesichts der Drogen«.[68] Recht hat er. Und diejenigen, die wie Voscherau gute Argumente haben, sollten sich nicht verführen lassen, einer vermeintlich starken Sprache wegen, ins Vokabular des Krieges abzurutschen.

Denn – so Konfuzius schon 500 vor Christus –: »Wenn die Sprache nicht stimmt, dann ist das, was gesagt wird, nicht das, was gemeint ist.

Ist das, was gesagt wird, nicht das, was gemeint ist, so kommen keine guten Werke zustande.

Kommen keine guten Werke zustande, so gedeihen Kunst und Moral nicht. Gedeihen Kunst und Moral nicht, so trifft die Justiz nicht.

Trifft die Justiz nicht, so weiß das Volk nicht, wohin Hand und Fuß setzen. Also dulden wir keine Willkürlichkeit in den Worten. Das ist es, worauf es ankommt.«[69]

Wie weit viele bundesdeutsche Politiker entfernt sind von einer realistischen Einschätzung unserer Drogenpolitik, belegt die Schweiz, unser Nachbarland, nicht mehr oder weniger fortschrittlich, nicht mehr oder weniger konservativ als wir, aber viel pragmatischer. In der Schweiz wird es schon im Herbst 1993 für Drogensüchtige Heroin vom Staat geben. Grünes Licht für die vom Staat kontrollierten Versuche in fünf Städten der Alpenrepublik gab es just in der Woche, in der im Bundesrat die Voscherau-Initiative erfolgreich war. Schätzungsweise werden mindestens fünf Jahre verstreichen, bis hierzulande ähnliche Versuche wie in der Schweiz beginnen können.

In der Schweiz laufen ab Oktober 1993 mehrere Projekte in den Großstädten des Landes zur ärztlichen Verschreibung von Heroin, Morphin und injizierbarem Methadon für Schwerstsüchtige an. An den Forschungsprojekten mit dreijähriger Dauer sollen insgesamt 700 verelendete Drogenabhängige teilnehmen. Ziel dieser Modellversuche sei eine Verbesserung des körperlichen und seelischen Zustandes, der Arbeitsfähigkeit und der sozialen Integration der Drogenabhängigen, weniger Straftaten und eine Distanzierung der Süchtigen von der Drogenszene. Die drogenkranken Menschen werden medizinisch und psychosozial betreut. Das notwendige Heroin – etwa 23 Kilogramm jährlich – will die Schweiz von einer französischen Pharmafirma beziehen. In den Projekten wird ein halbes Gramm zum Preis von sechs Franken abgegeben.

Pragmatischer war die Schweiz in der Drogenpolitik schon immer, so bekommt die Ersatzdroge Methadon, wer sie möchte, so gibt es Fixerräume, in denen Abhängige sich in Ruhe ihr Heroin spritzen können, so gibt es schon lange Spritzen und Kondome kostenlos. Pragmatismus statt Scheuklappen.

Was Voscherau und mit ihm die Mehrheit im Bundesrat will, führt uns die Schweiz schon bald ganz praktisch vor Augen.

Für Voscherau ist das allerdings kein Grund zur Resignation. Als Politiker mit Realitätssinn weiß er die emotionale Stimmung in der deutschen Bevölkerung einzuschätzen, wenn es um die Freigabe oder Liberalisierung harter Drogen geht. Die Schritte, die die Schweiz schon gemacht hat, werden wir Zentimeter für Zentimeter nachgehen müssen, um ans gewünschte Ziel zu gelangen.

Am 12. Februar 1993 sah es für Voscheraus Initiative eher düster aus. Damals verweigerte Rudolf Scharping, Ministerpräsident von Rheinland-Pfalz, seinem SPD-Genossen die Gefolgschaft und seine Bundesratsstimmen. Voscherau gab dennoch nicht auf. Er ließ verlauten, man werde sehen und reden und überzeugen. Überzeugen hieß in diesem Fall, politisch trickreich vorzugehen. Scharping ist in der Sache, Heroin in staatlich kontrollierter Form zu vergeben, völlig unentschieden, er mag es seinen konservativ geprägten Bürgern nicht zumuten. »Du kannst es gern versuchen, Henning!« hatte schon der damalige Kieler Sozialminister, Günther Jansen – auch er Sozialdemokrat –, in einer Podiumsdiskussion Voscherau nur sehr zögerlich seine Unterstützung zugesagt. »Aber nicht hier in Schleswig-Holstein, nicht in Plön und nicht in Kiel.«[70]

Scharping, so scheint es, wollte mehr Sicherheit, daß Rheinland-Pfalz auch wirklich außen vor bliebe bei den heiklen Versuchen mit einer staatlichen Heroinfreigabe. So verfiel man wohl auf die Einschränkung, daß Heroin vom Staat nur in Städten mit mehr als 500 000 Einwohnern verteilt werden dürfte. Im ländlich strukturierten Rheinland-Pfalz gibt es keine Kommunen dieser Größe. Gespannt sein durfte man dennoch, ob Voscherau einen neuen Anlauf im Bundesrat wagen würde. In Hamburg brauten sich verschiedene Gewitter über den politischen Häuptern zusammen. Die gerichtlich erzwungene Neuwahl der Hamburger Bürgerschaft im September 1993 schien zunächst Voscheraus Lieblingsthema vom Tisch zu fegen. »Wahltaktisch nicht gut geeignet«, hieß es hinter vorgehaltener Hand. Hinzu kam, daß 180 Bürger des Hamburger Bahnhofsviertels im April 1993 Anzeige gegen Voscherau erstatteten. Sie werfen ihm vor, in der Bekämpfung des Hamburger Drogenelends seine Amtspflichten verletzt zu haben. Insbesondere Kinder und Jugendliche – so argumentieren die Kläger – stünden Tag und Nacht in den Hauseingängen und handelten mit Rauschgift, würden sich in aller Öffentlichkeit Heroin spritzen. Sie könnten sich des Eindrucks nicht erwehren, daß die Stadt den Rauschgiftkonsum dulde. Voscherau geriet damit in eine Zwickmühle. Mit der kontrollierten Freigabe will er ja gerade gegen dieses Elend ankämpfen, aber politisch sind ihm die Hände gebunden. Als staatliche Gewaltmittel blieben ihm eigentlich nur Polizeimaßnahmen härtester Art, die das Problem aber auch nicht lösen. Die Räumung beispielsweise der Züricher oder Darmstädter oder Frankfurter Drogenplätze hat die Drogenszene jeweils lediglich verschoben und in keiner Weise gelindert. Wer Stoff braucht, der holt ihn sich, und der Stoff ist da, wo er gebraucht wird, und da zieht der Drogentroß dann meist geschlossen hin.

Es wurde also spannend, wie Voscherau sich entscheiden würde. Couragiert setzte er weiter auf Argumente und seine politisch-sachliche Überzeugung, daß in der Drogenpolitik neue Zeichen gesetzt werden müssen. Am 18. Juni 1993 stimmte der Bundesrat mit Scharpings Stimmen der Hamburger Gesetzesinitiative zu.

Welche politischen Ziele verfolgt Voscherau?

In einem Interview für den Film »Heroin auf Krankenschein« in der ZDF-Reihe »Zündstoff« frage ich Hamburgs Bürgermeister, ob er denn irre sei. Seine politischen Gegner von CDU und CSU hätten schließlich verkündet, daß diejenigen, die für die Liberalisierung harter Drogen sind, selbst für eine kontrollierte Vergabe von Heroin etwa, vom Wahnsinn befallen seien. Er lehnt sich zurück und lacht erst einmal entspannt, bevor er kontert. »In solchen Kategorien setze ich mich normalerweise nicht auseinander, aber man hat schon den Eindruck, daß Leute, die so etwas sagen, selber unter einem gewissen Maße an Borniertheit leiden.«[71]

Voscherau wird oft nachgesagt, sein Engagement für die kontrollierte Vergabe von Heroin sei das Thema, mit dem er sich bundesweit politisch über Hamburg hinaus profilieren wolle. Wie auch immer es sich damit verhält, in der Drogenpolitik jedenfalls ist er versiert, kenntnisreich und vorausblickend.

Für ihn ist es logisch, daß neue Wege in der Drogenpolitik weltweit beschritten werden müssen. Der Kampf gegen die Drogen, gegen Kokain und Heroin, gegen Hasch und Marihuana sei überall auf der Welt kläglich gescheitert, die Mittel der Strafverfolgung seien der Lächerlichkeit preisgegeben worden und das weltweit. Das ist auch sehr gut nachzuvollziehen, denn wenn die Polizei oder der Zoll ein Kilogramm Heroin beschlagnahmen, passieren zur gleichen Zeit zwanzig Kilogramm die Grenzen und finden so ihren Weg zu den Konsumenten. Eine nüchterne Bilanz, die inzwischen niemand mehr bestreiten will.

Voscherau blickt auch weit zurück, wenn er die bundesdeutsche Drogenpolitik bewertet. »Repression«, sagt er, »hat im Kampf gegen die Schwarzmarktnachfrage noch immer versagt und das über Jahrhunderte.« Im Herbst 1981 – das ist jetzt zwölf Jahre her – hatte die ganz außergewöhnliche Ausstellung »Rausch und Realität – Drogen im Kulturvergleich« diesen weltweit vergeblichen Kampf der unterschiedlichsten Kulturen vortrefflich dokumentiert.[72] So halfen weder Folter noch Wuchersteuern, weder Verbannung noch Todesstrafe – die Droge blieb bislang immer Sieger. Im 17. Jahrhundert beispielsweise führte König Jakob I. von England eine unerbittliche Anti-Drogenkampagne gegen den Tabak, der zu jener Zeit gerade seinen Siegeszug von Amerika nach Europa begann. »Das gottlose Kraut« fand in der Alten Welt mehr und mehr Genießer, auch wenn König Jakob »eine der berühmtesten und giftigsten Streitschriften gegen Tabak« schrieb und das Tabakrauchen als »einen Brauch, der den Augen verhaßt, der Nase unangenehm, dem Gehirn schädlich und der Lunge gefährlich sei«, beschrieb. Darüber hinaus war es für ihn Sünde und Verderb des nationalen Wohlstandes. Zahlreiche junge Adelige, so berichten die Chronisten des 17. Jahrhunderts, setzten ihr gesamtes Vermögen für den blauen Dunst aufs Spiel. So belegt »Rausch und Realität« sehr beeindruckend, daß in Rußland, Japan und der Türkei im selben Jahrhundert weder Gefängnis noch Folter noch Todesstrafe das Rauchen unterbinden konnten. Ebensowenig vermochte eine päpstliche Bulle den Klerus vom Tabakgenuß abzuhalten.

Und heute – 1993 – können wir nur konstatieren, daß selbst hochmoderne Fahndungsmethoden mit allen nur denkbaren technischen Hilfsmitteln für Lauschangriffe und Observationen im weltweiten Kampf gegen Drogen erfolglos geblieben sind.

So sucht Voscherau denn auch »tauglichere Instrumente gegen Sucht, gegen Drogenkartelle, gegen das internationale Verbrechen«.[73] Sein Instrument der ersten Wahl ist zunächst die kontrollierte Vergabe harter Drogen wie Heroin, die der Staat an Drogenabhängige verteilt. Natürlich drängt sich da die Frage auf, ob der Staat dann nicht zum Dealer werde.

Für Voscherau hat der Staat zuallererst die Aufgabe, für seine Bürger dazusein, ihnen zu helfen, wenn sie in Not geraten, wenn sie krank werden. Und so pragmatisch fällt auch seine Antwort aus auf die Unterstellung, der Staat würde die Aufgaben der Drogenhändler übernehmen: »Nein, der Staat würde in streng gesicherten Einrichtungen zum Drogenhelfer und Lebensretter und gleichzeitig würde er sich des tauglichsten, des wirkungsvollsten Instruments bedienen, das den internationalen Verbrecherbanden das Handwerk legen würde. Er würde ihnen nämlich ihr Schwarzmarktmonopol wegnehmen.«

Und derzeit wächst der Drogenschwarzmarkt in bislang nicht geahnten Dimensionen. So berichten die Nachrichtenagenturen am 29. Mai 1993[74] unter Berufung auf einen Bericht des Bundesnachrichtendienstes von einer neuen Drogenschwemme, die nach Europa schwappt. So wird – ziemlich realistisch – angenommen, daß die Einführung des Europäischen Binnenmarktes internationale Drogenkartelle in Europa mit einem risikofreieren Massengeschäft rechnen läßt. Schon lange Zeit bevor die Grenzkontrollen im Januar 1993 wegfielen, so wird vermutet, hätten viele Drogenbosse Depots in Spanien, Portugal und Nordafrika angelegt, um jetzt riesige Mengen an Heroin und Kokain in Europa absetzen zu können. Der Schwarzmarkt funktioniert wie eine bestens organisierte Großhandelskette – vergleichbar beispielsweise dem europäischen Lebensmittelhandel.

Der Bundesnachrichtendienst – so melden es die Agenturen – hat aus seinen Erkenntnissen der Bundesregierung zwei Kernsätze mitgeteilt: »Seit Beginn der Einführung des Binnenmarktes ab 1993 wurden für den Internationalen Rauschgifthandel die Arbeitsbedingungen in Westeuropa erheblich erleichtert.«[75] Und in Osteuropa sei weiter mit zunehmender Rauschgiftkriminalität zu rechnen, was Produktion, Handel, Transit und Konsum angeht.

Selbst im Bundeskriminalamt bekommt der nachfragende Journalist nicht nur hinter vorgehaltener Hand zu hören, daß Repression angesichts dieses wachsenden Drogenhandels allein nicht fruchtet. Das sei denen ins Stammbuch der Politik geschrieben, die immer noch nicht bereit zu sein scheinen, die Realitäten im weltweiten Drogenhandel zur Kenntnis zu nehmen, denjenigen, die immer weiter aufrüsten möchten im Kampf gegen den Drogenkonsum, wenn es sein muß auch mit militärischen Mitteln. So setzt der Drogenbeauftragte der Bundesregierung, der CSU-Politiker Eduard Lintner, immer noch allein auf Prävention, Aufklärung, Therapie und vor allem Repression. Die immer offensivere Diskussion um den großen Lauschangriff zielt denn auch geradewegs auf einen vorwiegend mit staatlichen Gewaltmitteln geführten Kampf gegen das Drogenelend.

Inzwischen beschäftigen sich nicht mehr nur Sozialarbeiter oder Mediziner, Politiker oder Juristen mit den Auswirkungen unserer repressiven Drogenpolitik. Nationalökonomen wie der saarländische Universitätsprofessor Werner W. Pommerehne kommen zu dem Schluß, »der Staat wäre durchaus in der Lage, dem organisierten Verbrechen den Lebensnerv zu entziehen«.[76] Erst die Schwarzmärkte erzeugen die hohen Preise für Heroin und bedingen somit auch die Beschaffungskriminalität. Beide Erscheinungen – so argumentiert Pommerehne – seien nicht auf den Drogenkonsum per se zurückzuführen, sondern dem pauschalen Drogenverbot anzulasten. »Der durch das Drogenverbot aufgeblähte Schwarzmarktpreis würde bei Freigabe zusammenbrechen. Das Ausmaß an Beschaffungskriminalität würde sich drastisch verringern, zumal Heroinsüchtige sehr wohl zu regelmäßiger Arbeit fähig sind, auch wenn ihre Produktivität im allgemeinen 20 Prozent unterhalb derjenigen einer vergleichbaren Person ohne Heroinabhängigkeit liegt.«[77] Ganz abgesehen davon, daß die Polizeidienststellen in vielen bundesdeutschen Städten deutlich entlastet würden, wenn die Kriminalisierung des Drogenkonsums politisch entschärft würde.

Pommerehne kommt aufgrund seiner ökonomischen Analyse, was das Drogenverbot die Gesellschaft im Vergleich zu einer möglichen Liberalisierung koste, zu dem Schluß, daß das pauschale Drogenverbot in jeder Hinsicht höhere gesellschaftliche Kosten verursache als eine differenzierte Politik, die an den Ursachen des jeweiligen Problems ansetzte.

Für Voscherau ist es besonders unerträglich, daß auch Ärzte, Psychologen, Sozialarbeiter oder Drogenhelfer und auch engagierte Eltern durch die Kriminalisierung des Drogenkonsums ständig mit einem Bein im Gefängnis stehen. »Das Verbrecherschwarzmarktmonopol muß weg!«[78] bekräftigt er immer wieder und macht deutlich, daß auch er die Arbeiten von Wissenschaftlern wie Pommerehne gelesen hat und bereit ist, daraus seine politischen Schlüsse und Argumente abzuleiten. »Das Schwarzmarktmonopol kracht zusammen, und es lohnt sich für das organisierte Verbrechen nicht mehr, immer neue Generationen gezielt süchtig zu machen. Das Ganze schrumpft ein.«[79] Und an die Adresse der Politiker-Kollegen aus den Reihen der CDU/CSU formuliert er als Schlußpunkt unseres Gesprächs: »Das ist marktwirtschaftliches Denken. Wieso Konservative sich dieser Logik nicht anschließen können, ist mir unerfindlich!«[80]

Und wenn er bei dieser Formulierung eher spitzbübisch als staatstragend dreinschaut, dann mag er wohl jenes Lob des Nationalökonomen Pommerehne im Sinn haben, das auch auf ihn gemünzt zu sein scheint: »Jene Politiker, die in Erkenntnis der Marktlogik handeln, daß bereits bestehende Sucht nicht einfach verboten, wohl aber das Entstehen der Sucht unterbunden werden kann, erweisen sich in dieser Hinsicht als verantwortungsbewußter als diejenigen, die vorgeben, ein totales Verbot beseitige das Drogenproblem ›pauschal‹.«[81]

Voscherau und allen anderen Befürworter einer kontrollierten Freigabe steht noch ein langer Weg bevor, der steinig wird und steil. Der Gesetzentwurf zur Erprobung begrenzter und streng kontrollierter Freigabe von Betäubungsmitteln – insbesondere Heroin – ist jetzt an den Bundestag verwiesen. Auch wenn aus den Reihen der CDU und FDP vereinzelt Zustimmung signalisiert wird, bleibt es fraglich, ob der Entwurf noch in dieser Legislaturperiode als Gesetz verabschiedet werden kann.

Zumindestens – so scheint es – hat Hans-Jürgen Senft, der als betroffener Vater seit Jahren für die Liberalisierung harter und weicher Drogen kämpft, seinen »Helden« gefunden. »Wir wollen« appelliert er immer wieder in Interviews, Vorträgen oder Diskussionen, »daß unsere Kinder als normale Kranke behandelt werden, wobei zu sagen ist, sie sind krank an den Umständen, unter denen sie leben müssen und an den Verunreinigungen des Stoffs. Und deshalb ist der Staat, weil er nicht für sauberen Stoff sorgt und weil er die Kranken weiter verfolgt, für dieses Drogenelend heute und für die Drogentoten heute verantwortlich zu machen.«[82] Und fordernd, fast flehentlich, bittet er und verbindet damit seine größte Hoffnung, »daß einer mal da ist, einer aus der Riege der Politiker, der lesen kann und der auch liest, was Wissenschaftler, vor allem Rechtsgelehrte, zum derzeitigen Betäubungsmittelgesetz schreiben, und der sich vor allem überzeugen läßt, daß dieses Gesetz geändert werden muß, damit eine Freigabe überhaupt möglich wird.« Dann fügt er, sehr leise, hinzu: »… daß einer sagt, ja, ich habe mich überzeugt, und seinen Namen und seine Autorität dafür einsetzt, daß das Sterben aufhört!«[83]

Das derzeitige Betäubungsmittelgesetz läßt eine Behandlung mit Heroin nicht zu. Erst eine Änderung dieses Gesetzes macht eine kontrollierte Freigabe möglich. Einziger Ausnahmefall wäre die Zulassung einer wissenschaftlichen Studie über Heroin als Medikament durch das Bundesgesundheitsamt. Eine solche Regelung gilt allerdings als sehr unwahrscheinlich.

Das Sterben wird weitergehen, solange in Europa und den USA an der repressiven Drogenpolitik festgehalten wird. Die Droge ist da und sie wird da bleiben und zwar in einer Dimension, die alles Bisherige in den Schatten stellt. Zwei aktuelle Beispiele mögen das belegen.

Am selben Tag, dem 18. Juni 1993, als Voscherau seine Initiative durch den Bundesrat bringt, schreibt der Agentur-Journalist Gert Neumann über die Drogenbarone in der Nordwestprovinz Pakistans. Sein Aufsatz wirft ein sehr präzises Schlaglicht auf die weltweite Vernetzung des Drogengeschäfts, das selbst mit gemeinsamem Handeln aller beteiligten und betroffenen Staaten, durch Verbote oder gar militärische Einsätze, nicht zu zerschlagen ist. Zu stark sind die einzelnen Interessen, fast dschungelhaft verschlungen die Verbindungen zwischen Politik und Wirtschaft, vor allem in Asien und Südamerika.

»Die Drogenbarone sitzen in den Chefetagen der Wirtschaftsunternehmen und steuern auch die nationale Fluggesellschaft, so daß ihren Schmuggelgeschäften kein Riegel vorgeschoben werden kann. Sie nutzen die politische Situation Afghanistans und betreiben grenzüberschreitend einen regen ›Handel‹ mit dem Nachbarland.«[84] Diese Beschreibung Neumanns trifft auch auf eine Vielzahl weiterer Länder zu, die auf internationale Verpflichtungen keinerlei Rücksichten nehmen müssen. In diese pakistanische Provinz haben die USA mittlerweile 12,5 Millionen Dollar investiert, um die Bauern zum Anbau von Alternativkulturen statt des Mohns zu motivieren. Kenner des Landes und seiner wirtschaftlichen wie politischen Strukturen glauben indes nicht daran, daß die Bauern den Mohnanbau tatsächlich aufgeben werden. Zwar – so berichtet Neumann weiter – hat die pakistanische Regierung offiziell dem Drogenanbau den Kampf angesagt, aber die Drogenbarone bestimmen letztlich die Geschicke des Landes. In Ministerämtern und als Abgeordnete im Parlament haben sie alle Möglichkeiten, ihren Einfluß erfolgreich geltend zu machen. Und die USA sind das »Importland« Nr. 1 für pakistanisches Heroin. Von den jährlich in Pakistan produzierten 250 Tonnen Heroin werden 200 Tonnen in westliche Länder geschmuggelt. Das bringt den Baronen Geld, und den Bauern beschert es ein sicheres Einkommen.

Wie gesagt, Pakistan ist nur ein Land von vielen, in dem Anspruch und Wirklichkeit in der Drogenpolitik so stark auseinanderklaffen. Im März 1993 erklärte der für die Koordination der deutschen Geheimdienste zuständige Kanzleramtsminister Bernd Schmidbauer, daß es den Kartellen 1992 gelungen sei, ihr multinationales Imperium auszubauen. So bestätigt Schmidbauer die journalistischen Recherchen zum Wirkungskreis der Drogenbarone: »In zahlreichen Ländern verfügen sie mit Hilfe von korrupten Politikern und Komplizen in Polizei und Justiz, bei Zoll und Militär über einen nahezu unbegrenzten Aktionsradius.«[85] Sein Fazit ist wenig beruhigend. Insgesamt rücke die organisierte Kriminalität weltweit in ein industrielles Stadium vor. »In einzelnen Ländern unterliegen ganze Wirtschaftsbereiche bereits der Kontrolle von Verbrechersyndikaten.«[86]

So teilte Schmidbauer weiter mit, daß die Produktion von Heroin und Kokain erneut angestiegen sei und daß die synthetischen Drogen einen »starken Trend« verzeichnen. Er nannte auch Zahlen. So werde in den Vereinigten Staaten mit Amphetaminen ein Jahresumsatz von drei Milliarden Dollar erzielt. In Polen gebe es inzwischen 200 Amphetamin-Labors. Wenn das keine Bankrotterklärung ist! Die Geschichte des weltweit geführten Kampfes gegen Drogen mit immer härteren polizeilichen Mitteln zeigt, daß die Drogenbosse mit ihren Ideen immer einen entscheidenden Schritt voraus sind.

Wie vergeblich es zu sein scheint, Sucht nach harten Drogen, mit welchen drakonischen Mitteln auch immer, politisch verhindern zu wollen, ist neuerdings in unseren Großstädten auf offener Straße zu beobachten. Wir müssen uns nicht nach

Pakistan oder Taiwan, Bulgarien oder in die Tschechische Republik aufmachen, wir können auch im Lande bleiben, zum Beispiel in Köln. Die Illegalität von Drogen wie Kokain, Heroin, Hasch oder Marihuana setzt immer stärker werdende kriminelle Energien frei, die vor zwei Jahren noch niemand für möglich gehalten hätte. In Köln verdienen Jugendliche im Alter von sechzehn und siebzehn – einige sind gar erst zwölf oder dreizehn – Geld als Kuriere der Drogenmafia. Es lohnt sich längst nicht mehr, Fahrräder zu klauen, Autos zu knacken oder alten Menschen die Handtaschen zu entreißen. Das sind »Peanuts« – Kleinkram! Ein jugendlicher Drogenkurier verdient im Schnitt 1500 Mark am Tag. In der Woche kommt er, wenn es gut läuft, locker auf 8000 Mark. Diese »Drugrunners«, wie sie in den USA heißen, stehen ständig unter Druck, weil sie immer härter von den Drogenbaronen gezwungen werden, den Stoff an den Kunden zu bringen, daher auch sehr offensiv »arbeiten« müssen und die Polizei dabei im Nacken haben. Aber die Polizei ist in diesem Spiel noch die leichteste Aufgabe. Sie ist finanziell und personell dieser neuen Dimension im Drogengeschäft überhaupt nicht mehr gewachsen.

Es ist erschütternd, was eine Lehrerin, die in Köln mehr zufällig auf dieses Phänomen gestoßen ist, erzählt. In der Klasse, in der über eine staatlich geförderte Bildungsmaßnahme deutsche und ausländische Jugendliche ihren Hauptschulabschluß nachholen können, haben sich ihr zwei Schüler anvertraut, die aus dem Kuriergeschäft aussteigen wollten. Recherchen ergaben, daß 70 Prozent der Jugendlichen diesem Freizeitjob nachgehen.

In einem Kölner Stadtteil berichten Eltern, wie offen gedealt und gespritzt würde, wie jung die Dealer seien. Insider aus dem Drogengeschäft wissen, daß mehr als 60 Prozent der Jugendlichen in diesem Stadtteil mit Heroin Erfahrung haben. Das Jugendzentrum ist der Mittelpunkt für die Treffs der jungen Menschen. Nur haben diese Treffs wenig mit dem Angebot des Jugendzentrums zu tun. Hier rund ums Zentrum laufen die Geschäfte mit den harten Drogen. Das Jugendzentrum hat seine Türen ohnehin meist geschlossen, weil die Stadt kein Geld mehr hat für eine angemessene Jugendsozialarbeit. Und mit den jugendlichen Drogenkurieren kommen auch neue Methoden, Heroin an Kinder und Jugendliche zu verkaufen. Es muß nicht mehr gespritzt werden, der Stoff wird auf Alufolie erhitzt, die Dämpfe inhaliert. Keine auffälligen Einstichstellen, keine Angst vor den Spritzen – der Einstieg wird einfacher denn je. »Blowen« heißt das im Jargon.

Das Phänomen der »Drugrunners« wirft ein deutliches Schlaglicht auf die sozialen Lebensbedingungen junger Menschen, die sich zunehmend verschärfen, vor allem für die, die auf der Straße stehen, weil sie keine Arbeit finden oder eine nur mangelhafte Schulbildung besitzen. Das ist nicht unbedingt ein individuelles Problem, vielmehr ein Versagen unserer Jugendpolitik an sich. Hinzu kommen die jahrelangen Defizite in der Ausländer- beziehungsweise Integrationspolitik.

Viele Jugendliche – deutsche wie ausländische – sehen bereits mit dreizehn, vierzehn oder fünfzehn Jahren ihre einzige Perspektive in der Kriminalität. Und da suchen sie natürlich ein Betätigungsfeld, das möglichst schnell möglichst viel Geld abwirft, und wobei das Risiko, von der Polizei geschnappt zu werden, ziemlich gering ist. Und das ist derzeit der Drogenhandel.

Es ist eine Entwicklung mit sozialpolitischen Fallstricken ganz besonderer Art. Je stärker sich diese kriminellen Strukturen verstärken, das heißt je mehr Menschen sich mit dem Drogenhandel ihren Lebensunterhalt verdienen und ihre Familien damit ernähren, um so geringer werden die Chancen, sie für den ganz normalen Arbeitsalltag zurückzugewinnen beziehungsweise sie überhaupt zu motivieren, einen Beruf zu erlernen.[87]

In den USA ist dieses Phänomen der Drugrunners strukturell schon so stark ausgeprägt, das Abertausende von Familien nur deshalb nicht in völliger Armut leben müssen, weil die illegalen Geschäfte mit den Drogen ihre Existenz absichern helfen, ohne daß sie besonders wohlhabend dabei würden. Sie liegen – das sind Schätzungen – mit ihren Einkünften nur knapp über der Armutsgrenze. Günter Amendt berichtet in diesem Zusammenhang, mit welchen sozialpolitischen Konsequenzen zu rechnen ist, wenn der Drogenmarkt ausgetrocknet würde. Als in San Francisco – wohlgemerkt nur vorübergehend – der Markt für Kokain lahmgelegt wurde, seien zwar die Festnahmen von Drogenhändlern zurückgegangen, die Raub- und Diebstahldelikte und die damit verbundenen Gewalttätigkeiten dagegen deutlich angestiegen.

»Mit Drogen hatten die Kids wenigstens Geld, um sich Schuhe und goldene Kettchen zu kaufen. Mit dem Austrocknen des Drogenmarktes steigt die Verzweiflung und die Wut«,[88] zitiert Amendt einen Sozialarbeiter aus San Francisco und folgert, daß die Aufhebung des Drogenverbots politisch alles andere sei als eine Patentlösung, da das Drogenproblem zu sehr verwoben sei mit anderen sozialen und politischen Problemen, die die USA nicht zu lösen in der Lage seien.

Die jugendpolitischen Defizite hierzulande lassen eine ähnliche Entwicklung wie in den USA auch in der Bundesrepublik und anderen westeuropäischen Ländern erwarten. Gerade in einer Zeit, in der Jugendsozialarbeit besonders unter Geldmangel und Ideenlosigkeit leidet, in der arbeitsmarktpolitische Maßnahmen auch für jüngere Menschen gestrichen werden, der Sparstift der Regierung vor allem in den gesellschaftlichen Schichten angesetzt wird, in denen Not und Armut ohnehin schon gefährlich präsent sind, wird eine solche

Entwicklung immer wahrscheinlicher. Es ist schon aberwitzig. Das weltweite Verbot harter Drogen hat in Teilbereichen der westlichen Gesellschaft dazu geführt, daß der illegale Handel mit Rauschgiften eine lebensnotwendige »Marktnische« für Menschen geworden ist, denen der Staat sonst lediglich mit Sozialhilfeprogrammen helfen könnte. Ob in San Francisco oder New York, viele Kleindealer halten ihre in Armut lebenden Familien mit ihrem kriminellen Gewerbe über Wasser. Oft haben sie auch keine anderen Verdienstmöglichkeiten. Allerdings darf dieser Zusammenhang nicht dazu führen, alles so weiterlaufen zu lassen wie bisher. Diese strukturellen Entwicklungen zeigen wie in einem Brennglas, daß mit einer kontrollierten oder auch gänzlichen Freigabe harter Drogen sozialpolitische Maßnahmen einhergehen müssen.

Eine Verschärfung der rein restriktiven polizeilichen und strafrechtlichen Maßnahmen im Kampf gegen den Drogenmißbrauch würde den Bedarf nach illegalen Geldquellen, die das Sozialbudget des Staates in aberwitziger Weise auch noch entlasten, deutlich verstärken. Denn je härter die Überwachungsmethoden des Staates werden, um so höher steigt auch der Schwarzmarktpreis. Die vergangenen Jahrzehnte haben ja deutlich gezeigt, daß selbst quasi militärische Einsätze gegen den Drogenhandel keinen Erfolg gebracht haben. Gestiegen sind die Preise und die Gewinne der Dealer und ihrer Helfershelfer.

Der »Wahnsinn« liegt doch darin, daß ein Vierzehnjähriger als Drogenkurier in Köln mit einem Tagesverdienst von etwa 1500 Mark rechnen kann. Wer will ihn da noch motivieren, seinen versäumten Hauptschulabschluß nachzuholen, um dann als Auszubildender 750 Mark im Monat zu verdienen? Zudem geraten durch die Verdienstmöglichkeiten der Drogenkuriere die Familienstrukturen ziemlich durcheinander. Wie soll beispielsweise der Vater, der für 3000 Mark im Monat in der

Autofabrik am Fließband steht oder als Prokurist 7000 Mark verdient, gegen diese enormen Geldströme aus dem Drogenhandel argumentieren, wenn die Perspektiven für eine Zukunft so brüchig scheinen? Moral allein hilft da wohl nicht!

Solange die Schwarzmarktpreise die hohen Einnahmen und Reingewinne garantieren, wird das Dealen für junge Männer und Frauen immer reizvoller. Und das Abenteuerliche im täglichen Leben ist gleich inbegriffen. Interessant ist dabei, daß dort, wo mit dem Handel von Drogen gute Geschäfte zu machen sind, das Knacken von Autos oder die sonst gängigen Einbruchdiebstähle für viele Jugendliche uninteressant geworden sind. Es ist schlichtweg nicht mehr lukrativ.

Dieser Schwarzmarktmechanismus – um die eigene Sucht zu finanzieren oder den Lebensunterhalt zu sichern, werden andere Menschen angefixt, weil der Markt ja genug Zuwachs bringen muß bei immer mehr »Berufstätigen« in diesem Milieu – ist ein wesentliches Element der Dynamik des Drogenmarktes.[89]

Um diesen Mechanismus zu brechen, müßte in der Logik Amendts, der damit weit über die Forderung des Politikers Voscherau hinausgeht, der Drogenhandel ohne Einschränkungen freigegeben werden, »was einen Preisverfall zur Folge hätte, der so dramatisch wäre, daß das organisierte Verbrechen mit einem Schlag aus dem Geschäft wäre«.[90]

Doch das ist derzeit politisch nicht durchzusetzen, auch wenn es vielleicht wünschenswert wäre. Sicher ist Voscherau auf dem Weg zu dem von Amendt postulierten Ziel, aber er nimmt Rücksichten auf die politischen und gesellschaftlichen Stimmungen, die immer noch getragen werden vor allem von Vorurteilen.[91]

So muß der Denkansatz zur kontrollierten Freigabe harter Drogen auch differenzierter erläutert werden. Für einen kleinen auserwählten Kreis von Abhängigen würde dadurch ihr

Lebenselend gelindert, ihr umsatzmäßig vergleichsweise geringer Drogenhandel trockengelegt werden können. Natürlich ginge auch die Beschaffungskriminalität zurück, ebenso wie die Beschaffungsprostitution.

Die eingeschränkte Vergabe von Heroin oder Kokain wäre ein wichtiger Schritt, um drogenpolitisch Signale für die Zukunft zu setzen. Die kontrollierte Freigabe ist allemal einer total repressiven Politik der Prohibition vorzuziehen.

Im Hamburger »Heroin-Antrag« wird Klartext geschrieben, was die herkömmliche Drogenpolitik angeht. In der Begründung des Gesetzentwurfs zur Änderung des Betäubungsmittelgesetzes, den der Bundesrat am 18. Juni 1993 mit Mehrheit beim Deutschen Bundestag eingebracht hat, heißt es dazu: »In fast allen Großstädten ist seit Jahren zu beobachten, daß die Zahl der sozial und psychisch verelendeten Drogenabhängigen zunimmt. Auch die mit der Abhängigkeit oftmals einhergehende Begleitkriminalität und die damit verbundene Störung der öffentlichen Sicherheit nimmt vielerorts zu. Die heute in der Drogensuchtbehandlung ausschließlich zulässigen Therapiemethoden (Abstinenz- und Substitutionstherapien) erreichen jeweils nur einen Teil der Drogenabhängigen mit dem nötigen Erfolg. Ein anderer Teil wird mit diesen Behandlungsformen nicht erreicht oder bricht die Therapie vorzeitig ab, weil die Betreffenden nicht imstande sind, auf die Einnahme von Heroin oder anderer ›harter Drogen‹ langfristig zu verzichten. Diese Abhängigen bleiben heute ohne therapeutische Hilfe. Demgemäß kann bei ihnen der Prozeß fortschreitender gesundheitlicher und sozialer Verelendung häufig nicht mehr gestoppt werden. Die wachsende Zahl der Drogentoten und der HIV-Infektionen unter den Abhängigen ist Ausdruck dieser dramatischen Situation.«[92]

Um es noch einmal zu unterstreichen: Diese Begründung für die kontrollierte Vergabe von Heroin an Süchtige steht in einem Gesetzentwurf, der von der Mehrheit der Länderkammer verabschiedet wurde. Dieser Text beschreibt analytisch sehr exakt, warum unsere Drogenpolitik in den vergangenen Jahren so erfolglos blieb. Weiter heißt es dort: »Nachdem es bis heute in keinem Land der Bundesrepublik Deutschland gelungen ist, das Drogenproblem einzudämmen, ist zunehmend strittig, ob dies auf der Basis des geltenden Betäubungsmittelgesetzes überhaupt möglich ist. Nach Auffassung vieler Experten hängen nämlich die massive psychosoziale und somatische Verelendung sowie die vielen tödlich verlaufenden Überdosierungsfälle zu einem großen Teil mit der Tatsache zusammen, daß die konsumierten Betäubungsmittel auf dem illegalen Markt erworben und mithin weder hinsichtlich des Reinheitsgehalts noch hinsichtlich möglicher Beimengungen gesundheitsschädlicher Substanzen von den Drogengebrauchern kontrollierbar sind. Überdies erschwert nach Auffassung von Fachleuten der Lebensstil in einer illegalen Szene die rechtzeitige medizinische Behandlung von Sekundärkrankheiten und Mangelerscheinungen, die sich im Laufe der Suchtkarriere z. T. bis zur Irreversibilität manifestieren. Als Konsequenz dieser Einschätzung wird zunehmend die Frage diskutiert, ob das Betäubungsmittelrecht für die medizinisch indizierte Verabreichung ›harter Drogen‹ im Einzelfall und unter staatlicher Aufsicht geöffnet werden muß.«[93]

Als Vater eines Süchtigen ist Hans Jürgen Senft schon vor längerem zu dieser Einsicht gelangt. Seine Anklage klingt wie die logische Konsequenz aus dieser Begründung des Bundesratsantrags: »Und deshalb ist der Staat, weil er nicht für sauberen Stoff sorgt und weil er die Kranken weiter verfolgt, für dieses Drogenelend und für die Drogentoten heute verantwortlich. Und dafür ist er verantwortlich zu machen. Und ich hoffe, daß einer mal da ist, einer aus der politischen Riege, der lesen kann und die wissenschaftlichen Arbeiten von Professor

Böllinger liest, aus denen hervorgeht, daß das Betäubungsmittelgesetz mit unserer Verfassung nicht in Einklang zu bringen ist!«[94]

Nur wenn das zur Zeit geltende Betäubungsmittelgesetz geändert wird, können Alternativen zur herkömmlichen Drogenpolitik überhaupt erst praktisch erprobt und überprüft werden. Auch das wissen die Verfasser der Gesetzesinitative sehr genau: »Während die Ergebnisse der bisher praktizierten Drogenbekämpfungspolitik empirisch feststellbar sind, können Erfahrungen mit einer neuen Politik ... aufgrund des geltenden Verbots bisher nicht gewonnen werden.« Das heißt, daß für einen großen Kreis der Abhängigen, denen nicht mehr zu helfen ist, eine medizinisch zulässige Behandlungsform nicht zur Verfügung steht, sie bleiben also dem Elend der Drogenszene ohne ausreichende Hilfen des Staates, die möglich wären, ausgeliefert.

Dieser Gesetzesentwurf beschreibt, was ungeheuerlich klingt: Der Staat schaut wissend zu, wie Menschen im Elend ihrer Drogensucht zugrunde gehen, und schöpft bei weitem nicht alle möglichen Überlebenshilfen aus. Versuche mit der kontrollierten Vergabe von Heroin (siehe Kapitel 9) hat es ja schon in anderen Ländern gegeben, deren Erkenntnisse sehr ermutigend sind. Für Voscherau und seine drogenpolitischen Experten reichen aber die wissenschaftlichen Untersuchungen beispielsweise der britischen Heroin-Versuche nicht aus, um sie auf die deutschen Verhältnisse einfach übertragen zu können.

So steht im Entwurf zu lesen: »Um diesem Defizit an wissenschaftlich abgesicherten Erkenntnissen abzuhelfen, soll es den Bundesländern durch Änderung des Betäubungsmittelgesetzes ermöglicht werden, die Wirksamkeit einer ärztlich verordneten regelmäßigen Vergabe von Diamorphin (Heroin) an langjährig Opiatabhängige zu erproben.«[96] Zur Zielgruppe unter den Drogensüchtigen gehören laut Gesetzesinitiative diejenigen, die sich gewohnheitsmäßig und vorzugsweise intravenös Heroin spritzen; bei denen eine andere Behandlungsform – die Abstinenzbehandlung oder die Methadon-Substitution – gegenwärtig nicht in Betracht kommt; bei denen der Prozeß fortschreitender gesundheitlicher und sozialer Verelendung anders nicht aufzuhalten ist und die seit einer längeren Zeit bereits in Hamburg ihren gewöhnlichen Aufenthalt haben.

Der Gesetzentwurf hätte – vorausgesetzt der Deutsche Bundestag würde daraus ein Gesetz ableiten und es verabschieden – zunächst also nur einen politisch ziemlich eingeengten Modellversuch im Stadtstaat Hamburg zur Folge.

Wie will der Hamburger Senat diesen Modellversuch aufziehen? Zunächst einmal soll das Projekt maximal 200 Hamburger Bürgern geöffnet werden, die langjährig drogenabhängig sind. Nicht alle werden Heroin bekommen, einige von ihnen werden mit Morphium versorgt werden. In der pharmakologischen Fachöffentlichkeit besteht weithin Einigkeit darin, daß zwischen Diamorphin (das ist die pharmakologische Bezeichnung für Heroin) und dem verschreibungsfähigen Betäubungsmittel Morphin keine grundsätzlichen Unterschiede hinsichtlich der pharmakologischen Eigenschaften bestehen und ohnehin zwischen allen Opiaten hinsichtlich der Wirkungen und Risiken bei regelmäßiger Einnahme kein entscheidender qualitativer oder quantitativer Unterschied zu verzeichnen ist. Warum wird denn nicht gleich allen Patienten Morphium gegeben? Drogenexperten erklären das damit, daß viele Opiatabhängige auf den Nimbus des Heroins fixiert seien und es daher für attraktiver halten als Morphium, das ja nur ein Medikament sei. So sei es wichtig, mit beiden Substanzen Erfahrungen zu sammeln.

Die Dauer der kontrollierten Vergabe harter Drogen ist auf

fünf Jahre begrenzt. Bei einer Patientengruppe dieser Größe sind mindestens vier Abgabestellen vorgesehen, die mit entsprechendem ärztlichen, Arzthilfs- und sozialpädagogischem Personal zu besetzen sind. Wegen der kurzen Halbwertzeit des Heroins und Morphins müssen diese Abgabestellen Tag und Nacht besetzt sein.

Eine intensive psychosoziale Betreuung sowie eine wissenschaftliche Betreuung gelten als unabdingbare Voraussetzungen für dieses Projekt. Ob das Heroin aus dem Ausland bezogen oder ein deutscher Pharmahersteller damit beauftragt werden soll, wird wohl erst dann entschieden, wenn der Bundestag das Gesetz hat passieren lassen. Ebensowenig kann der Hamburger Senat die Kosten des Projekts erst zu dem Zeitpunkt kalkulieren, wenn der Modellversuch in allen Einzelheiten festgelegt sein wird, weil damit zu rechnen ist, daß mit einer Zustimmung der Bundestagsmehrheit zusätzliche Sicherheitsmaßnahmen auferlegt werden, deren finanziellen Rahmen heute noch niemand voraussagen kann.

Die Vergabestellen müssen beispielsweise so gesichert sein, wie das Gold-Depot in Fort Knox, wenn man die schon jetzt diskutierten Sicherheitsstandards erfüllen will, denn das Diebstahlrisiko für den begehrten Stoff wird in der Tat hoch sein, wenn nur 200 von insgesamt etwa 10 000 opiatsüchtigen Hamburger Bürgern in den Genuß der kostenlosen Heroinvergabe kommen.

Auch die anderen Vorschriften, die im Gesetzentwurf verankert sind, legen ein hohes Kontrollniveau fest. So hat der die Droge verabreichende Arzt darzulegen, unter welchen Bedingungen die Abgabe hinreichend kontrolliert wird. Es muß sichergestellt sein, daß nur diejenigen den Stoff erhalten, die im Projekt sind. Der Stoff muß ständig auf seine pharmakologische Qualität hin geprüft werden, um Aussagen zum Reinheitsgrad des eingesetzten Betäubungsmittels zu bekommen.

Eine Ethik-Kommission wird die Einhaltung aller Bestimmungen, Vorschriften, Verbote und Gebote penibel überwachen. Die Ärzte, die eine Vergabe von Heroin oder Morphin in diesem Projekt beantragen, müssen dafür geradestehen, daß bei der Auswahl der Teilnehmer des Modellversuchs alle Kriterien der Aufnahme auch erfüllt werden. Die Hürden also liegen hoch, sehr hoch, was die formalen Kriterien angeht.

Aber auch in bezug auf die inhaltlichen Ziele ist dieses Projekt sehr ehrgeizig angelegt. Es soll erforscht werden, inwieweit eine Verbesserung des gesundheitlichen Allgemeinzustandes und eine Distanzierung von der Drogenszene und vom illegalen Erwerb von Opiaten und anderen Drogen zu erreichen ist. Es gilt die Hypothese zu überprüfen, daß der genannte Kreis von Abhängigen über das Angebot einer medizinisch kontrollierten Heroineinnahme eine gewisse gesundheitliche und psychosoziale Stabilisierung erfährt und später auch für weitergehende Behandlungsformen eventuell zu gewinnen ist.

Ich frage mich, warum eigentlich ein solcher Versuch in der Bundesrepublik Deutschland notwendig ist? Erstens gibt es doch in zahlreichen Ländern Westeuropas Erkenntnisse aus ähnlichen Projekten, zweitens hat die Schweiz im Oktober 1993 einen wissenschaftlich sehr ausgeklügelten Modellversuch zur Vergabe harter Drogen bereits begonnen, der ja auch in enger Kooperation mit Behörden hierzulande laufen könnte, drittens, und das ist für mich der wichtigste Punkt, werden in Deutschland noch mindestens fünf Jahre vergehen, bis der erste Patient in Hamburg sein Heroin vom Staat bekommen wird. In dieser Zeit werden Tausende von Abhängigen gestorben sein, Abertausende verelenden, ungezählte Süchtige an Aids erkrankt sein. Wer kann das eigentlich verantworten?

Für Professor Lorenz Böllinger, Psychoanalytiker und Kriminologe an der Universität Bremen, liegt die Antwort auf diese Frage nahe: »Eigentlich könnte man sich sehr gut auf die

Erkenntnisse aus Holland, Schweden und vor allem aus England beziehen. Die aber werden hierzulande mehr oder weniger ignoriert – ähnlich wie bei den Entscheidungen über Methadon. Schon seit Jahrzehnten zeigen ausländische Studien, daß die Süchtigen über eine Substitutionsbehandlung entkriminalisiert werden. Erst seit einem Jahr zeigen die ermutigenden Resultate aus anderen Ländern einen Einfluß auf politische Entscheidungen in Deutschland.«[97]

Diese zögerliche Haltung ist nach Böllinger vor allem darauf zurückzuführen, daß sich die traditionelle Ärzteschaft in Deutschland bislang hartnäckig weigert, in der Behandlung drogenabhängiger Menschen neue Wege zu gehen. Außerdem neige man in der Bundesrepublik aus Unwissenheit dazu, Drogen wie Heroin zu dämonisieren und ihr Risikopotential zu überschätzen, gleichzeitig aber die Fähigkeit, die Konsumenten zur Selbstregulierung zu unterschätzen. »Aus dieser Haltung heraus bevormunden Politiker die Bürger, natürlich im Glauben, das Beste zu tun.«[98]

Bei der staatlichen Vergabe von Heroin geht es darum, »Überlebenshilfe« zu leisten, wie Voscherau sagt, nicht darum, den Staat zum Dealer zu machen. Diesem provokanten Vorwurf widerspricht auch Böllinger mit dem Hinweis darauf, daß es sehr viele Medikamente mit einem hohen Suchtpotential auf dem Markt gebe, die den Segen des Bundesgesundheitsamtes hätten. »Ich plädiere dafür, das Spektrum der illegalen Drogen differenziert zu betrachten. Letztlich wird es einige Substanzen geben, die aufgrund ihrer starken Wirksamkeit im Medizinsystem bleiben müssen. Bei harmlosen Rauschmitteln, dazu gehört Cannabis, ist das nicht notwendig. Man könnte sie legalisieren und unter das Lebensmittelrecht stellen.«[99]

Voscherau wird immer wieder gewarnt, den Bürgern zuviel zu versprechen, wenn er beteuert, die Drogenabhängigen würden sich unter der staatlichen Heroinvergabe dann auch rasch bereitfinden, eine Abstinenztherapie zu akzeptieren. Böllinger, der die Voscherau-Pläne voll unterstützt, gibt in diesem Zusammenhang unter anderem zu bedenken, daß ein mit Heroin oder Methadon behandelnder Arzt nicht erwarten dürfe, daß ein Süchtiger innerhalb kürzester Zeit abstinent werde. »Die Drogenabhängigkeit ist ein langfristiger Prozeß, bei dem man mehrere Jahre einkalkulieren muß, bis es zu einer wesentlichen Verbesserung kommt. Wichtig ist, daß die Behandlung für jeden Patienten individuell ausgesucht wird. Für den einen ist eine Psychotherapie das richtige, andere wachsen von selbst mit der Zeit aus ihrer Abhängigkeit heraus, wenn ihr Leben sich festigt, sei es durch eine Partnerbeziehung oder einen Beruf.«[100] Und diese Stabilisierung, die neue Perspektiven überhaupt erst zuläßt, ist ja auch das vornehmliche Ziel einer Heroin-Vergabe durch den Staat. Sie soll es dem Abhängigen unter anderem ermöglichen, sich vom kriminellen Drogenmilieu zu distanzieren, wieder Zeit zu finden, über sich selbst nachzudenken und darüber, was die Zukunft noch bringen könnte, auch ohne Heroin und Speed, Kokain oder Benzodiazepine. Die hastige Jagd auf dem illegalen Markt nach dem Stoff für den nächsten Schuß läßt dafür keine Minute Zeit. Böllinger weiß um die schwierigen psychosozialen Lebensbedingungen opiatabhängiger Menschen und fordert, weil es ja in erster Linie Ärzte sein werden, die den »Stoff« verschreiben und einen engen Kontakt mit ihren Patienten pflegen müssen, die Einführung eines Facharzt-Titels für Drogenmedizin. »Bisher gibt es nicht einmal eine strukturierte Fortbildung für suchtbegleitende Medizin.«[101] Die vor kurzem gegründete Gesellschaft für Drogen- und Suchtmedizin in Stuttgart sei allerdings ein erster kleiner Hoffnungsschimmer, daß sich auch in der Ärzteschaft etwas bewege.

Seit Voscheraus Vorschlag in der politischen Diskussion ist, arbeiten seine politischen Gegner oft sehr gern mit äußerst abwegigen Argumenten. Da werde es dann Heroin für jedermann am Kiosk an der Ecke oder im Supermarkt geben. Solche Vorstellungen orientierten sich wohl eher an den gängigen Einkaufsmöglichkeiten für Alkohol und Zigaretten. Eine dürftige Phantasie in Sachen Heroin – von den Gegnern einer Freigabe sicher unbeabsichtigt –, die einen entscheidenden Nerv in der Auseinandersetzung freilegt. Die Drogen Alkohol und Nikotin mögen sie in ihrer Gefährlichkeit nicht anerkennen, weil sie dann ebenso den längst zur Gewohnheit gewordenen offenen und freien Verkauf von Schnaps und Zigaretten zur Disposition stellen müßten. Aber mit ihrer Angst davor, daß Heroin ebenso ungehindert zum Kauf angeboten werden könnte wie Alkohol und Nikotin, bestätigen sie doch indirekt ihr schlechtes Gewissen im Umgang mit den legalen Drogen. Ist das plumpe Ahnungslosigkeit oder bewußte Demagogie? Was Voscherau will, kann nachgelesen, auch nachgefragt werden.

Was will Voscherau? Wofür hat er die zustimmende Mehrheit in der Länderkammer erhalten? Hamburgs Bürgermeister will einen starken eingeschränkten Modellversuch einer staatlich kontrollierten Drogenfreigabe installieren, der ärztlich und soziologisch in praktischer wie wissenschaftlicher Form begleitet und ausgewertet werden soll. Er will herausfinden, ob die Abhängigen aus ihrem Milieu, in dem sie kriminell verankert sind, herauswachsen können, wenn sie die Droge Heroin »offiziell« erhalten. Er will wissen, wie die Droge sich bei den Menschen auswirkt, wenn sie sie nicht durch Diebstahl, Betrug oder Prostitution beschaffen müssen. Er will prüfen, ob dies ein – die Betonung liegt auf *ein* – Weg unter anderen sein könnte im Kampf gegen das Drogenelend.

Voscherau hat immer wieder betont, daß Hamburg in keinem Fall ein Konzept bedingungsloser Drogenfreigabe vorschwebe. Das Modellprojekt sieht vor, 250 drogenabhängigen Menschen, die seit vielen Jahren an der Nadel hängen, im Milieu der Drogenkriminalität leben und mehrere gescheiterte Ausstiegsversuche hinter sich haben, unter staatlicher Aufsicht Heroin zu verabreichen. Eine Chance für einen kleinen Personenkreis aus den insgesamt etwa 10 000 Heroinabhängigen in der Hansestadt. Die Idealvorstellung ist dabei, daß die Abhängigen dem Milieu der Drogenszene entkommen. Erst Distanz zum bisherigen Lebensumfeld und die Versorgung mit sauberem Stoff ohne Beschaffungsprostitution und -kriminalität kann Chancen für einen Ausstieg aus der Drogenhölle eröffnen. Der Gedanke, der hinter diesem Projekt steht, ist der eines möglichst suchtfreien Lebens. Der Vorwurf, schon mit einer staatlich kontrollierten Vergabe würde ein Damm brechen und flächendeckend Heroin und andere bislang verbotene Drogen würden ins freie Angebot für jedermann gelangen, trifft nicht. In der Diskussion um die Ersatzdroge Methadon wurde Mitte der achtziger Jahre ähnlich argumentiert, um diese Form der Therapie ohne »Wenn und Aber« zu torpedieren. Heute gilt die Methadonvergabe als ein probates Mittel in der Drogentherapie.

Und zunächst kann von einer Freigabe wirklich keine Rede sein, dafür ist der Personenkreis zu klein, sind die Auswahlkriterien viel zu eng gefaßt. Es geht schlicht um die kontrollierte Vergabe eines Suchtmittels, das kranken Menschen als Medikament unter ärztlicher Aufsicht verschrieben wird – Heroin auf Krankenschein.

»Das Ziel bleibt die Abstinenz!« betont der Drogenbeauftragte der Hamburger Gesundheitsbehörde, Horst Bossong. »Die geplante Heroinabgabe soll den Süchtigen angeboten werden, um ihnen einen Ausweg aus Kriminalität, Verelendung und vor allem der Aids-Gefahr zu zeigen.«[102] Ein Konzept, das von der wissenschaftlichen Erkenntnis ausgeht, daß das Elend nicht durch die Droge selbst entsteht, sondern dadurch, daß sie illegal ist. Voscherau bezeichnet diesen Ansatz gern als »Überlebenskonzept«. Denn »Rauschgiftsucht muß als Krankheit begriffen werden.«[103]

Wo andere Behandlungsmaßnahmen bislang erfolglos geblieben sind, soll Hamburgs Projekt eine Alternative anbieten. Für die politischen Gegner Voscheraus ist dieses Konzept – überspitzt formuliert – Teufelswerk. Einer, wenn nicht der entschiedenste Gegner der Hamburger Pläne ist der Drogenbeauftragte der Bundesregierung, Eduard Lintner. Der CSU-Politiker gilt in der Drogenpolitik als Verfechter eines »law and order«-Konzeptes. Lintner macht in Interviews unmißverständlich deutlich, daß er sich mit aller Härte gegen Versuche, Heroin oder andere illegale Drogen an Abhängige zu vergeben, wehren wird. Gefragt, ob das denn alles Spinner seien, die für eine kontrollierte Freigabe votieren, verneint er und gesteht ihnen auch ehrenwerte Motive zu.[104] Er warnt aber eindringlich davor, Heroin in jedweder Form zu verabreichen, weil es die Menschen kaputtmache. Lintner scheinen die Elendsbilder vorzuschweben, die immer wieder in der Öffentlichkeit das Drogenproblem ins Bewußtsein rücken – der tote Fixer auf der Bahnhofstoilette, die schwankende Fixerin am Straßenrand, die auf den Freier wartet, die Heroin kochenden Freaks in städtischen Parks. Das sind sicher Bilder des Elends, aber es sind vor allem Bilder, die das Milieu kennzeichnen, in dem Drogenabhängige leben, wenn sie ganz unten sind. Die Mehrzahl der Abhängigen sehen wir nicht im Stadtbild, sie leben in sozialen Bezügen wie viele andere Durchschnittsbürger auch.

Akribisch führen wir Journalisten Buch über die Zahl der Drogentoten. Regelmäßig werden alle vier Wochen die Daten der einzelnen Bundesländer veröffentlicht und mit den immer gleichen Bildern belegt. Wo lesen wir schon regelmäßig die täglichen, wöchentlichen oder monatlichen Statistiken über

Alkoholtote, Nikotin- oder Medikamentenopfer? Die Häufigkeit würde es allemal rechtfertigen: 400 Nikotintote und 100 Alkoholtote jeden Tag stehen statistisch drei bis vier Drogentoten gegenüber.

Viele Bürger und mit ihnen viele Journalisten begreifen den Konsum illegaler Drogen als exotisch. Und Exotik verkauft sich gut in den Medien. Jeder tote Drogenabhängige wird abgelichtet und ans Fahndungsbrett der Presse gehängt, jede Razzia willfährig aus dem Blickwinkel der Polizei auf Platte oder Film gebannt. Action steht im Vordergrund, der Schauer des Elends soll die Nerven kitzeln. Der betroffene Mensch spielt dabei keine Rolle mehr. Er ist Staffage und wird zum Vehikel, das der Fortschreibung einer Drogenpolitik dient, die auf Verfolgung und Kriminalisierung, Repression und Strafe setzt: Seht her, das machen die Drogen aus euch. Anstatt aufzuklären, zementieren und manifestieren solche Bilder Urteile, die auf tönernen Füßen des Unwissens stehen (siehe auch Kapitel 12). Und vor allem entheben sie den Mitmenschen der Aufgabe, sich intensiver mit den Problemen und Umständen der Heroinsucht zu beschäftigen. Dieser Stempel des Elends prägt das Bewußtsein vieler politisch Verantwortlicher.

Das, was in der Drogenszene sichtbar wird, ist nur zu einem kleinen Bruchteil die Welt der Heroinkonsumenten. In Hamburg leben schätzungsweise 10 000 Heroinabhängige. Nur 300, vielleicht 500, leben in der offenen Szene. Der Konsum von Heroin spielt sich zum größten Teil in den vier Wänden eines ziemlich bürgerlichen Zuhauses ab. Viele Drogenkonsumenten leben und arbeiten (noch) wie du und ich. Natürlich machen die Bilder der Züricher Drogenszene an der Limmat oder der Hamburger Szene im Bahnhofsviertel St. Georg angst. Aggressivität und vor allem auch die Jugendlichkeit der Abhängigen prägt das Milieu. Sichtbar wird hier, wie ohnmächtig wir der Perspektiv- und Orientierungslosigkeit vieler junger Menschen gegenüberstehen, die vor allem gesellschaftliche und nicht individuelle Ursachen hat.

»Es macht die Menschen kaputt«,[105] sagt der Drogenbeauftragte der Bundesregierung. Aber warum fragt er sich nicht, was den Heroinabhängigen verelenden läßt? Warum fragt er nicht nach den Umständen? Spricht er zu wenig mit Betroffenen, mit Drogenarbeitern, mit Ärzten und Juristen, Richtern oder Polizeibeamten, die in ihrer täglichen Berufspraxis mit den Lebensumständen der Abhängigen konfrontiert werden? Es scheint so. Denn – so räumt er ein – er kenne keine Polizeibeamten, die für eine kontrollierte Abgabe eintreten.[106] Da zeigt sich eine tiefgehende Wissenslücke (siehe auch Kapitel 13).

Mehrere Polizeipräsidenten bundesdeutscher Großstädte, die ganz unterschiedlicher politischer Ansichten sind, plädieren für eine kontrollierte Abgabe harter Drogen und darüber hinaus auch für eine Legalisierung von Hasch und Marihuana. Ihr Hauptargument ist, daß nämlich die Drogenszene entkriminalisiert werden müsse, weil die Kriminalisierung das Elend der Abhängigen fördere. Sie stützen sich auf wissenschaftliche Erkenntnisse, die in der Fachwelt inzwischen internationaler Standard sind, aber nicht nur hierzulande nur zögerlich zur Kenntnis genommen werden.

Da Lintner diese Grunderkenntnis nicht akzeptiert, sie sogar bekämpft, setzt er vor allem auf das Strafrecht und die Prävention. Aber weder Aufklärung noch Strafandrohung haben im Kampf gegen die Drogen Erfolg gezeigt (siehe auch Kapitel 14). In einem *Spiegel*-Streitgespräch im Frühjahr 1993[107] erläuterte der parteilose hessische Generalstaatsanwalt, Hans Christoph Schaefer, dem CSU-Politiker seine jahrzehntelangen Erfahrungen mit dem Strafrecht. Vor etwa 25 Jahren sei er in der riesengroßen Frankfurter Staatsanwaltschaft der einzige gewesen, der Rauschgiftsachen bearbeitet habe. Heute seien dort zwei komplette Abteilungen mit 16 Leuten von Betäubungsmittelverfahren überschwemmt. Sein Fazit, die Strafandrohungen des Betäubungsmittelrechts hätten noch keinen an Rauschgift Interessierten abhalten können, teilen mittlerweile viele Fahnder. Auch Schaefer will die Ächtung der Drogen, aber er will auch denen Hilfen anbieten, die in den Sog der Sucht geraten sind und weder einer Abstinenztherapie noch einer Methadon-Substitution zugänglich sind.

Die Drogen sind da, und sie werden konsumiert, trotz großangelegter Aufklärungskampagnen. Inwieweit Prävention tatsächlich Jugendliche oder auch Erwachsene vom Genuß illegaler Drogen abhält, ist schwer meßbar. Lintner verknüpft Aufklärung und Kriminalisierung Abhängiger aufs engste. Aufklärung ohne Strafandrohung macht für ihn keinen Sinn. Dabei wissen längst alle, die in der Drogenarbeit engagiert sind, daß weder Prävention noch Strafen den Konsum harter Drogen haben eindämmen können (siehe auch Kapitel 6 und 7). Lintner glaubt, daß sich der Staat unglaubwürdig macht, wenn er einerseits Heroin verteilt und gleichzeitig warnt, die Finger davon zu lassen.

Dagegen ist einzuwenden, daß der Staat ja auch in Sachen Alkohol und Nikotin warnt und trotzdem einen flächendeckenden Verkauf zuläßt. »Rauchen gefährdet die Gesundheit!« ist auf jeder Zigarettenschachtel zu lesen, und trotzdem genießen Jugendliche wie Erwachsene den gesundheitsschädlichen Tabak in vollen Lungenzügen bis zu Krebs und Herz- und Kreislaufversagen. Daß Alkohol die Sinne benebelt, abhängig und krank macht, ist ebenso eine Binsenweisheit, aber hier sieht der Staat seine Glaubwürdigkeit nicht gefährdet, obwohl er zugleich davor warnt und den Konsum von Schnaps und Bier, Wein und Cognac zuläßt und auch die Werbung dafür – selbst in den Sportarenen – nicht unterbindet. Selbst Lintner weiß das und bestreitet auch nicht, daß Alkohol und Nikotin am Anfang einer sogenannten Drogenkarriere stehen.

Aber es geht ja auch gar nicht darum, den Stoff Heroin wahllos zu verteilen, sondern es soll gezielt denjenigen, die quasi ausweglos in der Drogenszene hängen, beim Ausstieg geholfen werden.

Insofern ist es eine Übertreibung, in diesem Zusammenhang immer davor zu warnen, es werde ein Bann gebrochen und die Heroinabhängigkeit werde sich dadurch in unserer Gesellschaft flächendeckend verbreiten.

Zunächst dreht sich die Diskussion ja lediglich um die kontrollierte, sehr eingeschränkte Vergabe illegaler Drogen und noch nicht um die generelle Freigabe von Heroin oder Kokain – eine Problematik, auf die ich später noch eingehen werde (siehe auch Kapitel 12 und 13).

Der Konsum von Hasch und Marihuana, von Kokain und Heroin würde sicher zunehmen, wenn es zu einer generellen Freigabe käme. »Daß mit neuen Süchtigen zu rechnen ist, kann alleine noch kein Argument gegen die Liberalisierung sein, denn auch unter den Bedingungen der Prohibition steigt die Zahl der Süchtigen und Erstkonsumenten kontinuierlich.«[108] Durch die Freigabe würde dem Heroinmarkt ein wesentliches Element seiner Dynamik genommen. Der Abhängige müßte andere Jugendliche nicht mehr anfixen, um den eigenen Konsum zu finanzieren.

Die in Liverpool praktizierte Vergabe von Heroin (siehe auch Kapitel 9) hat zudem deutlich belegt, daß sich so die sozialen Lebensverhältnisse und der Gesundheitszustand der Abhängigen wesentlich verbessern lassen, abgesehen davon, daß bei einigen auch eine berufliche Integration möglich geworden ist. Die Gefahr von Infektionskrankheiten – vor allem Aids – ist seit der ärztlichen Vergabe von Heroin für diesen Personenkreis so gut wie gebannt.

Das sei alles Wahnsinn, wiederholen die Gegner jeglicher Projekte zur Freigabe beziehungsweise Vergabe illegaler Drogen. Ihre »Argumente« sind allzuoft nur Schlagworte. So erfährt die Diskussion eine merkwürdige Verdrehung, wenn der suchtpolitische Sprecher der CDU-Landtagsfraktion, Alfons Gerling, zum hessischen Entwurf eines neuen Suchthilfeprogramms lospoltert, das sei eine Aufforderung zur »Reise in die Hölle«. Die Menschen, um die es geht, sind bereits seit Jahren in der Hölle der Abhängigkeit. Sie herauszuholen, ist der Sinn. Wie können Krisenzentren oder Schlafgelegenheiten für drogenkranke Menschen, die in Hessen eingerichtet werden sollen, Wege in die Hölle sein? Wie kann die Ausgabe von Ersatzdrogen, die unter anderem die Beschaffungskriminalität und -prostitution eindämmt, der Start zu einer »Reise in die Hölle sein« – (siehe auch Kapitel 9)?

Der Vize-Vorsitzende der CDU/CSU-Fraktion im Bundestag, Johannes Gerster, warnt vor dem »Märchen von der Harmlosigkeit sogenannter weicher Drogen«[110] und fordert, die juristischen Mittel im Kampf gegen die Droge auszuschöpfen. Daß Hasch und Marihuana nicht süchtig machen, ist längst zur Binsenweisheit geworden. Wenn er schon vor der Harmlosigkeit weicher Drogen warnt, warum sagt er dann nicht den harten Drogen wie Schnaps und Cognac den Kampf an?

Der Präsident des Bundeskriminalamtes, Hans-Ludwig Zachert, wandte sich gegen die in Hessen geplanten Modellversuche, Heroin an Schwerstsüchtige abzugeben. »Das sind erste Ausweichversuche, um den Einstieg in die Freigabe zu bekommen«, ist sein Argument. »Die Zahl der Drogentoten würde sich erhöhen bei einer Freigabe«,[111] warnt er. Auch er wirft die Freigabe mit der streng kontrollierten Vergabe in einen Topf, um sich der intensiveren Auseinandersetzung mit den Modellversuchen nicht stellen zu müssen. Wenn auch nur ein schwerkranker Drogenabhängiger durch Ersatzdrogen oder sauberes Heroin vor dem Sterben bewahrt werden kann, sollte das schon Argument genug für die kontrollierte Vergabe sein.

Hans Jürgen Senft, der Vater eines Süchtigen, sei hier noch einmal mit seiner Anklage zitiert, daß der Staat, das Drogen-elend heute und die Drogentoten zu verantworten habe, so-lange er nur die Verfolgung und Bestrafung drogenkranker Menschen im politischen Visier habe.[112]

Als Signal für eine – wenn auch nur zaghafte – Trendwende erscheint die Stellungnahme der FDP zur Voscherau-Initiative im Bundesrat.

Die FDP-Bundestagsabgeordnete Margret Funke-Schmitt-Rink erklärt den Modellversuch zur kontrollierten Heroinver-gabe für sehr sinnvoll.[113] Dieses Projekt dürfe nicht mit einer Legalisierung verwechselt werden. Die FDP unterstütze daher die vom Bundesrat mit Mehrheit gebilligte Initiative des Ham-burger Senats, weil die Heroinabgabe für bestimmte Gruppen von Drogenabhängigen die einzige »soziale Überlebenshilfe« darstelle. In der Differenzierung liegt die wirkliche politische Würze. Es wird lange dauern, bis hierzulande und anderswo eine unverkrampftere Diskussion möglich sein wird.[114] In den USA hatte sich im Jahre 1989 ein älterer Richter, Robert Sweet, vor den Mitgliedern des vornehmen Cosmopolitan Club in New York für die Legalisierung von Heroin und Kokain, Hasch und Marihuana eingesetzt und dafür plädiert, der Staat möge den Handel und die Vergabe dieser Stoffe selbst in die Hand nehmen.[115]

Die politischen Kommentare auf diesen Stich ins politische Wespennest geißelten seinen Vorschlag in der Tendenz einhel-lig als »Gesundheitskatastrophe«, manche sahen eine Gesell-schaft von Drogen-Zombies in den USA heraufdämmern. Sweet hatte ein Tabu angerührt, und er wußte, wovon er redete. Zehn Jahre lang hatte er zuvor miterlebt, wie über seinem Gericht eine Welle von Rauschgiftdelikten zusammen-schlug, wie das Justizsystem durch ein brennendes soziales Phänomen überwältigt wurde. Washington geriet aus einem

ganz besonderen Grund über die Aussagen des damals 67jäh-
rigen in Rage, denn noch nie zuvor hatte sich ein Richter für
die Legalisierung von Drogen eingesetzt. Zudem galt Sweet
nicht als Hitzkopf oder unüberlegter Spontie. Damals reihte er
sich als renommierter Jurist in eine Schar von Persönlichkeiten
ein, die neue Wege zur Bekämpfung des Drogenelends suchten.

Alle Politiker – in den USA wie hierzulande – wissen sehr
genau, daß sich die illegalen Suchtstoffe wie ein Krebsge-
schwür immer weiter in unsere Gesellschaft hineinfressen,
solange die Versorgung der Drogenkonsumenten – in den
USA weit über 20 Millionen – gewaltige Gewinne verspricht.
In der westlichen Welt erzielen die Rauschgiftkartelle inzwischen einen Umsatz von 250 Milliarden Dollar.

Die Gewinne steigen, die Zahl der Konsumenten nimmt zu,
die Produktion der illegalen Stoffe wird immer mehr ausgeweitet. Die politischen wie polizeilichen Erfolge nehmen sich
dagegen eher dürftig aus (siehe auch Kapitel 7). Vor diesem
Hintergrund scheint Amendts Eindruck zuzutreffen: Die so
dringend notwendigen Differenzierungen sind politisch überhaupt nicht erwünscht, und so werden die grundlegenden
wissenschaftlichen und politischen Erkenntnisse, die zu neu-
en Wegen im Kampf gegen das Drogenelend führen könnten,
als nicht existent behandelt.[116] Das ist der wahre »Wahnsinn«!

11 Umwege sind auch Wege

Remedacen: Codein als Ersatzdroge

Der Brief war ein Hilferuf. Er war nur auf Umwegen auf meinem Schreibtisch in der Redaktion gelandet. Absender der ungewöhnlichen Briefpost war Dr. Gorm Grimm aus Kiel, ein Arzt, den ich kurze Zeit vorher im Herbst 1988 bei Recherchen zum Thema Ersatzdrogen kennengelernt hatte. Der drei Seiten lange Brief war nicht von ihm geschrieben, sondern trug die Unterschrift von Claudia, er hatte ihn mir in Kopie formlos zugeschickt – wie ich später erfuhr, mit dem Einverständnis von Claudia. Der lange Brief von Claudia war auch nicht direkt an mich adressiert, sondern an Dr. Grimm. Grimm ist einer der wenigen Mediziner hierzulande, die mit ungewöhnlichen ärztlichen Mitteln suchtkranken Menschen helfen, den Ausstieg aus der Drogenszene zu schaffen, wegzukommen vom Heroin oder Kokain, von den Amphetaminen oder Benzodiazepinen. Grimm verordnet etwa 500 Patienten regelmäßig codeinhaltige Arzneien, die den Hunger auf Heroin stillen. In seinem Wartezimmer sitzen junge Menschen aus allen sozialen Schichten vornehmlich aus dem norddeutschen Raum, unter ihnen Söhne und Töchter auch sehr prominenter Eltern. Damals im Herbst 1987 hatte Grimm einen Aufnahmestop für sein Ersatzdrogenprojekt verfügen müssen, weil immer mehr junge Menschen hoffnungsvoll in seine Praxis drängten, Menschen, die runter wollten von der Droge, aber bislang beispielsweise in den verschiedenen Abstinenztherapien gescheitert waren, auch keine Chance hatten, in einem der eng begrenzten Methadon-Programme, die von einzelnen Bundesländern als Überlebenshilfe angeboten werden, mit der Ersatzdroge Polamydon versorgt zu werden. Grimm konnte und wollte es zu jener Zeit auch nicht verantworten, nur verschreibender Arzt zu sein. Eine minimale psychosoziale Betreuung sollte für seine Patienten schon gewährleistet sein. Hinzu kam, daß Krankenkassen und Kassenärztliche Vereinigung nebst Ärztekammer große Schwierigkeiten bereiteten, weil sie die Verschreibung codeinhaltiger Präparate für Drogenabhängige für illegal hielten, für medizinisch nicht angezeigt. In mehreren Prozessen vor den Sozialgerichten mußte Grimm für seine Art Drogenarbeit streiten. Millionenklagen standen ihm damals ins Haus, hätten die Gerichte seine Verschreibungspraxis als widerrechtlich verurteilt, denn die codeinhaltigen Hustenpillen, die normalerweise in kleinen Dosen verschrieben werden, müssen Heroinabhängige täglich massenweise schlucken, zwischen 50 und 60 Stück in der Regel, manche brauchen 90, andere nur 20 Pillen, und das geht ins Geld, wogegen sich die Kassen auch heute noch zu wehren versuchen. Aber solange ein Arzt nicht gerichtlich abgemahnt wird, müssen die von ihm ausgestellten Rezepte eingelöst und von den Kassen bezahlt werden.

Und just zu dieser für Grimm sehr aufreibenden Zeit erhielt er Post von Claudia, die ihm ihre Leidensgeschichte offen und ungeschminkt schilderte. Sie sei seit Jahren abhängig, nur in der Zeit ihrer Schwangerschaft relativ clean gewesen, kurz nach der Geburt ihres Sohnes Florian aber schnell wieder drauf auf Heroin und mittendrin in der Szene. Sie berichtet ihm auch, daß sie die »Remis« – das ist die Abkürzung für das codeinhaltige Hustenmittel Remedacen – schon öfters probiert hätte. Auf dem Schwarzmarkt sind diese teuren Pillen nach wie vor ein Renner, denn das Codein, ein Opiumderivat, stellt ruhig, allerdings nur, wenn es in entsprechenden Mengen geschluckt wird, und es stillt den süchtigen Hunger auf Heroin. Grimm weiß aus dem Brief, daß Claudia in keine Therapie mehr will, daß sie mangels Angebot auch keine Möglichkeit hat, in ein staatlich abgesegnetes Ersatzdrogenprogramm hineinzukommen, er erfährt, daß sie raus will aus dem Teufelskreis, vor allem auch ihrem Sohn zuliebe, und ihm wird klar, daß Claudias alleinige Hoffnung die Remis von Grimm sind, daß sie darauf baut und ganz zuversichtlich ist, daß sie die Remis runterholen werden vom Stoff und daß sie mit der Zeit dann auch auf die Remis wird verzichten können. Claudias Optimismus klingt in dem Brief weder flehentlich noch weinerlich, kühl und sachlich lautet die Botschaft: Heroin oder Remis, zunehmende Verelendung oder allmähliche Rückkehr in einen normalen Alltag. Gefühlsbetont sind nur die beiden letzten Sätze, in denen sie beschreibt, wie glücklich sie mit ihrem Sohn ist, wie er sprechen lernt, mit offenen Augen und Ohren seine Welt wahrnimmt und daß sie verhindern möchte, daß auch seine Welt vom Elend der Droge geprägt wird.

Grimm bleibt hart, zu ähnlich sind die Schicksale derer, die bei ihm die Remis begehren, und wenn das Leid alleinentscheidend wäre, dann säßen Tausende in seinem Wartezimmer. Er sei doch nicht der einzige Mediziner in Kiel oder anderswo, erklärt er seine Haltung.

Grimm sagt also nein. Ich fahre zu Recherchen nach Hamburg und treffe Claudia, die in einer kleinen Wohnung mit drei Zimmern, Küche und Bad gemeinsam mit ihrem Sohn Florian lebt. Die Wohnung liegt in einem Vorort im Norden Hamburgs, einer gutbürgerlichen Arbeitersiedlung, von der Drogenszene der Hansestadt 25 Kilometer entfernt. Einzige äußere Anzeichen ihrer Heroinabhängigkeit sind die großen schwarzen Pupillen und eine langsame, ruhige Art zu reden, die sehr angenehm ist, weil sie verdeutlicht, wie überlegt ihre Äußerungen sind, aus denen langjährige Erfahrungen mit dem Drogenalltag sprechen. Sie beschönigt nichts, sie drückt nicht auf die Tränendrüse, sie bettelt nicht um Mitleid. Was sie sucht, ist Hilfe. Ob ich ihr helfen könne, fragt sie sehr direkt, ich sei doch beim Fernsehen. – Allein die Tatsache, für das Fernsehen zu arbeiten, öffne noch lange nicht Tür und Tor, könne schon gar nicht so schwerwiegende Entscheidungen wie in ihrem Fall beeinflussen, muß ich ihr sagen. Bei meinen Besuchen in Grimms Kieler Praxis konnte ich mit vielen Patienten über ihre Erfahrungen mit den Remis sprechen, denen ich Glauben schenken konnte oder auch nicht, denn aus den Zeiten, in denen sie vornehmlich Heroin oder Kokain konsumierten, kannte ich sie schließlich nicht. Natürlich reizte es mich, von Anfang an beobachten und mit der Kamera begleiten zu können, wie es jemandem ergeht, der mit Hilfe einer Ersatzdroge auszusteigen versucht. Bestärkt wurde ich in dieser Absicht, als ich Dirk kennenlernte, der seit vielen Jahren mit Claudia befreundet ist und bei ihr aus- und eingeht. Dirk war es unter anderen, der Claudia immer wieder welche von seinen Remis abgab, die er selbst von Grimm verschrieben bekam. Dirk erzählte sehr offen von seinen Rückfällen trotz der Remis und daß Grimm ihm schon mehrfach angedroht hätte, ihm nun endgültig keine mehr zu verschreiben. Die Freundschaft der beiden und ihre sehr verschiedenen Persönlichkeiten beeindruckten mich, und vor allem weckten sie meine Neugier, ob sie ihr Drogenproblem würden bewältigen können. Da meine Reportage terminlich nicht gebunden war, konnte ich eine sogenannte »Langzeitbeobachtung« planen über einen Zeitraum von nahezu zwölf Monaten. Daß ich später, fast vier Jahre nach dem ersten Film über die beiden und ihre sehr unterschiedlich verlaufenden Geschichten würde weitererzählen können, ahnte ich damals nicht.[117]

Claudia und Dirk stimmten einem Filmprojekt unter diesen Bedingungen zu – und, wie ich heute weiß, nicht allein mit dem Hintergedanken, Claudia würde auf diese Weise doch noch in Grimms Remi-Programm aufgenommen. Nach eingehender Diskussion stimmte auch Grimm zu und gewährte uns von da an zu jeder Zeit Einblicke in seine Praxis. Seit nunmehr über fünf Jahren halte ich mit Dirk und Claudia regelmäßigen Kontakt.

Als ich Claudia kennenlerne, ist sie 22 Jahre alt. Es sei jetzt etwa vier Jahre her, als sie das erste Mal mit harten Drogen in Berührung kam. Das war an ihrem 18. Geburtstag im Dezember 1984. Und wie hat das angefangen? »Ja, ich hab's zum Geburtstag geschenkt gekriegt.« Ungewöhnliches Geschenk, denke ich. Ob das so üblich sei, möchte ich wissen. »Ich hab's von jemandem gekriegt, der hat gerade angefangen zu drücken, und der hat auch ein bißchen verkauft, ja, und hat so Kunden gemacht. Hat Leute angefixt, so.« Heute weiß ich, daß es sehr unterschiedliche Ursachen für den Griff zu Drogen wie Heroin oder Kokain gibt, daß wohl niemand einen verbindlichen Kriterienkatalog für Wege in die Sucht aufstellen kann, denn warum der eine Alkohol trinkt und nicht zum Alkoholiker wird, der andere aber sehr rasch abhängig wird von Schnaps und Wein, darüber ergehen sich die Wissenschaftler allenfalls in Spekulationen, und warum jemand Alkohol probiert und für sich entscheidet, das Zeug mag ich nicht, und es fürderhin nicht mehr anrührt – wir wissen es nicht. Warum die einen Hasch getestet haben oder Marihuana und es noch immer genießen, auch wenn sie längst den Jugend- oder Studentenjahren entwachsen sind, und andere mit dem grünen Gras nichts anfangen konnten – niemand vermag es verbindlich zu beantworten.
Natürlich fragen wir immer, wie ist das nur gekommen? Das

wollte ich damals natürlich auch von Claudia wissen. Bei ihr sei das reine Neugier gewesen, aus der damaligen Clique hätten alle mit Drogen Berührung gehabt, sie hätte das zunächst immer distanziert beobachtet, sagte sie. Ihre Beobachtungen bei den Freunden, wenn sie unter Drogen standen, haben sie nicht abgeschreckt, es sei auch niemand auffällig gewesen, so daß sie sich schon gewundert hätte, warum die einen im Elend landen und die anderen nicht. Sie erinnert sich sehr genau – was ja auch Dirk für sich bestätigt –, daß sie die ersten eineinhalb Jahre schon das Gefühl hatte, die Droge unter Kontrolle zu haben. »Ich hab auch zwischendurch, wenn ich gemerkt habe, ja so langsam wird es kritisch, mal ausgesetzt für einige Wochen und nichts genommen, da war ich noch nicht so richtig abhängig. Richtig abhängig war ich erst so nach mehr als zwei Jahren.«

Als Claudia schwanger wurde, war es überhaupt kein Problem, ohne den Stoff zu leben, auch in der Stillzeit nach der Geburt ihres Sohnes blieb sie clean. In dieser Zeit lebte sie auch nicht in der alten Umgebung, in der Nähe der Clique. Als sie dann zurückkam, dauerte es nicht lange, bis sie wieder drauf war. Sie verliebte sich in einen Jungen, der bereits voll an der Nadel hing, und wollte ihn herunterholen, ihn überreden, einen Entzug zu machen bei ihr in der Wohnung, was aber nie länger als drei Tage dauerte, dann ließen Wille und Energie nach, und auch Claudia fing wieder an, ein ums andere Gramm zu spritzen, bis es immer mehr wurde. »Irgendwann war halt der Punkt da, viel schneller als ganz am Anfang beim ersten Mal, da war ich voll drauf.« Ist das ein Sog? Jeder, sagt sie, der irgendwie Heroin genommen hat, werde immer wieder damit konfrontiert, egal wie lange das schon her ist, selbst wenn man viele Jahre clean sei. »Es ist immer wieder im Kopf drin!«

Damals lebte Claudia von Sozialhilfe, Wohnungsgeld und

vom Unterhalt für Florian. Das reichte gerade so für Essen und Trinken, Miete und Kleidung, für den Stoff mußte sie andere Wege und Mittel finden, ihn finanzieren zu können. Anfangs waren es 100 bis 200, später dann bis zu 350 Mark jeden Tag, die sie für ihre tägliche Ration brauchte. Nein, sagt sie ganz entschieden, auf den Drogenstrich sei sie nie gegangen.

Plötzlich hält sie inne, ihr Blick wird weit. »Ich habe mich echt stark gefühlt, als ich drüber weg war in der Schwangerschaft, weil die Leute, mit denen ich zu der Zeit zusammen war – das war der Vater von Florian und halt noch andere Bekannte –, die haben alle gar nichts damit zu tun gehabt, und ich war völlig raus aus der Szene, total. Nichts ist an mich herangekommen in Sachen Gift. Na ja.«

In ihrer Wohnung im Hamburger Norden ist das anders, da herrscht oft ein ständiges Kommen und Gehen, da wird hektisch miteinander verhandelt, dann ist es einige Minuten völlig still, bis die Haustür ins Schloß fällt, die Besucher wieder fort sind, aber dann dauert es nicht lange, bis jemand am Fenster klopft oder an der Tür pocht, weil die Klingel abgestellt ist wegen Florian. Claudia ist angewiesen auf diese Geschäfte, und als ich sie anspreche, was sie empfinde, wenn so junge Menschen, jünger als sie, bettelnd in ihrer Wohnung stehen, um an »Gift« – der Szeneslang für Heroin – zu kommen, antwortet sie sehr nüchtern, daß sie ihnen schon gern sagen würde, daß das Scheiße sei, was sie da machten, daß sie da irgendwann nicht mehr rauskämen. »Verstehst du, du kannst nicht sagen, ja, hör auf damit, es ist besser für dich, wenn die eigene Abschreckung bei den Leuten nicht da ist, nützt alles Reden nichts, und außerdem«, fügt sie nüchtern und trocken hinzu, »wenn sie das Gift nicht hier kriegen, dann holen sie es sich woanders.«

Bei einer anderen Verabredung weihen Claudia und Dirk mich ein, wie einfach es ist, an jeden Stoff, den man kriegen will, heranzukommen, vorausgesetzt man hat genug Geld. Ob in Ochsenzoll oder Norderstedt, in Asylantenheimen oder Spielhallen, in Kneipen oder ganz einfach auf der Straße, es ist wirklich so, die Droge ist da, überall dort, wo man sie kaufen will.

Wenn Claudia den Frühstückstisch deckt mit Marmelade, Butter, Wurst, Käse und weich gekochtem Ei, dann liegen neben der Teetasse auch die Utensilien für den morgendlichen Druck, Spritze, Löffel, Feuerzeug und Kerze. Das kleine weiße Päckchen mit dem Stoff wird aus irgendeinem Versteck hervorgeholt, und wenn die Portion nach Augenmaß abgeschätzt ist, sofort wieder in Sicherheit gebracht. Dieses Ritual läuft so ganz anders ab als draußen auf der Szene, fast beschaulich werkelt sie herum mit Spritze, Nadel, Kerze und Löffel. Die Droge gehört zu ihrem Alltag und zu Florians Alltag. Zu dieser Zeit – Ende 1988 – ist er eineinhalb Jahre alt, und ich möchte wissen, wie sie damit zurechtkommt, daß Florian das alles miterlebt, und wie er damit umgeht? Sie vermeidet, wann immer es geht, daß er sieht, wie sie sich einen Druck setzt, aber das ist nicht immer möglich. »Du hast ja vorhin gesehen, wie er bei mir auf den Schoß wollte. Er weiß nicht, was ich da tue, aber er weiß, daß es schlecht ist, das habe ich schon gefühlt.« Sie erzählt, daß er manchmal weine, wenn sie die Spritze rausholt und er dann alles mit ansieht. »Mama, nein, Mama, nein!«

Claudia lebt mit der Spritze, einige Versuche, zu Hause ohne Hilfe von Medikamenten einen Entzug zu machen, scheitern. Ist das ein schönes Leben? Es sei überhaupt nicht schön, sie könne nichts planen oder so ganz spontan irgendwo hinfahren, die Großmutter von Florian väterlicherseits beispielsweise, zu besuchen. Der Stoff bestimmt den Rhythmus des Tages, sie müsse immer sehen, daß Stoff da ist, damit es ihr nicht schlechtgeht. Ob auf dem Weg zum Arbeitsamt oder beim Nähen an ihrer Nähmaschine, immer müsse sie darauf achten, nicht schlappzumachen bis zum nächsten Druck. Das ist die Abhängigkeit, nichts anderes machen zu können, weil sich alles nur darum dreht, wie komme ich an das Gift und an das Geld fürs Gift. »Ich erzähle dir eine Geschichte, die typisch ist. Eine Bekannte von mir, 27 Jahre alt, ist seit einem Jahr abhängig und spritzt. Als ich gestern bei ihr war, hat sie mich angebettelt, sie wußte, ich hatte noch etwas Stoff, aber das brauchte ich für mich selbst. Sie hing sich an meinen Arm und wollte mich nicht gehen lassen: ›Gib mir was, gib mir was.‹ Ich sag', ich kann dir nichts geben, ich brauch das für mich selber. Als ich mich losgerissen hatte, warf sie sich vor die Tür: ›Du kannst nicht gehen, du kannst nicht gehen.‹ Da siehst du deine eigene Abhängigkeit, und du kannst nichts tun, nichts für dich und nichts für deine Freundin.«

In diesen Momenten ist der Wunsch ganz groß, wegzukommen von der Nadel, aber wie? Claudia hat noch Kontakt zu Freunden, die ihr helfen wollen, die ihr helfen könnten, weil sie selbst nicht drinstecken. Aber ihre Angebote, sie zu begleiten beim Entzug, muß Claudia ausschlagen. Ein Entzug dauert einige Wochen, in denen der Abhängige sich auf nichts anderes konzentrieren kann, sich weder um Kinder noch die alltäglich anfallenden Arbeiten im Haushalt etwa kümmern kann. Claudia hätte damals die Hilfe ihrer Freunde nur um den Preis in Anspruch nehmen können, ihren Eltern vom Heroin zu erzählen. So stark war Claudia noch nicht, sie mit ihrem Problem zu konfrontieren. Welche Begründung hätte sie ihnen sonst für die Bitte nennen können, sich für drei oder sechs Wochen um den Enkelsohn zu kümmern? Sie ahnte wohl auch, wie die Eltern ihr gegenüber reagieren würden (siehe auch Kapitel 5).

Und Angst hat sie gehabt, daß ihre Eltern oder das Jugendamt ihr den Sohn wegnehmen würden, was sie um keinen Preis auf der Welt wollte. Hinzu kamen die Erfahrungen in der Clique, in der Szene. Ein Entzug irgendwo weitab vom eigenen Wohnumfeld mag erfolgreich sein – das Problem ist die Zeit danach, wenn die Abhängigen zurückkehren ins alte Milieu und die Fixer-Freunde wieder treffen. »Dann hängst du schnell wieder an der Nadel, und alles Elend beginnt von vorn.«

Ob man denn in der Szene blöd angeschaut würde, wenn man aussteigen möchte? »Also, es wird oft gesagt, ich höre auf, das sagt eigentlich jeder jeden Tag hier so, aber ich persönlich kenne nur einen, der es bislang geschafft hat bis heute.«

Für sie kommen daher nur die Remis in Frage, die sie schon ausprobiert hat, denn auf dem Schwarzmarkt sind sie auch ohne Rezept zu haben, wenn auch teuer: die Pille für eine Mark fünfzig und mehr. Wenn sie Remis nehme, erklärt sie, dann sei das so, als würde sie sich einen Druck machen, allerdings sei man nicht angetörnt, der »Kick« fehle also, aber sie fühle sich dann sehr gut, weil die Entzugserscheinungen ausblieben und die Hast nach Heroin wegfalle. Der Alltag werde irgendwie normaler und weniger hektisch, vor allem, wenn sie die Remis verschrieben bekäme, könnte sie sich wieder auf neue Pläne für die Zukunft konzentrieren.

Am Tag vor ihrem ersten Gespräch mit Grimm fühlt sie sich glücklich, auch wenn sie weiß, daß es eine schwere Zeit werden wird, denn die Sucht nach dem Heroin-Kick bleibt ja. Wir begleiten Claudia und erleben in Dr. Grimm einen Arzt, der sich in keiner Weise bei seinen Patienten als der große Messias anbiedert, der sehr distanziert, sachlich und nüchtern seine Behandlungsgespräche führt, gefühlsbetonte oder mitleidige Äußerungen vermeidet, wenn die Elendsgeschichten seiner Patienten zur Sprache kommen. Sie sind für ihn immer wieder Beweis und Begründung genug, so zu handeln, wie er das mit der Verschreibung von Remedacen tut.

132

Grimm kennt sich aus. Er will von Claudia wissen, ob sie gleich von Beginn an Heroin gespritzt habe oder es durch die Nase eingezogen hätte. »Nee, durch die Nase, wie die meisten«, ist ihre Antwort. Sie wirkt sehr erleichtert gerade wegen der überaus sachlichen Gesprächsführung, die keine Vorwürfe, keine »Wenns« und »Abers« kennt. Ob sie andere Gifte nehme, wie Barbiturate oder Alkohol? Sie verneint. Grimm läßt sich die Arme zeigen, möchte wissen, wo sie einsticht, betrachtet mit schnellen Blicken die Armbeugen. Er fragt nach Krankheiten, ob sie Abstinenztherapien mitgemacht habe, erfährt dabei von ihren Entzugsversuchen. »Sind Sie auf Aids schon untersucht worden?« – »Ja, letzten Monat.« – »Positiv, negativ?« – »Negativ.« – »Glück gehabt!« Er will wissen, was sie nach dem Hauptschulabschluß gelernt habe, erfährt, daß das Heroin zwei Ausbildungen hat scheitern lassen.

Etwas verwundert bin ich, als er seine Patientin über die Nebenwirkungen von Remedacen befragt, ob sie Nieren- oder Leberschäden verursachten oder sonstige körperliche Schäden. Natürlich weiß Claudia darauf keine Antwort. Es gebe absolut keine Schäden, die Behandlung sei ungefährlich, klärt er sie auf, wenn ab und zu auch mal die eine oder andere Unpäßlichkeit auftreten könne.

Zum Abschluß des Gesprächs nennt er noch die Ziele der Behandlung: Sie soll aus der Szene herausgelöst werden, um sich um ihr Kind und ihre Zukunft wieder kümmern zu können. Was ihr nächstes berufliches Ziel sei, fragt er noch. Claudia erzählt von ihrem Wunsch, ihre Kürschnerausbildung fortsetzen zu können, was aber mit Heroin nicht gehe, und er bestärkt sie, daß mit dem Heroin jetzt Schluß wäre. »Ich schreibe Ihnen jetzt 30 Remedacen pro Tag auf, die Apotheke wird Ihnen eine Wochenration mitgeben, teilen Sie sich die bitte selbständig ein. Ich sehe Sie in einer Woche wieder.«

Mit dem Heroin ist jetzt Schluß! Ist das wirklich so einfach?

Zwei Tage später besuche ich Claudia und möchte wissen, wie es ihr ergangen ist mit den Remis. Statt sich einen zu drücken am ersten Morgen, berichtet sie, habe sie zehn Remis geschluckt, und es sei ihr auch ganz gut gegangen, bis sie zu ihrem Freund Jens rübergegangen sei, der sie dann quasi wieder verführt habe, und dann habe sie einen Rückfall gebaut. Ganz ehrlich erzählt sie, daß sie schon noch Heroin drückt, aber nicht mehr so viel und so häufig, es müsse sich erst einpendeln mit den Remis, vielleicht sei die Dosis von 30 Stück am Tag noch zu niedrig, sie wolle das die erste Woche einmal ausprobieren.

Gegen Ende dieser ersten Woche bin ich zum Frühstück bei Claudia eingeladen, sie ist nicht sehr gut drauf, sie habe sich von sieben Schüssen am Tag mit Hilfe der Remis auf drei herunterdosiert, ganz ohne Heroin ginge es noch nicht. »Es geht nicht von einem auf den anderen Tag, die Lust auf die Nadel ist immer da, die Remis nehmen ja nur die körperlichen Beschwerden beim Heroinentzug. Das ist echt die Nadelgeilheit, obwohl man sich wohlfühlt mit den Remis.« Claudia hat zudem Ärger mit ihrem Freund Jens, den Grimm nur deshalb in sein Programm aufgenommen hatte, um Claudias Therapieerfolg nicht zu gefährden, der aber viel lieber weiter Heroin spritzen möchte, obwohl ihm klar ist, was die Droge bereits bei ihm angerichtet hat. »Die Droge macht total das Liebe an einem Menschen kaputt. Leute bescheißen sich, die sich Jahre kennen, Freundschaften brechen auseinander, Leute beklauen sich gegenseitig in ihren Wohnungen. Es ist irgendwie komisch, daß man dann keine Freunde mehr hat, weil jeder, der drückt, nur zusieht, daß er seine Droge kriegt. Er macht dafür alles.« Es dauert keine drei Monate mehr, da ist die Freundschaft zwischen Claudia und Jens genau daran zerbrochen.

Als wir uns das nächste Mal wiedersehen – Claudia ist jetzt fast ein halbes Jahr in Grimms Remi-Programm – erzählt sie gleich von ihrer Trennung und daß sie einen neuen Freund habe, mit dem sie inzwischen in Spanien war, um einen Entzug zu machen – ja, vom Heroin, wie sie mir auf meine verwunderte Frage ziemlich direkt antwortete. Heroin war also immer noch da in ihrem Leben, in ihrem Alltag, wenn auch bei weitem nicht in dem Maß wie früher, aber weg von der Nadel war sie noch lange nicht, sie klebte auch immer noch an der Szene. Grimm hatte die Spanienreise begrüßt und ihr für zwei Wochen ausreichend Remis mitgegeben.

Ob sie jetzt heroinfrei sei, giftfrei? Ja, auch wenn es schwierig gewesen sei die erste Zeit nach dem Urlaub, weil immer noch die alten Freunde kamen und die Versuchung doch ziemlich stark war, antwortet sie sehr langsam und bedächtig, mit einem leicht verträumten Gesichtsausdruck.

Dann bräuchte sie ja wohl auch keine Ersatzdrogen mehr wie die Remis? »Das siehst du falsch!« kommt es prompt. Die 30 Remis am Anfang hätten nicht gereicht, und die Dosis wurde auf 40 pro Tag erhöht, jetzt sei sie inzwischen bei 20 und gehe davon aus, daß die Dosis immer geringer würde, aber auch das würde noch dauern. »Und weißt du, wenn die Remis mal knapp sind oder ich einem alten Freund welche abgegeben habe, dann ist das Heroin wieder ganz nah!« Ob sie noch Bock habe auf Gift, möchte ich wissen. Absolut nicht, verneint sie. Aber neulich sei ein Freund dagewesen, der habe sich einen gedrückt bei ihr zu Hause, und sie habe zugeschaut, und plötzlich war der Gedanke da, auch wieder was zu nehmen, aber er habe nichts mehr gehabt. Sie bat ihn schließlich, zu gehen und nicht mehr aufzutauchen, sie wolle es vermeiden, die alten Bekannten zu treffen. Auf einem großen Papierbogen, der auf Florians Spieltisch liegt, malt sie bei diesen Worten ineinander verschlungene Kreise. Ob es andere Drogen gebe, die sie anmachten, Kokain etwa? Sie schaut mich mit großen dunklen Augen an, blickt versonnen auf die Kreise auf dem Papier, während Florian auf ihren Schoß klettert. »Na ja, das kommt drauf an so, ich meine, ich habe es noch nicht oft genommen, anmachen tut es mich, aber ich will da nicht wieder reinfallen so, und jetzt, wo ich schon mal so stark bin und so weit vorne bin, da muß ich auch wirklich darauf achten, daß ich nicht wieder zurückgehe – den Weg.«

Jahre später, im Januar 1993, sprechen wir noch einmal über diesen Tag in Florians Spielzimmer. Ja, damals, erzählt sie jetzt unumwunden, sei sie ja noch nicht wirklich clean gewesen, zwar habe Heroin nicht mehr die Rolle gespielt, dafür aber Kokain. Ein Jahr lang sei das noch so gelaufen mit dem Kokain und zwar in ziemlich herbem Maße.

In einem Artikel für Gorm Grimms Buch *Drogen gegen Drogen*[118] hat Claudia ihre Erfahrungen ziemlich ungeschminkt protokolliert. Darin erzählt sie schonungslos, was Kokain aus ihrem Leben gemacht hat: »Vom Heroin kannte ich den körperlichen Entzug, Schmerzen überall, unfähig, sich zu bewegen; jede Stunde sich verschlimmernd, wenn nicht ein Druck in die Vene kommt. Bei Kokain jedoch war das alles völlig anders, nicht nur der ›turn‹, auch der Entzug. Körperliche Schmerzen hatte ich so gut wie keine, vielleicht mal ein flaues Gefühl im Bauch, aber sonst körperlich nichts. Das empfand ich als sehr erleichternd – damals als ich das wahre Gesicht von Koks noch nicht kannte.

Da ich keinen körperlichen Entzug hatte, ging es ziemlich schnell, bis ich täglich mein Geld für Koks ausgab. Es dauerte nicht lange, da fühlte ich eine andere, mir bis dahin unbekannte Art von Entzug. Meine Psyche fing an, mir Schwierigkeiten zu machen. Bevor ich meinen ersten Druck am Tag nahm, war bei mir noch alles klar und geordnet, einigermaßen wenigstens. Man freut sich natürlich auf den ersten Druck, ich jedenfalls, aber sobald die Pumpe raus war aus'm Arm und mir bewußt wurde, daß das Koks jetzt aufgebraucht ist, da fing mein Kopf an, mich auf Koks zu fixieren. Wenn relativ viel Koks da war – drei Gramm etwa –, dann mußte ich so lange jede halbe Stunde einen drücken, bis das Zeug alle war, ob ich wollte oder nicht, ich mußte es wegmachen. Meistens konnte ich schon nach dem ersten oder zweiten Gramm das Gefühl nicht mehr ertragen, noch einen und noch einen drücken zu müssen, aber der Zwang, was an Koks da ist, wegballern zu müssen, ist noch viel härter als beim Heroin und für mich unüberwindbar. Es ist wie eine hemmungslose Gier, man kann keinen normalen Gedanken mehr fassen, die ganze Psyche ist nur noch auf diesen Koksknall ausgerichtet. Noch mal und noch mal und am liebsten noch mal.

Der Kopf arbeitet unaufhörlich und alles, jeder Gegenstand, jede Bewegung wird wahrgenommen, so absolut hellwach und verwirrend klar ist man im Kopf, daß es schon ein unangenehmes Gefühl ist. Die Psyche ist davon so abhängig und gierig danach, daß man irgendwann nicht mehr weiß, wie man sich vor sich selbst, seinem Kopf, schützen kann, so absolut willenlos ist man sich selbst ausgeliefert.« Kokain hatte Claudia so exzessiv ja erst konsumiert, als sie schon im Remedacen-Programm bei Grimm war, und sie schluckte in dieser Kokain-Phase etwa 50 Remis pro Tag. »Ich nahm die Remis jedoch nicht wegen Schmerzen wie beim Heroin, sondern um meine Psyche zu beruhigen, um das Verlangen, diese endlose Gier nach mehr, die irgendwann an den Wahnsinn grenzt, zu dämpfen. Die Remis haben mir bei meinem Weg durch die Abhängigkeit hin zum Clean-Sein sehr geholfen, ja, ohne Remis hätte ich das nicht geschafft.

Irgendwann mußte ich vor mir und dem Koks weglaufen, weil ich fast verrückt wurde, so schlimm war meine psychische Sucht danach. Auch eine gewissen Verwahrlosung begann einzutreten. Mein Freund und ich flüchteten nach Spanien. Wochen ohne irgendeine Droge außer den Remis von Grimm folgten. Endlich Abstand vom Koks und auf dem Weg zu sich selbst. Ich genoß diese Zeit sehr, und es fiel mir nicht schwer, ohne Koks auszukommen, durch die Reise und die Ablenkung wahrscheinlich. Auch diese scheinbar unüberwindbare Gier war ziemlich schnell überwunden.

Als ich zurückkam, drückte ich natürlich wieder, aber im Gegensatz zu vorher viel weniger und auch nicht mehr täglich. Auch konnte ich über relativ lange Zeit – 14 Tage so – mit Hilfe der Remis versuchen, clean zu werden. Phasenweise löste sich das Drücken und Nichtdrücken immer wieder ab. Die Zeiten ohne Koks wurden langsam, ganz langsam immer länger und es fiel mir auch immer leichter. Durch die Reise wußte mein Kopf jetzt wieder, daß es ohne Koks geht, daß das Leben lebenswert ist, und mit Hilfe der Remis gelang es mir und meinem damaligen Freund in gut einem Jahr, ganz clean zu werden, und jetzt, heute kommt es mir vor wie eine Ewigkeit her, seit ich das letztemal 'ne Spritze im Arm hatte. Der Gedanke reizt mich immer noch, ich weiß in mir drinnen, daß meine Psyche das Koks noch lange nicht überwunden hat, wenn es überhaupt jemals ganz überwunden werden kann.

Ich wollte nie ganz aufhören zu koksen, dafür ist es einfach zu fesselnd; ich wollte eigentlich ab und zu ein bißchen nehmen, so wie jeder Mensch ab und zu seine Droge nimmt, aber ich habe an mir selbst erfahren, daß es beim Koks kein Mittelding gibt, kein ab und zu geben kann, denn diese Droge nimmt dir deine Seele, fesselt deine Psyche, irgendwann gehörst du ihr.«

Wie ihr Arzt denn darauf reagiert habe, als sie ihm erzählte, daß die Remis als Ersatzdroge auch bei Kokain halfen, wollte ich von Claudia wissen. Das sei ganz erstaunlich gewesen, Grimm habe sich auch darüber gewundert, daß Codein bei Kokainabhängigen anschlage. Dr. Grimm hielt die ganze Zeit über zu ihr, ließ sie nicht fallen, verschrieb ihr immer wieder Remis, bis sie es geschafft hatte, ohne Heroin und Kokain zu leben. Ein modernes Märchen? Sicher ist der lange Umweg für Claudia ein Weg aus der Hölle geworden, vor allem auch deshalb, weil einer wie Grimm sie begleitete auf ihrem Umweg.

Wie sich ihr Alltag verändert habe unter den Ersatzdrogen, frage ich. Es sei alles wieder in normale Bahnen geraten, sie könne morgens aufstehen, ohne den Gedanken, wie sie an Stoff käme, sie könnte arbeiten gehen, in Urlaub fahren. Und ihr Traum, die Kürschnerausbildung fortzusetzen? Sie habe nichts gemacht, weil sie ja wieder schwanger geworden sei und sie sich um ihr zweites Kind habe kümmern wollen. Sie lebt von Sozialhilfe, Wohngeld und Kindergeld, ist in eine andere Gegend gezogen, in ein Mehrfamilienhaus. Sie lebt mit einem neuen Freund zusammen, der von Drogen nichts wissen will, und voller Stolz fügt sie hinzu: »Er hat auch zu meinen Eltern einen guten Draht, fährt regelmäßig zu ihnen, bastelt dort an seinem alten Auto in der Garage des Vaters.«

Wenn der zweite Sohn ein wenig älter wäre, dann wolle sie sich auch eine Arbeit suchen. Daß das mit der Kürschnerausbildung wohl nichts mehr werden würde, sei ihr ziemlich bewußt geworden, da habe sie zu lange geträumt und die Zeit verschenkt mit der Jagd nach Heroin und Kokain.

Und die Remis, wird es irgendwann mal ohne gehen? »Ja, auf jeden Fall, aber es wird noch dauern.«

15 Tabletten – das ist relativ wenig im Vergleich zu der Dosis, die Dirk zu dieser Zeit für jeden Tag verschrieben bekommt: 90 Pillen.

»Er braucht das auch«, sagt Claudia, die ihn vor kurzem bei Grimm in der Praxis getroffen hatte. »Wenn du ihn anguckst und wenn du mich anguckst, ich habe mich ja schon recht gefangen, würde ich sagen.« Das kann ich nur bestätigen, denn zum ersten Mal sehe ich in Claudias Gesicht ganz klare Augen.

Über Dr. Grimm versuche ich, mit Dirk Kontakt zu bekommen, was auch gelingt. Ich kann ihn in Kiel bei seinem Arzt treffen. Dirk ist kaum wiederzuerkennen in seiner schwarzen Kleidung, seine dunklen stumpfen Augen liegen in schwarz geschminkten tiefen Höhlen, der funkelnde Schalk darin, den sie früher zeigten, ist völlig verschwunden. Sein Gang ist schwer und torkelnd. Ich bin ziemlich erschrocken, freue mich aber, daß wir uns wiedersehen, daß er noch lebt und äußerst pünktlich zu unserer Verabredung kommt. Gemeinsam mit Dr. Grimm sitzen wir in einem seiner Behandlungsräume. »Tja, ein Weilchen nicht gesehen. Wie ist es Ihnen ergangen? Wie war die letzte Woche bei Ihnen?« möchte sein Arzt wissen. Dirk erzählt, er sei sehr abgestürzt in den vergangenen Wochen, obwohl es die Zeit davor ziemlich gutging, weil er zwischen zwei Hamburger Einrichtungen der Drogenhilfe hin- und herpendeln konnte, um nachts ein Bett zum Schlafen zu haben. Das sei dann aber plötzlich vorbei gewesen, weil er wohl recht schwer auszuhalten gewesen sei und allen auf die Nerven gegangen sei. »Bin wieder auf der Straße gelandet und dadurch sehr abgestürzt.« Er zeigt auf seine Pflaster an Händen und Armen. »Das sind überall Abszesse und so, also ich habe wieder angefangen, extrem Heroin zu spritzen.« In seiner unaufgeregten, sachlichen Art fragt Grimm ganz trocken, was er denn in dieser Situation an diesem Tag für ihn tun solle? Dirk bittet um Remis. Ob er es noch mal versuchen wolle? Ja, natürlich. Wieviel Remedacen pro Tag er wolle? 90, wenn es geht. Grimm möchte wissen, wo er zur Zeit wohnt und schläft. In einem Hotel am Hansaplatz, mittendrin im tiefsten Milieu, wo sie sich alle treffen, die Prostituierten und Dealer, die Zuhälter und Fixer, die kleinen und die großen Kriminellen, da wohne er. Seine Remis gebe er immer in der Drogenberatung am Hauptbahnhof ab, dort lägen sie sicher im Tresor. Grimm glaubt das und hält es auch für vernünftig.

Er bekäme jetzt schon seit über fünf Jahren Ersatzdrogen und hänge tiefer drin im Elend als je zuvor; die Remis hätten bei ihm ja wohl nicht viel bewirkt, mische ich mich in das Gespräch ein. »Ja, wenn man es so einfach sieht, aber sie haben die Beschaffungskriminalität bei mir im Gegensatz zu anderen Junkies sehr gering gehalten, könnte man mal so nennen. Sie haben mich nicht clean gemacht, also ich bin, wie gesagt, ich nehme immer noch Heroin. Ich glaube, für mich wäre der einzige Stoff, der mir verschrieben werden könnte vom Arzt oder so, tatsächlich Heroin, aber das wird wohl nicht gehen, wird wohl niemals gehen, nicht unter den momentanen politischen Bedingungen. Heroin auf Krankenschein, wer weiß, wann das kommt?«

Ich frage Dr. Grimm, ob es nicht verantwortungslos sei, in diesem Fall weiter mit Ersatzdrogen zu therapieren, ob er nicht gleich Heroin oder Morphium verschreiben wolle. Natürlich würde Grimm das aus seiner Überzeugung heraus sofort liebend gern tun, und er sagt, daß das die Kardinalfrage sei, die alle drogenabhängigen Menschen beschäftige: wann die Politiker endlich den Weg aufzeigten, der sie aus der Illegalität herausführe. Heroin und Morphium darf er nicht verschreiben, das Betäubungsmittelrecht stünde dagegen. »Was soll ich denn geben? Natürlich ist Dirk kein hundertprozentiger Behandlungserfolg, absolut richtig. Eines muß man aber auch klar sagen, diese Behandlungsweise hat mit all den Unterbrechungen immerhin dazu geführt, daß er heute noch am Leben ist. Mehr hat sie deswegen nicht für ihn tun können, weil ich nicht das bestgeeignete Opiat aufschreiben darf. Wenn ich das dürfte, dann würde es diesem Patienten bessergehen, wesentlich besser.« Grimm verschreibt Dirk 90 Remis pro Tag. Ein neuer Versuch.

Grimm leistet die Überlebenshilfe, die Voscherau mit seinem Modellversuch der kontrollierten Heroinvergabe vorschwebt, nur will der Hamburger Bürgermeister sie politisch absichern und vom nebligen Schleier der Illegalität befreien.

Grimm hat sich in den vergangenen 18 Jahren sehr viel Ärger eingehandelt mit seiner Therapie. Er stieß auf Ablehnung bei seiner Ärztekammer, bei der kassenärztlichen Vereinigung, bei den Krankenkassen, und dennoch hat er sich gegen alle Widerstände immer wieder durchgesetzt. Er hat vor Gerichten gekämpft um seine Existenz als Arzt und für seine 500 drogenabhängigen Patienten, weil er sich verpflichtet fühlt, denen zu helfen, die im Elend stecken, krank sind und in der Gefahr leben, an den Drogen zu sterben.

Warum therapiert er mit Remedacen, während sich die Mehrzahl seiner Kollegen weigert, möchte ich von ihm wissen, und er antwortet, daß er jetzt fast zwei Jahrzehnte Erfahrungen mit dieser Ersatzdroge habe, und die überaus günstigen Behandlungserfolge sprächen für sich. Was könne schließlich wichtiger sein im Leben eines Arztes, als Leben zu retten?

Ist Grimm ein Sympathisant der Drogenszene und der Aussteiger, die sich den Verpflichtungen einer Gesellschaft gegenüber verweigern? Exakt das Gegenteil sei der Fall, erwidert er, er helfe den Menschen, aus dem Elend der Szene herauszukommen. Remedacen ist eine Ersatzdroge wie Methadon auch, beide Mittel sind – in großer Dosis eingenommen – suchterzeugend, sie ersetzen zwar das Heroin, fördern aber eine neue Abhängigkeit, wirken also suchtverlängernd. Kann das Sinn einer Therapie sein? Für Grimm stecken solche Überlegungen voller Mißverständnisse. Als erstes müsse definiert werden, was unter Sucht zu verstehen ist. Sucht, das ist für ihn Kriminalität, Kontrollverlust, unglaubliches Elend. Und genau diese Symptome sind es, die er bekämpfen möchte, denn um die Ursachen, die zum übermäßigen Genuß von Alkohol,

Tabletten, Heroin, Kokain oder Nikotin führen, kann er sich keine großen Gedanken machen, wenn der kranke Mensch vor ihm steht und ärztliche Hilfe wünscht. Für die Ursachen dürfe doch nicht der behandelnde Arzt verantwortlich gemacht werden, zumal dann nicht, wenn er Elend mildert. Seine Erfahrungen hätten gezeigt, daß dieses Medikament bei vielen Patienten den Kontrollverlust beseitigt oder ihn so stark gemindert hätte, daß sie ein fast normales Leben führen könnten. »Das ist vergleichbar einem Zuckerkranken, der auf Insulin angewiesen ist, um seinen Alltag zu meistern. Beim Zuckerkranken ermöglicht das eben Insulin, beim Heroinabhängigen Kodein oder Polamydon. Wir sollten alle froh und dankbar sein, daß das möglich ist.[119] Grimm steht nicht allein auf der Welt mit seiner Behandlungsweise, ein Blick in die internationale westliche Literatur bestätigt, daß weltweit viele Mediziner und Wissenschaftler seine theoretischen wie praktischen Erkenntnisse nicht nur bestätigen, sondern auch stützen.

Ein Vorwurf, der ihm immer wieder gemacht wird, ist die Tatsache, daß er überhaupt nicht kontrollieren könne, was seine 500 Patienten mit den Remis anstellen, ob sie nicht doch ausschließlich Heroin konsumierten oder Kokain und die verschriebenen Pillen auf dem Schwarzmarkt in Geld umsetzten, denn dort sind sie jederzeit käuflich zu erwerben, er sei Dealer, Hehler und Scharlatan in einer Person. Grimm machen diese Einwürfe nicht sehr zu schaffen, er setzt ein überraschendes Argument dagegen: »Daß es Remedacen auf dem Schwarzmarkt gibt, ist nicht etwa ein Argument gegen diese Behandlungsmethode, wie es vordergründig scheinen mag, sondern ein Argument für die Behandlung. Denn wenn das Medikament in ausreichendem Maße für alle, die es bräuchten, zugänglich wäre, gäbe es den Schwarzmarkt nicht.«[120] Und sehr pragmatisch fügt er hinzu, daß es im Prinzip gleich sei, wer die Remis einnähme, es helfe in jedem Fall, auf den einen oder anderen Druck mit Heroin verzichten zu können.

Drogensucht – das sei unumstritten – gehöre zu den Krankheiten, die nur äußerst schwer zu behandeln seien. Warum erwarte die Gesellschaft eigentlich bei diesen schwerstkranken Menschen eine Heilung von heute auf morgen, fragt der Arzt. Es sei ganz natürlich, daß im ersten und auch noch im zweiten Behandlungsjahr neben den Remis Drogen wie Heroin oder Kokain konsumiert würden, aber im Laufe der Zeit nähme dieser Konsum ab. Ohne Behandlung mit Ersatzdrogen braucht der Patient vielleicht sechs oder acht oder zehn Schüsse pro Tag, sagt Grimm, mit den Remis anfangs noch zwei oder drei oder fünf die Woche. Und im günstigsten Fall sei der Patient nach einiger Zeit – der eine früher, der andere später – nur noch auf Codein eingestellt. Er habe bislang 75 Patienten, die auch kein Codein mehr brauchen und natürlich auch keine Drogen mehr nehmen.

Über die Freigabe der Drogen dürfe man erst sprechen, wenn alle anderen Hilfsmöglichkeiten erschöpft seien, zunächst sollten Ersatzdrogen wie Methadon oder Remedacen allen Süchtigen leichter zugänglich gemacht werden. Selbst wenn es Heroin oder Kokain in jeder Apotheke oder Drogerie frei zu kaufen gäbe, wenn die Süchtigen nicht in die Kriminalität gedrückt würden, sondern arbeiten und leben könnten wie der normale Durchschnittsbürger auch, blieben ja die Ersatzdrogen nach wie vor für einen Ausstieg aus dem Konsum harter Drogen medizinisch indiziert. Und überhaupt, er als Arzt sei gefordert, jetzt zu handeln, und sein ärztliches Maß der Dinge seien die Ersatzdrogen, um das durch die Illegalität hervorgerufene Elend derjenigen zu mildern, die raus wollten aus der Drogenhölle. Da er nicht alle Zigtausende, die aussteigen wollten, behandeln könne, seien seine Kollegen höflichst aufgefordert, es ihm gleichzutun, um Leben zu retten.

Grimm hat all seine Erfahrungen in einem Buch mit dem Titel *Die Lösung des Drogenproblems* zusammengefaßt.[121] Der Titel erweckt den Anschein, Ersatzdrogen seien die Lösung schlechthin, was so nicht stimmen kann. Für einzelne, die die Chance haben, mit Remedacen oder Methadon versorgt zu werden, mag zutreffen, daß ihr Problem gelöst wird, aber die Drogenszene insgesamt löst sich ja nicht auf, wenn Claudia oder andere mit Hilfe der Ersatzdrogen aus dem Milieu verschwinden. Auch Heroin und Kokain gibt es weiter zu kaufen, es bleiben Beschaffungsprostitution und -kriminalität, solange diese Drogen illegal bleiben. Selbst bei einer sehr großzügigen Freigabe jedweder Drogen bliebe der mißbräuchliche Konsum ein Problem, wie die Zahlen der medikamenten- oder alkoholabhängigen Menschen eindringlich belegen. Solange es Drogen gibt, werden Menschen, die sie konsumieren, krank an ihnen werden, sozial aus der Bahn geraten können, werden sie Schwierigkeiten bekommen in der Familie, im Freundeskreis, am Arbeitsplatz. Es kann in der Diskussion um eine Freigabe oder kontrollierte Vergabe harter Drogen immer nur darum gehen, wie die Probleme einer zunehmenden Verelendung abhängiger Menschen entschärft werden können. Solange es Drogen geben wird, werden sie uns in ihren Wirkungen auch immer Probleme bescheren.

Gorm Grimm ist von seinen Standesorganisationen immer wieder angegriffen worden, er würde sich mit der Verschreibung von Remedacen an Heroinsüchtige »unärztlich verhalten«. Mit diesem Vorwurf konfrontierte ihn die Ärztekammer Schleswig-Holstein bereits 1985, was zu einem Prozeß vor dem Berufsgericht für Heilberufe in Schleswig führte. Im Juni 1990 wies das Gericht die Klage der Ärztekammer zurück und bestätigte, daß Gorm Grimm kein »Dealer in Weiß« sei, sondern »ein engagierter, um Hilfe für Drogensüchtige bemühter Arzt«. Die Ärztekammer Schleswig-Holstein ging in die Berufung und mußt sich drei Jahre später im August 1993 noch einmal – dieses Mal allerdings vom Berufsgerichtshof – sagen lassen, daß Grimm »aus einer medizinischen Notlage heraus völlig zu Recht gehandelt hat«.[122] Das Gericht begründete seine Entscheidung vor allem mit dem »großen Leidensdruck«, unter dem die Patienten zu Grimm in die Praxis gingen.

Die Landesärztekammer hatte nach ihrer ersten Niederlage 1990 von dem Vorwurf Abstand genommen, Grimm handele »unärztlich« mit der Verschreibung von Remedacen, hatte aber eine andere Argumentationslinie für die Begründung ihrer Klage gewählt. Ihr Vorwurf lautete nun, Grimm behandele eine zu große Zahl von Patienten mit der Folge zu geringer Arzt-Patient-Bindung, zu geringer psychosozialer Betreuung, fehlender Kontrolle und inakzeptabler Gefahr der Weitergabe von Remedacen. Grimms Verteidiger, Prof. Dr. Erich Samson, hatte in der prozessuralen Auseinandersetzung immer wieder versucht, die Landesärztekammer davon zu überzeugen, in Alternativen zur herkömmlichen Drogenpolitik zu denken. Im Kern hat die Verteidigung Grimms den Finger auf den wunden Punkt in der Drogenpolitik gelegt, daß nämlich »angesichts des Fehlens von auf Entzug ausgerichteten Therapieplätzen, der psychischen Unfähigkeit vieler Patienten zu einer Entzugstherapie und der viel zu geringen Zahl von Substitutionsplätzen in staatlichen Methadonprogrammen zum Beispiel das von Dr. Grimm praktizierte Verfahren für die Drogenabhängigen die relativ beste Therapie«[123] darstelle.

Und überzeugt hat den Berufsgerichtshof auch das Argument, daß die einzig realistische Alternative zu der von Grimm praktizierten Remedacen-Verschreibung nämlich nicht die heile Welt der erfolgreichen Entzugstherapie, sondern das Abgleiten der Patienten in das lebensbedrohliche Elend weiteren Heroin-Konsums ist.

Grimm und sein Verteidiger Samson haben natürlich vermieden »ins offene Messer« der Kläger zu laufen, weil sie sehr gut wissen, daß eine psychosoziale Betreuung heroinabhängiger Patienten wichtig und notwendig ist, wenn ein Ersatzdrogenprogramm mit dem Ziel einer sozialen Integration verbunden ist. So heißt es in der Verteidigungsschrift: »Die von Dr. Grimm eingesetzte Remedacenbehandlung wäre noch chancenreicher und effektiver, wenn er nur einen Bruchteil seiner Patienten mit vollständiger Zuwendung, engster Arzt-Patienten-Bindung, aufwendiger psycho-sozialer Führung und engmaschiger Kontrolle auf verordnungsgemäße Einnahme des Medikamentes behandeln würde. Nur müßte er dann 90 Prozent seiner derzeitigen Patienten zurückweisen und um der Rettung von zehn Patienten willen 90 andere Patienten dem Elend der Heroinabhängigkeit und damit dem fast sicheren Tod aussetzen. Gäbe es für diese Patienten Alternativen im Rahmen staatlicher Substitutionsprogramme oder der Betreuung durch andere niedergelassene Ärzte, so hätte die Landesärztekammer recht und die Rechtfertigung aus Notstand wäre mangels Erforderlichkeit zu versagen. Da diese anderen Mittel jedoch unzweifelhaft nicht zur Verfügung stehen, verfehlt die Landesärztekammer mit ihrer Argumentation den Kern der rechtlichen Problematik.«[124]

Ersatzdrogen wie Remedacen oder Methadon haben das alltägliche Elend relativ vieler Abhängiger mildern und die Gefahr einer Aids-Infizierung in diesem Personenkreis senken können. Aber gemessen an der Gesamtzahl drogenabhängiger Menschen sind es doch eher wenige, die über diesen Umweg den Ausstieg versuchen können.

Grimm verschreibt seinen drogenabhängigen Patienten das codeinhaltige Hustenmittel Remedacen vor allem auch deshalb, weil es in Deutschland nur sehr wenige Methadonprogramme gibt, die zudem auch nur einem eng begrenzten Personenkreis zugänglich sind. Vielen Junkies, die über Ersatzdrogen aussteigen wollen, bleibt dieser staatlich sanktionierte Weg versperrt. Die Aufnahme wird in der Regel nur sogenannten schwerstabhängigen Menschen gewährt, die über viele Jahre im Drogenelend gelebt haben, die zahlreiche Abstinenztherapien erfolglos abgebrochen haben oder die Aids im fortgeschrittenen Stadium haben. Das sind Auswahlkriterien, die angesichts des Elends vieler junger Menschen viel zu eng gefaßt sind. Die Kandidaten müssen außerdem bereit sein, an einer regelmäßigen psycho-sozialen Betreuung teilzunehmen, Urinkontrollen über sich ergehen zu lassen, um überprüfen zu können, ob sie weiterhin Drogen wie Heroin konsumieren. Denn im Methadonprogramm ist es eiserne Regel, daß andere Drogen völlig passé sind. Ein Verstoß wird in der Regel mit dem Ausschluß aus dem Programm geahndet.

Im Zusammenhang mit der Diskussion um eine Freigabe von Heroin hört man immer häufiger auch von sehr konservativen Politikern, daß die Methadonprogramme ausgeweitet werden sollen. Unter den Befürwortern finden sich heute auch die Stimmen derjenigen, die noch vor wenigen Jahren und erst recht bei der Einführung der ersten Programme in Nordrhein-Westfalen im Jahre 1988 gegen jegliche Therapie mit Ersatzdrogen gewettert haben.

Ähnlich wie in der Freigabe-Debatte verbreiteten auch damals viele Gegner einer offeneren Drogenpolitik das Horrorgemälde, Methadon solle an jedem Kiosk erhältlich sein. Markige Sprüche kamen 1988 auch von prominenten SPD-Politikern, wie dem damaligen Bremer Sozialsenator Henning Scherf, der formulierte, dann könne man ja gleich »Metaxa für Alkoholkranke« verschreiben. Für die politischen Gegner in den Bundesländern Bayern, Baden-Württemberg, Rheinland-Pfalz und Hessen galt die Therapie mit Methadon als eine Austreibung des Teufels mit Beelzebub. Rita Süßmuth, zu der Zeit noch Bundesgesundheitsministerin, hatte nach einer USA-Reise ihren methadonfeindlichen Standpunkt in aller Öffentlichkeit revidiert und in Hermann Schnipkoweit, damals Sozialminister der CDU in Niedersachsen, einen engagierten Mitstreiter gefunden. Beide Politiker hatten sich in der Methadon-Problematik mit den Erfahrungen in den USA auseinandergesetzt und feststellen müssen, daß die Argumente der Gegner doch zu simpel und unsachlich seien. Inzwischen haben fast alle Bundesländer eigene Methadon-Programme oder denken zumindest wohlwollend über ein derartiges Therapieangebot für Drogenkranke nach.

Während hierzulande der Zugang zu einer Methadontherpaie mit sehr hohen Schwellen versehen ist, hat die Schweiz für die Vergabe dieser Ersatzdroge sehr großzügige und einfache Regelungen getroffen. Im Prinzip bekommt im Züricher Methadonlokal jeder dieses Medikament, der danach verlangt und bereit ist, auch regelmäßig an therapeutischen Gesprächen teilzunehmen. Wer an einem Dienstag anfragt und am Mittwochvormittag einen Arzttermin bekommt, kann sich in der Regel schon am Mittag in die Reihe derer stellen, die sich ihr »Stöffchen« holen. Hinter Panzerglas – weil Einbrüche verhindert werden sollen, denn Methadon würde auf dem Drogenschwarzmarkt einen hohen Verkaufserlös erzielen – hängt eine riesige Flasche mit etwa 30 Litern Methadon, aus der, wie an der Kneipentheke aus der Weinbrandpulle, die festgelegten Portionen abgezapft werden. Getrunken werden muß in Gegenwart des ausschenkenden Personals. In Zürich läuft das seit Jahren so und äußerst erfolgreich. Für den Schweizer Arzt André Seidenberg ist die Vergabe von Methadon ein wichtiges Mittel, wenn es darum geht, Heroinabhängigen Überlebens- und Ausstiegshilfen anzubieten. Seidenberg bringt es in Diskussionen um Ersatzdrogen auf eine einfache Formel: »Die Frage lautet: Wollen wir das Heil der Welt oder etwas weniger Probleme?«[125]

Die Erfahrungen Seidenbergs, die von vielen Medizinern in der Schweiz, in den USA und den Niederlanden bestätigt werden, haben gezeigt, daß die völlig unkontrollierte und unregulierte Heroinabhängigkeit mit Hilfe des Methadons in eine regulierte und kontrollierte Abhängigkeit umgewandelt werden kann. Die Akzeptanz von Methadon liegt in der Schweiz ebenso wie in vergleichbaren anderen Ländern bei etwa 30 Prozent der Drogensüchtigen. Seidenberg, der in der Schweiz zu den engagierten Verfechtern einer kontrollierten Freigabe von Heroin gehört, geht davon aus, daß die seit Oktober 1993 laufenden Modellprojekte in fünf Schweizer Großstädten (siehe auch Kapitel 9) zeigen würden, daß die Vergabe von Heroin eine ähnliche Akzeptanz bei den Abhängigen erzielen werde. Da die dritte Säule der Drogenhilfen, die Abstinenztherapie, für 25 bis 30 Prozent der Abhängigen der erfolgreiche Weg aus dem Drogenelend sei, könne man davon ausgehen, mit diesen Hauptangeboten nahezu 90 Prozent der betroffenen Menschen zu erreichen, um ihnen den Ausstieg zu ermöglichen.

Es gibt vier Fragestellungen, an denen sich alle Maßnahmen und Projekte in der Drogenarbeit messen lassen müssen, das gilt auch für die Ersatzdroge Methadon: Verändern sich die Dimensionen auf dem illegalen Markt? Kann die Zahl der Infektionskrankheiten gesenkt werden, geht die Zahl der Drogentoten zurück? Gibt es weniger Probleme für den einzelnen und die Gesellschaft, etwa bei Beschaffungskriminalität und

-prostitution? Gehen die gesamtgesellschaftlichen Kosten zurück, etwa für Ausgaben bei Polizei und Justiz, Versicherungen und Krankenkassen, Wohnungs- und Sozialämtern?

1989 gab es in den alten Bundesländern 1500 Heroinabhängige, die über die kassenärztliche Versorgung Methadon erhielten, und 700 Ärzte besaßen die Berechtigung für eine Methadonbehandlung. Ende 1992 lagen die Zahlen bei 3100 beziehungsweise 1400.

Erste wissenschaftliche Ergebnisse verschiedener Institute zur Methadon-Substitution liegen inzwischen vor, unter anderem vom Bremer Institut für Präventionsforschung und Sozialmedizin und vom Institut für Psychologie und Kognitionsforschung der Universität Bremen. Die Erkenntnisse aus den wissenschaftlichen Begleitforschungen beziehen sich auf die Vergleiche der Angaben von Substituierten und behandelnden Ärzten. In drei Kernpunkten stimmen sie überein. Die gesundheitliche Konstellation hat sich im Durchschnitt deutlich verbessert; dies gilt für Abszesse, Lebererkrankungen und psychische Störungen; die Zahl der Aids-Infizierten unter den Teilnehmern des Methadonprogramms hat nicht weiter zugenommen, sondern ist gleich geblieben; der Gebrauch anderer Suchtstoffe wird zu Beginn der Behandlung eingeschränkt.

Ebenso konnten die sozialen Folgen des illegalen Drogenkonsums im Durchschnitt verringert werden, was für die Prostitution ebenso gilt wie fürs Dealen oder andere kriminelle Handlungen wie Diebstahl oder Betrug; 70 Prozent der Frauen und 50 Prozent der Männer sind ohne Arbeit geblieben. Einrichtungen der Drogenhilfe werden mit Beginn der Substitution deutlich weniger in Anspruch genommen. Die Wünsche, in ambulante oder stationäre Abstinenztherapien vermittelt zu werden, blieben so gut wie aus. Wichtigstes Fazit aus der Sicht der Abhängigen ist, daß sie sich ziemlich rasch aus dem Milieu ihrer jeweiligen Drogenszene entfernen konnten.

1988 begann der erste Modellversuch mit Methadon in Nordrhein-Westfalen, jetzt, fünf Jahre später, liegen auch die Ergebnisse dieses landesweiten Projektes vor, die der Gesundheitsminister des Landes, Franz Müntefering, als Erfolg vermeldet. In dem Abschlußbericht heißt es: »Erreicht werden konnten eine Abkehr vom Drogenmilieu, der Aufbau tragfähiger sozialer Beziehungen, der Erhalt und die Wiederherstellung der Erwerbstätigkeit.«[126] Das Forschungsinstitut Prognos, das die Versuche wissenschaftlich begleitet hatte, kommt ferner zu dem Ergebnis, daß bei der Rehabilitation aller Patienten, die mehr als zwei Jahre in Behandlung waren, eine Erfolgsquote von 50 bis 55 Prozent erzielt worden sei.

Für die CDU-Landtagsfraktion allerdings ist das Methadonprojekt gescheitert, weil es sich nicht als »Wunderwaffe« im Kampf gegen Drogensucht herausgestellt habe. Aber, um mit Seidenberg zu sprechen: Methadon sollte der Welt auch nicht das Heil bescheren, sondern nur etwas weniger Probleme.

12 Teufelszeug

»Ein angenehmer, leicht süßlicher Duft beherrscht diese Welt des Tabaks.« So beschreibt Ludger W. Staby in einem Artikel der *Frankfurter Allgemeinen Zeitung* seine Eindrücke[127] »in einem der modernsten Tabakläger Deutschlands«. Er schwärmt von den »rund 40 000 Quadratmetern – das ist die Größe von acht Fußballfeldern –«, auf denen »über 35 Millionen Kilo Tabak im Wert von rund 300 Millionen Mark« lagern. In der Tat, das sind eindrucksvolle Zahlen nur eines einzigen Lagers eines Zigarettenherstellers.

»Der einzige Gefährte der Tabakballen … ist der für seine Pflege unentbehrliche Feuchtigkeitsschreiber. Feuchte Luft bekommt ihm ebensowenig wie zu trockene. Seine Lieblingstemperatur sind 22 Grad Celsius.« Unser Freund, der Tabak.

»Bevor der Tabak zu dem wird, was später der Raucher als Zigarette genußvoll in den Händen hält, muß er noch einen langen Weg zurücklegen … Die Vereinigung mit anderen Tabaken, die Komposition der Mischungen für einzelne Marken, ist eine Wissenschaft für sich … wichtige Eigenschaften wie die Zugkraft einer Zigarette oder das Verhalten beim Abbrennen und insbesondere die festgelegte Milligramm-Zahl an Rauchinhaltsstoffen wie Nikotin und Kondensat müssen untersucht sowie gesetzliche Vorschriften für das Genußmittel Zigarette beachtet werden.«

Ja, wir können ganz beruhigt sein und frohen Herzens genießen, mit größter Sorgfalt beäugen Wissenschaftler und Politiker, Forscher und Ingenieure den Herstellungsprozeß einer jeden Zigarette.

»Viele Tausende von Seemeilen sind die Tabake unterwegs, ehe sie sich hier im Freihafen ausruhen können ... Es ist ein teurer, aber produktiver Schlaf«, denn da »entfaltet der Tabak sein Aroma und erlangt die letzte Stufe seiner geschmacklichen Reife.« Ja, sie tun einfach alles, um uns den Stoff so sauber und rein wie irgend möglich nach allen Regeln der modernsten Techniken schmackhaft zu machen, uns einen Genuß ohne Reue zu bereiten.

»... Virginia, Burley und Orient. Jeder Ballen ist mit Nummern und Buchstaben versehen, die sich wie ein Geheimcode lesen. Nur der Eingeweihte vermag sie zu entschlüsseln.« Jede Zigarette ist wie ein Kunstwerk, eine Kreation, die wir gerne rauchen und genießen.

Ob in Rheinhessen oder an der Mosel, ob im Bordelais oder in Burgund, der Weinfreund oder jeder, der es werden will, wird ausgerüstet mit Broschüren, Handzetteln oder dicken Weinbrevieren,[128] die ihm alles erzählen, was der Wein so hergibt. »Ein Besuch in Burgund – so kurz er auch immer sein mag –, was wäre er ohne das Entdecken und Verkosten seiner weltberühmten Weine?« Da führt kein Weg vorbei, niemand wird dem so liebevoll kredenzten Alkohol die Ehre seines Genusses verweigern.

»Das Regionale Tourismus-Komitee Burgund wurde von der Landesregierung ... beauftragt, Burgund und seine touristischen Interessen in Frankreich und in der Welt zu vertreten ... die Vertretung und Förderung des Interesses an den Weinen Burgunds ...«. Der Staat sorgt sich um seine Winzer, in Italien, Griechenland oder Deutschland ist das keinen Deut anders.

»Von Chablis bis Macon – was zählt, ist die Lage des Weinbergs ... die Hauptkomponenten des Burgunder Bodens – Tonerde, Kalk und Silizium ... ein außergewöhnlich gutes Jahr

154

wird immer als eine Gnade der Natur empfunden ... aber abgesehen von der Natur hat auch der Mensch seine Hand im Spiel – die kundige Hand des Winzers ... diese Feinfühligkeit findet sich in der Freude am Trinkgenuß wieder ... die Kardinaltugend bei der Würdigung der Burgunderweine ist die Neugier. Lassen Sie Ihrer Neugier freien Lauf!« Wer im Herbst durch die Weinberge der Welt, ob am Rhein, an der Nahe, der Dordogne oder Garonne spaziert, weiß den großen Reichtum abzuschätzen, den uns die Natur und Gottes Gnade und der Winzer Geschick Jahr für Jahr bescheren.

»Wenn das Wasser im Vater Rhein goldener Wein wär'« – Alkohol und Nikotin, das ist nicht Teufelswerk, nein, das sind reine Geschöpfe aus den tiefen Quellen der Natur, und der Staat reibt sich die Hände bei jedem Schluck, bei jedem Zug, läßt auf Litfaßsäulen und Reklamewänden, im Kino wie im Fernsehen alles zu, was Nikotin und Alkohol zu lobpreisen vermag. Nikotin und Alkohol, das sind gewiß keine Staatsdrogen, aber vom Staat sanktionierte Rauschmittel, Alltagsdrogen, die zu unserem Kulturkreis gehören wie das Rind und das Schwein, das Huhn und die Gans.

Sind wir schockiert, wenn unser elfjähriger Knirps an seinem ersten Bier nippt, unser achtjähriger Naseweiß an Papas Zigarillo saugt? Da freut sich die Gesellschaft, zückt die Agfa-Klick und klatscht sich vor Vergnügen auf die Schenkel. Das ist doch alles so normal.

Ein Exkurs über die wichtigsten Drogen und Genußmittel

Alkohol: Bei der alkoholischen Gärung entsteht Äthylalkohol, beim Bier sind es 2 bis 6 Prozent, bei Wein und Sekt 7 bis 12 Prozent, Südweine bringen es auf über 15, Liköre auf 35,

Schnäpse auf 45 und bei Rum werden bis zu 80 Prozent er-reicht. Alkohol steigert die Absonderung der Salzsäure im Magensaft, erweitert die Hautgefäße und wirkt narkotisch, also betäubend im zentralen Nervensystem. Ab 0,3 Promille sind bereits Gangstörungen nachweisbar, mit 0,8 Promille ist die Grenze der Fahruntüchtigkeit, mit 1,4 die der Zurech-nungsfähigkeit erreicht, ab 4 bis 5 Promille muß mit dem Tod gerechnet werden, den durch Atemlähmung und Kreislauf-versagen. Häufiger Alkoholgenuß kann zu körperlichen Schä-den beispielsweise an Leber oder Bauchspeicheldrüse führen, Schlafstörungen oder Impotenz zur Folge haben, kann psychi-sche Wesensveränderungen nach sich ziehen. Die Weltge-sundheitsorganisation hat den Alkoholismus ziemlich eng definiert. Alkoholiker ist danach derjenige, der länger als ein Jahr große Mengen Alkohol konsumiert, die Kontrolle über den Alkoholkonsum verloren hat und dadurch körperlich und psychisch und in seiner sozialen Stellung geschädigt ist. 40 Millionen westdeutsche Bürger trinken regelmäßig Alkohol, etwa drei Millionen von ihnen gelten als Alkoholiker. Der Übergang vom mißbräuchlichen Genuß zur Abhängigkeit ist fließend, daher müssen alle Zahlen sehr vorsichtig behandelt werden. Es ist allerdings davon auszugehen, daß drei Viertel der Bundesbürger Alkohol mißbrauchen. Warum nur etwa zehn Prozent abhängig werden, kann kein Wissenschaftler, Arzt oder Psychiater auf der Welt sicher beantworten.

Auf vage Schätzungen sind wir auch bei der Frage ange-wiesen, wie viele Menschen jedes Jahr ihr Leben lassen durch die Droge Alkohol. In Deutschland Ost und West gehen die Statistiker von 30 000 bis 40 000 Menschen aus, die jährlich an den Folgen des Alkoholgenusses sterben. Abgesehen von den persönlichen, familiären Schwierigkeiten im sozialen Umfeld, die in Statistiken nicht auszudrücken sind, meldet die west-deutsche Industrie jährlich 400 000 alkoholbedingte Arbeitsunfälle. Den dadurch bedingten Arbeitsausfall beziffert sie mit 30 Milliarden DM jährlich und läßt uns wissen, daß jede sechste Kündigung mit Alkohol zusammenhängt. Die deutsche Hauptstelle gegen Suchtgefahren veröffentlichte im Juni 1993[129] alarmierende Zahlen, wonach 500 000 Kinder und Jugendliche alkoholkrank oder stark alkoholgefährdet sind. Die Sozialleistungsträger müssen jedes Jahr etwa eine Milliarde Mark für die Rehabilitation suchtabhängiger Arbeiter ausgeben, drei Viertel davon wegen Alkoholkrankheit.

In den USA wurden für das Jahr 1990 136 Milliarden Dollar errechnet, die an sozialen Kosten wegen Alkoholmißbrauchs anfielen; Kosten, die die gesamte Gesellschaft mitzutragen hat. Die Berechnungen in den USA bezogen sich auf die Verluste in der Arbeitsproduktivität, Arbeitsunfälle, Behandlungskosten, Verkehrsunfälle, Kriminalität, vorzeitige Mortalität und Präventionsausgaben. Der Vergleichswert für die gesamte Bundesrepublik Deutschland liegt bei etwa 80 Milliarden Mark.

Alkohol gilt in der Bundesrepublik Deutschland als Kulturdroge, was für viele Politiker allein Grund genug ist, sie eher zu fördern als zu bekämpfen. Im politischen Kampf gegen die kulturfremde Droge Heroin beispielsweise sieht das ganz anders aus.

Nikotin: Alkaloid in der Tabakpflanze, das in kleinen Mengen anregend, in größeren Konzentrationen lähmend wirkt. Unter dem Stichwort »Tabak« steht im *Pschyrembel*[130] – dem klinischen Wörterbuch schlechthin – gleich in der ersten Zeile, daß wegen der starken Verbreitung des Tabakgenusses die Schädigungen von erheblicher sozialer Bedeutung sind. Im Zigarettenrauch – so klärt das medizinische Nachschlagewerk weiter auf – sind neben Nikotin und Kohlenmonoxid unter anderem Formaldehyd, Blausäure, Kadmium und andere

Schwermetalle in zum Teil höheren Konzentrationen enthalten. Nikotin wird im Körper relativ rasch abgebaut, bei wiederholter Zufuhr ist mit Gewöhnung zu rechnen, verschiedene Stoffe im Tabakteer können mit einer Latenzzeit von 15 bis 20 Jahren Karzinome, also Krebsgeschwüre, in der Mundhöhle, am Kehlkopf, in Lunge und Speiseröhre, Magen, Darm und Harnblase erzeugen. Starkes Rauchen setzt die körperliche Leistungsfähigkeit stark herab. Nikotin geht in die Muttermilch über wie die meisten anderen Stoffe des Tabakrauches auch.

Es gibt zwei Arten von Tabakpflanzen, die wahrscheinlich aus Südamerika stammen. Für Azteken, Tolteken und Mayas war Tabak ein heiliges Kraut. Spanische und portugiesische Seefahrer brachten den Tabak nach Europa, wo er sich im 17. Jahrhundert epidemieartig ausbreitete.

Wer viel raucht, riskiert Leib und Leben. In Deutschland Ost und West wird die Zahl der Menschen, die jedes Jahr infolge ihres Tabakkonsums sterben, auf etwa 120 000 geschätzt. Herz- und Kreislaufversagen sowie Krebs stehen am häufigsten auf den ärztlich ausgestellten Totenscheinen. Neun von zehn Lungenkrebskranken sind Raucher. Bei Rauchern in der Altersgruppe bis 45 ist das Risiko eines Herzinfarktes 15mal höher als bei nichtrauchenden Menschen. 64 Prozent aller impotenten Männer sind Raucher, allerdings kann auch bei stark rauchenden Frauen die Libido sehr eingeschränkt sein. Tabak schädigt das Erbgut und mindert die Fruchtbarkeit des Mannes sowie die Empfängnisbereitschaft der Frau.

»Ich rauche gern« – mit diesem und anderen eher abenteuerlichen Werbesprüchen lockt die Tabakindustrie und erzielt nach wie vor hohe Milliardenumsätze, auch wenn für Tabakerzeugnisse im Massenmedium Fernsehen nicht mehr geworben werden darf. Über den stetig steigenden Preis für die Zigarette oder die Zigarre, der vor allem eine Folge erhöhter

Steuern ist, konnten nur wenige rauchende Menschen zur Abkehr vom blauen Dunst bewegt werden. Die Industrie reagierte unter anderem mit Variationen zur selbstgedrehten Zigarette, auf die die preisbewußten Verbraucher gerne ausweichen.

Kaffee: So bezeichnen wir den Samen von Coffea arabica. Kaffee wirkt erregend auf die Hirnrinde, das Atemzentrum und Gefäßzentrum, beschleunigt die Herztätigkeit. Coffea arabica wuchs ursprünglich wild im Hochland Äthiopiens. Die Jemeniten kultivierten ihn im Mittelalter. Der schwarze, bittere Trank eroberte zuerst die arabische Welt, bis er seinen Siegeszug um die ganze Welt antrat. Dem Coffein wird attestiert, es rege an und verbessere das Denkvermögen. Im 17. Jahrhundert, als die Kaffeebohnen nach Europa kamen, hatten Ärzte noch warnend ihre Stimmen erhoben, Kaffee trockne das Gehirn aus, könne zu Lähmungen und Impotenz führen und beeinträchtige die Gebährfähigkeit der Frauen.

Kola: In den Samen der verschiedenen Kola-Bäume, die ursprünglich in den Urwäldern Westafrikas beheimatet sind, reichern sich die Stoffe Coffein, Theobromin, Catechin und Epicatechin an. Dieser Extrakt der Kola-Nüsse stimuliert Gehirn und Kreislauf, läßt Hunger, Durst und Müdigkeit vergessen. Das Erfrischungsgetränk Coca-Cola hat mit den Ingredienzien der Kola-Nüsse die Welt erobert (siehe auch *Coca*).

Coca: Seit Jahrtausenden ist der meterhohe Coca-Strauch die traditionelle Drogenpflanze der Anden. Sein Wirkstoff ist *Kokain*. (Bis 1905 enthielt das Getränk Coca-Cola einen kokainhaltigen Coca-Auszug.) Kokain steigert die Leistungsfähigkeit, läßt die Körpertemperatur ansteigen, stillt Schmerzen, Hunger und Durst. Eine höhere Dosis Kokain erzeugt einen

Rausch mit vor allem visuellen Halluzinationen, der nach ein bis zwei Stunden abklingt und oft mit Müdigkeit und Depressionen endet. Kokainkonsum führt in erster Linie zu einer psychischen Abhängigkeit. Die Leistungsdroge Kokain kann, wenn sie niedrig dosiert wird, über lange Zeit eingenommen werden, ohne daß es zu gesundheitlichen oder sozialen Auffälligkeiten kommt, vorausgesetzt man zieht den Stoff über die Nase ein. Daher ist »Koks«, wie Kokain in der Szene bezeichnet wird, auch so beliebt in Yuppiekreisen, unter Börsenmaklern oder Künstlern. »Kokain ist aber auch eine Status- und Erfolgsdroge, die sich nur leisten kann, wer oben ist und sich oben zu halten vermag«,[131] bemerkt Günter Amendt zu dieser Edeldroge, deren Jahresweltproduktion geschätzte 1400 Tonnen ausmacht, wovon knapp 70 Tonnen in Westeuropa verkauft werden. 70 Tonnen Kokain erzielen einen Marktwert von etwa 25 Milliarden Mark.

Amphetamine/Quat: Von den Jemeniten wird auch heute immer wieder berichtet, daß sie alle Nachmittage mit dem Kauen von Quat verbringen. Dort und in den Hochlagen Nordostafrikas gedeiht der Strauch Catha edulis, dessen Blätter etwa 40 Alkaloide enthalten, wobei das wichtigste das Cathin ist, verwandt mit dem Aufputschmittel *Amphetamin* (Weckamine). Quat vermag den Geist zu schärfen, verdrängt Müdigkeit und Hunger. Abgeklärte Gelassenheit und manchmal auch Depressionen sind die »Nachwehen« des Quat-Rausches, der für 90 Prozent der Bevölkerung Nordjemens zum Alltag gehört, eine Alltagsdroge also. Amphetamine gehören in der Drogenszene zu den häufigsten »Begleitmedikamenten«.

Amphetamine sind als klassische Aufputschmittel wie »Benzedrin« oder »Pervitin« in jeder Apotheke gegen Rezept zu erhalten. Sie besitzen eine stimulierende Wirkung und beseitigen das Schlafbedürfnis. In der Drogenszene werden Amphetamine als »*Speed*«, »Pep Pills« oder »Ups« gehandelt. Mißbrauch führt zu Unrast, Angst, Herzrasen und auch Verfolgungswahn, beim Absetzen kommt es zu Entzugserscheinungen.

Mutterkornpilz: Ein schmarotzender Schlauchpilz auf Getreide, Roggen, aber auch auf Wildgräsern. Auch heute haben wir noch Angst vor einem »Mutterkorn« im Getreidesack, denn aus dem Mittelalter wird schauerlich berichtet, wie es den Menschen geschah, die Brot aßen, in das versehentlich der Mutterkornpilz hineingeraten war. Die Befallenen erschienen verwirrt, bekamen krampfartige, ekstatische Zustände, bevor sich ihre Finger, Hände und Füße schwarz färbten und abstarben. Den Hebammen half es, die Wehentätigkeit der Gebärenden zu verstärken. Eines der Alkaloide des Mutterkornpilzes, Ergometrin, führt zur Kontraktion der Gebärmutter; Ergotamin gilt als erfolgreiches Migränemittel. Das bekannteste Alkaloid dieses Pilzes ist allerdings die Lysergsäure. Diesen Grundbaustein veränderte der Schweizer Chemiker Albert Hofmann in seiner chemischen Struktur nur ein ganz klein wenig. Er war auf der Suche nach einem kreislaufstimulierenden Medikament für den Baseler Chemiekonzern Sandoz und schuf das Lysergsäure-Diethylamid, kurz *LSD*, das in den vergangenen zwei Jahrzehnten in der westlichen Welt für Furore sorgte.

LSD: Es war 1938, als Albert Hofmann (siehe *Mutterkornpilz*) dieses hochpotente Halluzinogen der Welt bescherte, und die Welt spielte verrückt. Ende der fünfziger, Anfang der sechziger Jahre wurde LSD zur Massendroge, zum Rauschmittel einer rebellierenden Generation, erst in den USA, dann bei uns in Europa. Timothy Leary, damals Dozent für klinische Psychologie an der Harvard-University pries die psychedelische

Wunderdroge und wurde zur Kultfigur einer Generation, die aus dem bürgerlichen Leben mit seinen alten Zöpfen und Erziehungsidealen ausbrechen wollte. Cary Grant probierte sie und berichtete voller Stolz über seine Erkenntnisse, vor allem daß er nun glaube, seine vierte Ehefrau nach drei gescheiterten Ehen glücklich machen zu können. Studenten der Flower-Power-Zeit nahmen sie ebenso wie viele Neugierige vor allem aus den intellektuelleren Kreisen. Berichte über üble Nebenwirkungen der psychedelischen Trips – etwa über Versuche, unter LSD zu fliegen, bei denen sich Menschen zu Tode stürzten, weil sie plötzlich annahmen, wie Ikarus in die Lüfte steigen zu können, oder daß andere sich vor fahrende Autos stellten, weil sie sich für unverletzbar hielten, und darüber, daß plötzlich Rauschzustände auftraten, ohne daß LSD erneut eingenommen worden wäre – ließen nach Jahren des »turn on – tune in – drop out«, wie es Leary proklamiert hatte, die weltweite Begeisterung abflachen. In der Psychiatrie, in der es unterstützend zur Lockerung verklemmter Patienten eingesetzt wurde, ist es längst auch nicht mehr »in«.

In der New-Age-Welle Ende der achtziger Jahre kam LSD in Deutschland plötzlich wieder groß in Mode – als *ACID, die Säure*, wie LSD in der Szene genannt wird.

Haschisch/Marihuana: Hanf ist mit dem Hopfen verwandt. Die Hanfpflanze Cannabis sativa stammt wohl aus Zentralasien, ist inzwischen aber überall auf der Erde zu Hause. Im harzigen Sekret der weiblichen Pflanze sitzen verschiedene Cannabinoide, denen die berauschenden Wirkungen zugesprochen werden. Cannabisprodukte gibt es in verschiedenen »Ausführungen«: als zu Platten gepreßtes Harz mit dem Namen *Hasch;* die zu Gras zerkleinerten, getrockneten Pflanzenteile kennen wir als *Marihuana.* Nach dem Rauchen oder Verzehr können sich Verzückung und Wohlgefühl einstellen, allerdings auch Depressionen und Angst, was damit zusammenhängt, daß Cannabis die momentane »Seelenlage« des Konsumenten unterstützt und verstärkt. Hasch und Marihuana machen nicht süchtig und gelten in aufgeklärten Kreisen auch nicht als Einstiegsdrogen für Heroin oder Kokain.

Unter Cannabis scheint die Zeit langsamer zu vergehen, Farben, Töne und Gerüche werden intensiver wahrgenommen, der Hunger nimmt zu, alle Speisen scheinen köstlich.

Neben Alkohol sind die Cannabisprodukte die weltweit begehrtesten Rauschmittel. Die Jahreswelternte von Marihuana wird 1991/1992 auf 120 000 Tonnen geschätzt, von Haschisch auf 15 000 Tonnen.

Opium/Morphium/Heroin/Codein: Aus den weißen Blüten der einjährigen Pflanzen des Schlafmohns bilden sich in der Zeit zwischen Juli und September walnußgroße Kapseln. Papaver somniferum heißt das Mohngewächs mit lateinischem Namen und stammt aus Zentral- und Kleinasien. Wenn seine Kapseln angeritzt werden, tropft Milchsaft heraus, der, angetrocknet und abgekratzt, als *Rohopium* bekannt ist. Die Opium-Bauern benötigen für ein Kilogramm Rohopium 20 000 Mohnkapseln. Wenn man die Masse kocht und filtriert, wird aus dem dicken Sirup das Rauchopium, dessen Genuß einen euphorischen Dämmerzustand beschert.

Opium besitzt mehr als 25 Alkaloide, unter ihnen das Morphin. Morphin, auch *Morphium* genannt, ist bis heute eines der wirkungsvollsten Schmerzmittel, zugleich aber auch eine der Substanzen, die am stärksten suchterzeugend sind. In der Suchtwirkung wird Morphin noch übertroffen von seiner künstlich hergestellten Variante, dem Diacetylmorphin, besser bekannt als *Heroin*.

Bei gleichen Wirkungsqualitäten wie Morphin ist Heroin jedoch etwa sechsmal wirksamer. Wegen seiner schmerzlindernden und euphorisierenden Wirkung macht Heroin psychisch wie körperlich relativ schnell abhängig. Es wird verkauft in Kristallform, »brown sugar«, oder als Pulver und wird gespritzt, geraucht oder inhaliert. Eine Überdosierung – das ist der »goldene Schuß« – kann zur Lähmung des Atemzentrums führen und damit zum Erstickungstod.

Opium enthält unter anderen das Alkaloid *Codein*, das als hustenstillendes Mittel verbreitet Verwendung findet.

Die Jahresweltproduktion von Heroin, die nur mit Hilfe chemischer Wirkstoffe möglich ist, die unter anderem auch von deutschen Chemieunternehmen nach Übersee geliefert werden, wird auf 500 Tonnen geschätzt. Knapp 100 Tonnen (ein Fünftel) wurden 1992 nach Europa geschmuggelt.

Zahlen: Natürlich sind alle Zahlen, die im Zusammenhang mit dem Konsum illegaler Drogen stehen, geschätzte Größen, und daher auch mit Vorsicht zu genießen, aber sie sind zumindest Anhaltswerte. Etwa 120 000 bis 150 000 Menschen sind in der Bundesrepublik vom Heroin abhängig, sogenannte etablierte Fixer; 40 000 Kokainschnupfer putschen sich regelmäßig auf; Halluzinogene wie LSD oder Ecstasy nehmen mindestens 15 000 Menschen ein; sieben bis acht Millionen Deutsche sollen schon einmal Cannabis – Hasch und Marihuana – probiert haben, und jeder zehnte von ihnen gilt als regelmäßiger Konsument.

Heroin – die Drogensucht mit Drogen bekämpfen?

Hans Harald Bräutigam, Journalist und Mediziner, schreibt in seinem Plädoyer für einen Modellversuch zur kontrollierten Abgabe von Heroin: »Heroin hat einen schlechten Ruf, einen schlechteren noch als Morphin, obwohl die beiden verwandten Substanzen sich in ihrer suchtmachenden Wirkung kaum unterscheiden. Heroin wird nämlich im Organismus schnell zu Morphin umgebaut. Das die Sucht ausmachende Merkmal, die Abhängigkeit, ist bei beiden Drogen gleich, allerdings hat Heroin mit drei bis vier Stunden eine deutlich kürzere Wirkungsdauer. Zur Abhängigkeit gehört, daß sich die Toleranz mit der Dosierung ständig erhöht. Nicht nur der Kick nach einem Heroinschuß wird flacher oder tritt gar nicht erst ein, auch die Entzugssymptome kommen schneller und stärker, der Opiathunger wächst. Mit unstillbaren Verlangen nach der nächsten Spritze beschleunigt sich der Teufelskreis.«[132]

Für Bräutigam, der die Erkenntnisse der beiden amerikanischen Drogenexperten Dole und Goldstein in diesem Zusammenhang zitiert, wäre zur Stabilisierung der Heroinabhängigen eine Methadontherapie vom rein wissenschaftlichen Standpunkt aus geeigneter als die Vergabe der Suchtsubstanz Heroin. »Aber es funktioniert, wie die Erfahrung zeigt, in vielen Fällen nicht. Abhängige greifen doch immer wieder zur Heroinspritze, weil sie den Kick wollen, auf den sie … nicht verzichten können, so wenig, beim besten Willen, wie sich der Alkoholkranke mit Softdrinks zufriedengeben kann.«[133]

Der Modellversuch zur Vergabe von Heroin an Süchtige soll zuallererst herausfinden, ob sie in ihrem Alltag stabilisiert werden können, ob sie zur Drogenszene Distanz finden, sich ihr körperlicher wie psychischer Zustand unter der Einnahme nicht gestreckten und verdreckten Heroins verbessert.

Ein beliebtes Gegenargument zur staatlich kontrollierten Vergabe von Heroin ist, die Abhängigen müßten ja immer mehr Stoff bekommen, um ihren Kick zu erzielen. Natürlich ist das richtig, aber die damit zusammenhängende tägliche Dosissteigerung ist in der Illegalität ebenso zwangsläufig wie in einem legalen Therapieprogramm. Im Vergleich zur Drogenszene wäre eine staatliche Vergabe allerdings aus psycho-sozialer Sicht vorzuziehen. Denn: »Es sind nicht die gesundheitlichen, die medizinischen Folgen des Konsums harter Drogen wie Heroin und Kokain, die das vielbeschriebene Drogenelend ausmachen. Dieses Elend beruht, anders als beim exzessiven ›Genuß‹ der viel stärker verbreiteten Droge Alkohol, eben nicht auf dem Wirkmechanismus, der Pharmakologie von Morphium oder Heroin, sondern darauf, daß aufgrund unserer Gesetzgebung die Beschaffung der Suchtmittel nur auf kriminellen Wegen möglich ist.«[134] Auf diesen Zusammenhang sei auch hier noch einmal eindringlich verwiesen.

Wer würde nicht den Satz unterschreiben, daß eine drogenfreie Gesellschaft wünschenswert wäre? Aus der Kulturgeschichte der sehr unterschiedlichen Völker dieser Erde haben wir jedoch gelernt, daß alle moralischen, kriegerischen oder polizeistaatlichen »Feldzüge« im Kampf gegen Sucht- oder Genußmittel leider zu allen Zeiten so ziemlich erfolglos geblieben sind (siehe auch Kapitel 6 und 7).

Wer würde widersprechen, daß der Staat die Aufgabe hat, seine Bürger vor suchterzeugenden Genußmitteln zu schützen, sie zu bewahren vor den gesundheitlichen und sozialen Folgen einer Sucht? Aber macht es Sinn, wenn verantwortliche Politiker eines Staates die einen Drogen für illegal, andere für legal erklären, ohne daß es wissenschaftlich einleuchtende Gründe oder Erkenntnisse für diese Unterscheidung gibt? Warum kann es angehen, daß das Zellgift Alkohol als Kulturdroge akzeptiert wird, aber das vergleichsweise harmlose Haschisch als äußerst gefährliche Droge mit allen Mitteln von Polizei und Justiz bekämpft wird? Ist es nicht heuchlerisch, wenn Hasch und Marihuana, Kokain und Heroin als das Böse schlechthin bezeichnet werden, während der Mißbrauch von Nikotin, Alkohol oder Medikamenten toleriert wird, obwohl er weitaus höhere gesamtgesellschaftliche Kosten verursacht, weil viel mehr Menschen daran krank werden und sterben? Ist das Argument, man wolle mit dem Kampf gegen Heroin und Hasch, Marihuana und Kokain verhindern, daß nicht noch mehr Menschen suchtabhängig werden, nicht zynisch angesichts der alarmierenden Zahlen der vom Alkoholismus betroffenen Jugendlichen?

Um es noch einmal deutlich zu machen: Politiker, Ärzte, Juristen, Wissenschaftler, Polizisten oder auch Publizisten und Journalisten, die für eine kontrollierte Vergabe von Heroin oder auch für eine Legalisierung aller Drogen plädieren, wollen ganz sicher nicht eine dem Vollrausch erlegene Gesellschaft, sie würden als betroffene Väter und Mütter wohl auch nicht erfreut sein, wenn ihre Kinder abhängig wären von Alkohol oder Kokain, von Benzodiazepinen oder Heroin.

Klaus Behrendt ist Arzt am Allgemeinen Krankenhaus in Hamburg-Ochsenzoll und leitet dort die Suchtabteilung. Er ist ein ausgewiesener Suchtexperte, der der Öffentlichkeit auch unbequeme Wahrheiten nicht erspart, zumal, wenn es sich dabei um weltweit wissenschaftlich gesicherte Erkenntnisse handelt. Er läßt sich auch nicht entmutigen, wenn Standeskollegen hinter vorgehaltener Hand ihm ihre Zustimmung signalisieren, aber gleichzeitig warnen, daß es Wahrheiten gebe, die die Wissenschaft lieber für sich behalten sollte. Warum eigentlich? Behrendt ist ein besonnener Mediziner, dem niemand nachsagen kann, er wäre ein »Drogenguru«.

In einem Interview kommen wir darauf zu sprechen, daß für die einen Heroin Teufelszeug sei, andere aber den Standpunkt vertreten, Heroin sei absolut ungefährlich, gesundheitlich weitaus unbedenklicher als etwa Tabak oder Alkohol. Ich möchte von ihm wissen, was dran ist an dieser These, die Heroin fast salonfähig zu machen scheint. Für ihn ist es ganz klar: »Die einzige Gefährdung, die Heroin zuzuschreiben ist, langfristig gesehen wohlgemerkt, ist seine sehr abhängig machende Wirkung.«[135] Und er bestätigt, daß Heroin das höchste Suchtpotential aller uns bekannten Substanzen überhaupt besitzt. »Es besteht allerdings noch eine andere Gefahr, eine kurzfristige sozusagen, die nicht zu unterschätzen ist, die der Atemdepression nämlich. Das heißt, daß bei einer zu hohen Heroindosis wegen des Versagens der Atmung der akute Tod eintreten kann.«[136] Das seien die beiden Gefahren, die der hohen Suchtwirkung und die des plötzlichen Todes bei Überdosierung, hebt er wiederholend hervor.

Eindeutig sei es weltweit wissenschaftlicher Erkenntnisstand der Medizin, daß im Vergleich zu Heroin der Genuß von Tabak oder Alkohol langfristig wesentlich größere Gefahren in sich berge und der »Volksgesundheit« unvergleichlich größeren Schaden zufüge.

»Alkohol«, unterstreicht Behrendt wie viele seiner Ärztekollegen, »kann jedes Organ des Körpers schädigen und zwar in einem Ausmaß, daß die Menschen wirklich auf Dauer Pflegefälle werden. Dem Nikotin ›verdanken‹ wir sämtliche Gefäßerkrankungen nicht nur in Deutschland, sondern überhaupt auf der ganzen Welt.«[137] Als Mediziner weiß er, was Nikotin so an Krankheiten verursacht: »Herzkrankheiten, Herzinfarkte, Schlaganfälle, Raucherbeine, um nur die gravierendsten zu nennen.«

Gefragt, wie schädlich Heroin gesundheitlich nun wirklich sei, antwortet Behrendt eindeutig: »Unterm Strich halte ich Heroin für relativ unschädlich.«[138]

Viele Eltern erleiden natürlich einen Schock, wenn sie hören, es solle Heroin an Süchtige verteilt werden und es sei ja gar nicht so schlimm, was Heroin anzurichten vermag, wenn es kontrolliert und legal und nicht – den Gesetzen des kriminellen Schwarzmarktes untergeordnet – illegal den Konsumenten erreicht. Was sagt man den Eltern, die sich sorgen, daß es Heroin nun bald in jeder Drogerie zu kaufen gäbe? »Diese

Angst kann den Eltern genommen werden, weil es ja nicht darum geht, daß der Staat dem Volk Heroin schmackhaft machen will als eine angenehme Alltagsdroge«, meint Behrendt.[139] Insofern werde ihren Kindern die Droge Heroin auch nicht legal an der nächsten Straßenecke zugänglich gemacht. Er betont, daß es um eine Überlebenshilfe für Süchtige gehe, denen anders nicht mehr zu helfen ist. Dieser Weg einer eng begrenzten Vergabe von Heroin sei ja auch nicht neu, wie Beispiele im Ausland zeigen, und warum sollte in der Bundesrepublik Deutschland, wo die Großstädte wie Hamburg oder Frankfurt, Dortmund oder Karlsruhe mit den herkömmlichen Mitteln der repressiven Drogenpolitik einfach nicht mehr in der Lage sind, das Drogenelend zu mildern, nicht möglich sein, was die Schweiz im Herbst 1993 in fünf ihrer größten Städte bereits begonnen hat, nämlich harte Drogen an »Schwerstsüchtige« zu verteilen?

Behrendt hält es im Prinzip für möglich, daß ein Heroinabhängiger, der unter ärztlicher Aufsicht mit sauberem, wohldosiertem Stoff versorgt wird, seinen Alltag bewältigen, einem Beruf nachgehen und arbeiten kann: »Wir wissen ja von den Morphinisten, die eine sehr vergleichbare Substanz oft über Jahre und Jahrzehnte eingenommen haben, daß sie sozial völlig unauffällig ihr Leben gemeistert haben wie du und ich.«[140] Und er fügt an: »Wenn das soziale Umfeld stimmt, die Süchtigen also nicht im elenden Sumpf der Drogenszene leben unter den bekannten kriminellen Bedingungen, dann ist es prinzipiell möglich, auch als Heroinabhängiger einen ganz normalen Lebensweg zu gehen.«[141]

In einer wissenschaftlichen Literaturanalyse der kontrollierten Heroin- oder Morphinabgabe, die im übrigen sehr lesenswert ist für wissenschaftlich Interessierte, bestätigt die Genfer Chefärztin Annie Mino,[142] daß die therapeutischen Strategien der Opiatvergabe – wie Heroin, Methadon oder Morphin – Beweise dafür liefern, daß die Drogenabhängigen damit besser ins Gesundheitssystem eingebettet sind, sich ihr physischer und psychosozialer Zustand stabilisiert und die Beschaffungskriminalität tatsächlich zurückgeht.

Im Fazit dieser Arbeit, die Annie Mino als Expertise für das Bundesamt für Gesundheitswesen in Bern verfaßt hat, heißt es, daß jedes Experiment mit Opiaten eingebettet ist »in die sozio-kulturelle Veranlagung des Landes, und die Resultate können nicht ohne weiteres von einem Land auf ein anderes übertragen werden. Angesichts der Komplexität des Problems, überlagert von historischen und aktuellen Vorstellungen, empfiehlt es sich, alle möglichen eigenen Versuche in einen konkreten Kontext zu stellen.«[143] Das sollte eigentlich eine Ermutigung für den bundesdeutschen Gesundheitsminister sowie den Drogenbeauftragten der Bundesregierung sein. Mino zitiert auch Vergleichsstudien mit Heroin, Morphium und Methadon, die auch heute noch wissenschaftliche Gültigkeit haben: »Was die beruhigenden und euphorisierenden Eigenschaften dieser Substanzen betrifft«, so faßt sie zusammen, »stellen die Autoren keine wesentlichen Unterschiede fest. Abgesehen vom schnelleren Wirkungseintritt und der kürzeren Wirkungsdauer von Heroin (beides Vorteile in der Behandlung starker Schmerzen), bestehen keine signifikanten Unterschiede zwischen den drei untersuchten Substanzen.«[144] Das heißt daß der von Henning Voscherau in die Diskussion gebrachte Modellversuch, in dem Drogenabhängigen Heroin und auch Morphin gegeben werden soll, keineswegs auf tönernen wissenschaftlichen Füßen steht, wie die Gegner einer kontrollierten Freigabe immer wieder behaupten.

Diese vergleichende Literaturanalyse, die Länder wie USA, Kanada, Großbritannien, Italien, Spanien, Österreich, Schweden und natürlich die Bundesrepublik Deutschland über einen Zeitraum von 1955 bis 1989 erfaßt, unterstützt die Aussagen des Hamburger Arztes Behrendt: »Chronischer Gebrauch von reinen Opiaten verursacht keine bleibenden Schäden. ... Überdosierungen führen zu Koma, Schock, Atemstillstand und Tod.«[145] Überdosierungen unter ärztlicher Kontrolle gelten hingegen als beherrschbar.

Im Hinblick auf die Drogenszene erläutert Mino: »Gestreckte und unter schlechten hygienischen Verhältnissen konsumierte Produkte können zu folgenden Komplikationen führen: Hepatitis, Tetanus, Kreislauf- und Lungenbeschwerden, venöse Leiden, Abszesse, schwerverlaufende Schwangerschaften und Aids.«[146]

Nach diesem Stand der wissenschaftlichen Erkenntnisse kann Heroin allenfalls dann »Teufelszeug« sein, wenn es verdreckt und gestreckt und in Verbindung mit anderen Drogen konsumiert wird, wie es die »Gesetze« der Illegalität diktieren.

André Seidenberg, Arzt und Drogenexperte, gilt in der Schweiz und darüber hinaus in vielen westlichen Ländern als Fürsprecher einer neuen Drogenpolitik, die sich den Bedürfnissen der Drogenabhängigen anzupassen habe.[147]

Seit Jahren schon gibt es in Zürich und anderswo in der Schweiz Methadonprojekte, zu denen der Zugang so einfach ist wie hierzulande der sonntägliche Gang in die Kirche, wobei allerdings das Opiat selbst unter strengsten Sicherheitsvorkehrungen abgegeben und unter ärztlicher Kontrolle eingenommen wird. Ruheräume, in denen sich die Junkies ohne Störung durch Polizei oder Justiz ihre Drogen spritzen können, oder die kostenlose Vergabe von Verhütungsmitteln und sterilen Spritzenbestecken gehören ebenso zum fortschrittlichen Programm der Schweizer Drogenpolitik.

Diese Auswirkungen der Drogenszene auf die Bürger – etwa der Züricher Platzspitz (siehe auch Kapitel 9) – sind in Seidenbergs Argumentation für eine Freigabe von Heroin und anderen Drogen von zentraler Bedeutung gewesen, denn nicht nur die Drogenabhängigen selbst, sondern auch die Bürger, die im weiteren Bereich der Szene leben und arbeiten, sind längst unmittelbar vom Konsum illegaler Drogen betroffen: »Eine drogenfreie Gesellschaft ist eine Fiktion. Die Drogenkonsumenten sollen nicht den Preis für illusionäre Wünsche zahlen müssen. Wir müssen Konsumformen herbeiführen oder anbieten, welche wenig gefährlich sind. Wir müssen Konsumformen erzeugen, welche die Bedürfnisse aller Glieder der Gesellschaft berücksichtigen. Die Auswirkungen der verelendeten Drogenszene sind für viele indirekt Betroffene unerträglich geworden. Die Klagen von Gewerbetreibenden und Geschäftsbesitzern wegen Störungen durch die Drogenszene sind berechtigt. Aber mit polizeilichen Mitteln können diese Leute nicht genügend beschützt werden.«[148]

Diese augenfälligen Störungen sind es wohl auch gewesen, die viele unbescholtene Bürger zum Nachdenken gebracht haben, denn sie haben täglich vor der eigenen Haustür erleben müssen, wie erfolglos die Maßnahmen von Polizei und Justiz in den vergangenen Jahrzehnten im Kampf gegen das Rauschgift gewesen sind. In diesem »Aufbruch des Nachdenkens« haben Seidenberg und andere es geschafft, daß sich die Bürger in Zürich und anderswo über diese sozialen Auswirkungen hinaus detaillierter mit den Fragen des Drogenkonsums beschäftigt haben.

Vorträge zum Thema wurden ebenso interessiert angehört, wie Artikel über eine neue Drogenpolitik viel genauer gelesen wurden als früher. Und in diesen Veröffentlichungen wurden die Bürger auch immer mit ihrem eigenen süchtigen Konsumverhalten konfrontiert: »Gefahren aus dem Konsum von Drogen werden vor allem durch zwei Fakten bestimmt: die Art der Substanz auf der einen und die Konsumform, die Art und Umstände der Drogeneinnahme auf der anderen Seite. Beim Nikotin ist sowohl die Substanz allein als auch die Konsumform Rauchen sehr gefährlich. Nikotin gefährdet als Substanz vor allem Herz und Gefäße, und die Konsumform Rauchen von Zigaretten gefährdet die Atemwege. Beim Alkohol spielt die Konsumform nur eine kleine Rolle für die resultierenden Schäden: Für meine Leber und meine Nerven spielt es nur eine kleine Rolle, wie ich den Alkohol einnehme. Bei einigen Drogen verursacht die Konsumform fast allein den Schaden. Bei den Cannabisprodukten Haschisch und Marihuana sind Schäden durch die Substanz selbst gering: Das Rauchen von Haschisch und Marihuana geschieht jedoch meist mit tiefen, für die Bronchien schädlichen Zügen.«[149]

Über die verschiedenen Wirkungsweisen von Opiaten – im legalen, medizinisch kontrollierten Umfeld und in der Illegalität der Drogenszene – schreibt Seidenberg weiter: »Die körperlichen Gefahren des Konsums von Heroin und anderen, ähnlich wirkenden Substanzen (ich spreche etwas salopp von Opiaten und meine damit Heroin, Morphium, Methadon, Codein), sind – abgesehen von psychiatrisch definierten Problemen – fast nur durch die Art und Umstände der Drogeneinnahme bestimmt. Das Spritzen von Heroin ist viel sparsamer als Heroin-Rauchen, aber auch gefährlicher. Heroin wird viel eher gespritzt anstatt geraucht, wenn der Preis hoch ist. Der Preis wird durch Repression in die Höhe getrieben. Die gefährlichste Konsumform von Opiaten ist das illegale Spritzen von Heroin. Die Reinheit des Stoffs ist in der Illegalität nicht gewährleistet; die Angst und Hetze führen zu schlechter Injektionstechnik; eitrige Infektionen und Ansteckung mit Gelbsucht- und Aids-Viren sind die Folgen der Illegalität. Dabei könnte Heroin ohne größere körperliche Folgen ein Leben lang konsumiert werden.«[150]

Für Seidenberg ist klar, daß nur Konsumerleichterungen von Opiaten – zum Beispiel die kontrollierte Heroinvergabe – das Elend der Drogenabhängigen mildern können, die Mittel der

Repression- Verfolgung und Bestrafung – seien inzwischen einfach obsolet: »Die Gestaltung des Drogenkonsums gehört in die Hand von Ärzten. Die Mafia und die Polizei erzeugen in ihrer unfreiwilligen Zusammenarbeit gefährlichere Konsumformen, als wir Ärzte gewährleisten können.«[151] Damit ist für Seidenberg der Kern des heutigen Drogenproblems getroffen: »Weshalb eigentlich sollen illegal organisierte, durch polizeiliche Kontrolle abgesicherte Märkte und Szenen eher zur Drogenfreiheit führen als ärztlich organisierte Konsumgelegenheiten? Die Leidensdrucktheorie (Krankheit, Verelendung und gesellschaftliche Stigmatisierung als therapeutisch hilfreiche Ausstiegsmotivationen) entbehrt der ethischen, rechtlichen und wissenschaftlichen Grundlage.«[152]

Seidenbergs Vorstellungen einer erleichterten Opiatabgabe, die er bereits 1989 formulierte, sind zum größten Teil zur Grundlage des Schweizer Großversuchs (siehe auch Kapitel 9) für eine kontrollierte Heroinabgabe gemacht worden. Damals schrieb er: »Damit die Mehrheit der Fixer vorwiegend oder ausschließlich gefahrenarm und legal konsumieren können, braucht es Lokale, in welchen neben einem kurzwirkenden, gespritzten Mittel wie Heroin oder Morphium auch langwirkende Heroinersatzmittel wie Methadon angeboten werden. Der Konsum soll dort an Ort und Stelle erfolgen; eine Fütterung des Schwarzmarktes ist ausgeschlossen. Damit kann der Drogenkonsument seinen Tag frei einteilen, kann arbeitsfähig sein, und nicht zuletzt kann er sich von der illegalen Szene ganz zurückziehen.«[153]

Seidenberg plädiert im Grunde dafür, daß jeglicher Opiatkonsum unter ärztliche Verantwortung zu stellen ist, was in letzter Konsequenz bedeutet, »die Indikation des Konsums von Opiaten wird durch uns Ärzte gestellt. Es handelt sich nicht um Freigabe des Opiatkonsums. Der Konsument unterzieht sich der Kontrolle durch den Arzt.«[154]

Immer wieder wird von Gegnern einer Konsumerleichterung ins Feld geführt, die Zahl der Konsumenten würde zunehmen und damit auch die der Abhängigen. Für Seidenberg und viele seiner Kollegen wie Annie Mino und andere Wissenschaftler[155] ist diese Annahme zunächst reine Spekulation. Ein anderes Argument ist für ihn auch viel gravierender: »Der vermutete Schutz unbestimmter potentieller Konsumenten – unter erleichtertem Zugang zu Opiaten – darf nicht durch die bewußte Inkaufnahme von schwersten Risiken für Leib und Leben der realen Konsumenten – unter jetzigem erschwerten Zugang zu Opiaten – erkauft werden.«[156]

Wie gesagt, das Opiat Heroin wird zum Teufelszeug hinsichtlich der körperlichen Auswirkungen allein durch Art und Umstände des Konsums in der Illegalität. Schweizer Polizisten, Polizeipräsidenten, Politiker und letztlich auch viele Bürger in diesem Land scheinen das begriffen zu haben.

Ich erinnere mich noch sehr genau an die politischen Auseinandersetzungen Ende der achtziger Jahre um die Ersatzdroge Methadon, die von der Mehrzahl sowohl der bundesdeutschen Bürger als auch ihrer gewählten Abgeordneten in den Länderparlamenten wie im Bundestag als Teufelszeug diffamiert wurde. Aber damals gab es selbst in der eher konservativ geprägten deutschen Ärzteschaft Mediziner, die wissenschaftlich-pragmatischer, humaner und sozialer dachten und die ihren Eid, Menschen in allen Notlagen zu helfen, ihr Leben nach allen Regeln der ärztlichen Kunst zu bewahren, auch in der ziemlich verquasten Debatte um die Substitutions-Therapie mit Methadon der politischen und gesellschaftlichen Mehrheitsmeinung nicht geopfert haben. Einer von ihnen, der auch heute noch zu den couragierten Verfechtern einer alternativen Drogenpolitik gehört, ist der Geschäftsführende Arzt der Hamburger Ärztekammer Klaus-Heinrich Damm. Seine zusätzliche Qualifizierung als Pharmakologe hat den Mediziner sehr früh veranlaßt, etwas genauer zu beobachten, was die Menschen in der Drogenszene tatsächlich ins Elend trieb. Schon damals – 1989 – sagte er mir in einem Interview[157] auf die Frage, warum er sich denn so vehement für eine Vergabe von Methadon einsetze und auch seine Standesorganisation habe dazu bringen können, diese umstrittene Therapieform in aller Öffentlichkeit zu vertreten: »Wir sind überzeugt, nachdem wir uns intensiv mit der zur Verfügung stehenden Literatur befaßt haben, daß es in begründeten Einzelfällen oft der einzige und letzte Weg für eine erfolgreiche Behandlung sein kann, einen Drogenabhängigen für einen längeren Zeitraum, unter Umständen für viele Jahre zu substituieren, zum Beispiel mit Methadon.«[158] Die sozialen Argumente, daß sich die Lebenssituation der Abhängigen deutlich verbessern würde, sie herauswachsen könnten aus dem Elend der Szene, waren ihm damals nicht nur geläufig, sondern leuchteten ihm durchaus als logisch ein. Allerdings konnte er sich damals noch nicht vorstellen, in der Öffentlichkeit zu proklamieren, gleich mit dem Heroin selbst zu therapieren, da die Ersatzstoffe Methadon oder Codein ja nur Umwege seien, durch die sich in der Szene selbst nichts verändere, in der die Illegalität des Heroins weiterhin das Elend der Drogenkonsumenten verschulde. Ob Methadon der richtige Weg sei, wollte ich damals wissen. »Also auf jeden Fall zunächst erst mal ein Weg, der für den Anfang der richtige ist. Ob man – wenn man diesen Weg nach einiger Zeit erfolgreich beschritten hat, dabei stehenbleiben will, das ist eine andere Frage. Wenn es aber darum geht, die ganz großen Probleme der langfristig Abhängigen zu beseitigen, dann ist es mit Sicherheit in der Initialphase der richtige Weg. Ob man zu einem späteren Zeitpunkt den Zugang zu Opiaten über Methadon hinaus noch weiter liberalisiert, das ist etwas, was man sicherlich irgendwann ernsthafter überlegen muß, als es derzeit üblich ist.«[159] Und dann fügte er einen

Gedanken hinzu, dessen Sprengkraft erst viele Jahre später im Bewußtsein der öffentlichen Debatte um neue Wege in der Drogenpolitik zündete: »Wir werden sicherlich noch eine Zeit erleben, wo wir feststellen müssen, daß die Probleme, die wir durch die Prohibition des Heroins haben, viel größer sind als die Probleme, die wir haben würden, wenn das Heroin ganz freigegeben würde. Darüber muß man zu gegebener Zeit ganz frei und offen diskutieren und reden können.«[160]

Damm gehört wie sein Standeskollege Behrendt zu denjenigen, die sich ihre Courage und Überzeugung in der Sache auch durch Repressalien nicht abkaufen lassen. Gerade Damm hatte und hat zu kämpfen in seiner Standesvertretung. Wenn es um die kontrollierte Freigabe von Heroin geht, will die Ärztekammer auch 1993 offiziell noch nicht mitziehen.[161] Ich fragte ihn, ob denn die Hamburger Ärztekammer – ähnlich wie beim Methadon – heute auch den Voscherau-Plan zur staatlichen Heroinabgabe befürworten würde, worauf er klar und unmißverständlich antwortete: »Im Augenblick ist es noch so, daß man sich diesen Weg ganz schwer nur vorstellen kann, weil man befürchtet, daß mit der Freigabe von Heroin gleichzeitig erreicht wird, daß der Zugang zum Heroin unkontrolliert und ganz frei möglich sein wird. Ich bin der Meinung, daß dies keineswegs so sein muß, und daß man bei gründlichem Nachdenken zu dem Ergebnis kommen muß, daß man diesen Versuch auf jeden Fall machen sollte. Nach meiner Meinung spricht dafür, daß die Situation, die wir ja seit vielen Jahren haben, keineswegs verhindern kann, daß jeder, der Heroin haben will, heute schon in der Lage ist, dieses zu bekommen. Unter Bedingungen, die unwürdig sind, und unter Bedingungen, die es den Heroinabhängigen so schwer machen, daß man sagen muß, diese Situation ist viel nachteiliger als das, was die Wirksubstanz selbst an Schaden anrichtet. Wenn dieses so ist, muß man so ehrlich sein und sagen, wir können nicht verhindern daß es Heroin gibt, wir können nicht verhindern, daß es Menschen gibt, die Heroin einnehmen und davon abhängig sind. Dann haben wir auch kein Recht darauf, einen so schweren Riegel davorzuschieben, daß Heroinabhängige nicht den Stoff bekommen, von dem sie abhängig sind. Man sollte dafür sorgen, daß es einen anderen kontrollierten Weg gibt, den Abhängigen das Heroin zu einem vernünftigen Preis zu geben.«[162]

Damm zählt zu den Befürwortern einer kontrollierten Vergabe illegaler Drogen. Viele seiner Ärztekollegen können sich mit dieser pragmatischen Denkweise jedoch noch nicht anfreunden, sei es, daß sie verstrickt sind in die politischen Händel, sei es, daß sie noch immer an die Leidensdrucktheorie glauben, sei es, daß sie über die pharmakologischen Wirkungsweisen von Opiaten ebenso schlecht aufgeklärt sind wie die meisten Bürger hierzulande, sei es, daß sie das sichtbare Elend der Heroinabhängigen nicht als Folge der Illegalität der Drogen wahrnehmen wollen, sondern der fatalen Verwechslung von Konsumform und Substanzwirkung noch immer erlegen sind.

Aber ganz so schlecht, wie es an dieser Stelle klingen mag, steht es ja nun doch nicht um die aufgeklärten Geister in der Bundesrepublik Deutschland. Drei Umfragen lassen hoffen: Der Hamburger Hartmannbund, ein Ärzteverband, in dem Kliniker organisiert sind, hatte im Frühjahr 1993 rund 8000 niedergelassene und angestellte Mediziner angeschrieben, um ihre Meinung zur Drogenproblematik zu erfahren. Das Ergebnis war überraschend: Mehr als 40 Prozent der Ärzte sprachen sich nicht nur für eine kontrollierte Vergabe, sondern sogar für eine völlige Freigabe bislang illegaler Drogen aus. Im Sommer 1993 wollten das Allensbach-Institut und Forsa von den Bundesbürgern wissen, was sie von einer Drogenfreigabe hielten. Allensbach hatte drei Monate früher als Forsa geforscht und herausgefunden, daß ein Drittel aller Deutschen für eine ärztlich kontrollierte Vergabe von Heroin und anderen verbotenen Drogen ist; Forsa kam nur um diese kurze Zeitspanne später auf knapp über 40 Prozent Zuspruch.

13 Die Konsequenz

Zahlen belegen nichts und alles.

Statistische Erhebungen sind Zahlenspiele, mit denen nach Belieben vor allem in kontrovers geführten Debatten Argumente unterfüttert werden. Dieselben Zahlen, unterschiedlich bewertet, stehen dann sowohl für das Pro als auch für das Contra in einer Diskussion.

In der drogenpolitischen Auseinandersetzung spiegeln die veröffentlichten Zahlen ausnahmsweise einen objektiven Stand der Fakten wider. Der Bundesminister des Innern, mit Material durch das Bundeskriminalamt bestens versorgt, läßt jedes Jahr eine Rauschgiftbilanz verkünden, die dem Bürger verdeutlichen soll, wohin der Rauschgiftkonsum hierzulande geführt hat. Es sind in erster Linie Daten, die über den Stand der Drogenkriminalität informieren, da sowohl der Kauf als auch der Besitz illegaler Drogen unter Strafe steht, ebenso natürlich auch der Verkauf. Der Konsum an sich gilt nicht als strafbar, aber das ist eher eine juristische Spitzfindigkeit, da der Konsument seinen Stoff ohnehin nur auf dem Schwarzmarkt kaufen kann. Dieses Zahlenmaterial macht vor allem eins deutlich, nämlich daß der Staat den Konsum von Hasch oder Marihuana, Kokain oder Heroin als vorwiegend kriminelles Delikt begreift und vornehmlich auch so durch Polizei und Justiz behandeln läßt.

Jahr für Jahr bekommen wir fast immer die gleichen Meldungen zu hören und zu lesen, die Rauschgiftsituation habe sich weiterhin, und das weltweit, verschärft, internationale Drogenkartelle griffen unverhohlen in die Wirtschaftsabläufe ganzer Staaten ein und versuchten ihren politischen Einfluß zu verstärken (siehe auch Kapitel 7). Der amerikanische Ökonom und Drogenfachmann Milton Friedman gehört seit vielen Jahren zu den Verfechtern einer Drogenfreigabe. Er sieht eine mögliche Entschärfung des Drogenproblems äußerst pragmatisch, wenn er die Frage stellt, wie es denn gelingen solle, einen kriminellen Weltkonzern mit einem Jahresumsatz von geschätzten 500 Milliarden Dollar kaputtzumachen? Und dabei verweist er darauf, daß der Umsatz der Drogenmafia viermal größer sei als der von General Motors. Friedman möchte die bislang illegalen Drogen den Gesetzen des freien Marktes überlassen, was zudem den Vorteil für die Konsumenten hätte, daß sie dann sauberen Stoff bekämen und die Gefahr der tödlichen Überdosierung deutlich abnähme. Bei gestrecktem und verdrecktem Stoff auf dem Schwarzmarkt kann der Junkie nie genau ermessen, wie hoch die Heroindosis tatsächlich ist. Die Qualität des Stoffs unterliegt großen Schwankungen – so muß die Droge in Zürich nicht von derselben Güte sein wie die in Bern, Hamburg oder Bremen. Niemand kann abschätzen, wie viele der Zwischenhändler in welchen Mengen das Heroin neu gemischt haben. Bei einer Freigabe unterläge der Stoff einer staatlichen Qualitätskontrolle, so ähnlich wie es bei den Arzneimitteln schon geregelt ist. Das gäbe dem Drogenkonsumenten die Sicherheit, sich nicht unabsichtlich höher zu dosieren.

Auf einem freien Drogenmarkt würde der Heroinpreis auf etwa 50 Pfennig pro Schuß fallen, das wären ein Prozent des durchschnittlichen Schwarzmarktwertes. Da stellt sich vielen die bange Frage, ob sich der Heroinkonsum dann ebenso massenhaft ausbreiten würde wie der Suff zum Beispiel? Und würde man Kinder vor Heroin oder Kokain besser schützen können als vor Zigaretten? Würden wir gar ein Volk von Kiffern, würde das geflügelte Wort vom »Opium fürs Volk« eine ganz neue Bedeutung erlangen? Nach Ansicht deutscher und ausländischer Drogenmediziner sind diese Fragen allesamt Spekulation, da das Kernproblem, die Sucht nämlich, so gut wie unerforscht ist. Solche Fragen sind berechtigt, sie tragen aber auch zu panikartigen Angstreaktionen bei. Eine typische Suchtpersönlichkeit kennt weder die Medizin noch die Psychologie noch die Sozialwissenschaft, niemand weiß zu definieren, wie Sucht entsteht und wie sie endet. Allein aus diesem Grund plädiert auch niemand, der verantwortlich denkt und handelt, für eine völlige Freigabe jedweder Drogen von einem auf den nächsten Tag. Einige vereinzelte Versuche in Europa und in den USA hat es bereits gegeben, weitere sind geplant, die ein klareres Bild ergeben sollen, inwieweit der Stoff selbst das derzeitige Drogendilemma zu entschärfen vermag.

In den Rauschgiftbilanzen der Bundesregierung der vergangenen Jahre ist eine Standardbemerkung in fast jeder Rubrik zu lesen: »In der Tendenz zunehmend.«[163] So steigt die Zahl der Erstkonsumenten stetig (13 212 im Jahre 1992), auch wenn sich solche Zahlen lediglich auf diejenigen beziehen, die das erste Mal von der Polizei registriert wurden. Die Statistik weiß auch genau zu unterscheiden, daß beispielsweise 9656 Personen mit Heroin, 2354 mit Kokain, 1509 mit Amphetaminen erwischt und aktenkundig wurden. Da werden Steigerungsquoten mal von 13, mal von 15 Prozent gemeldet.

Vor 20 Jahren starben – laut amtlicher Erhebung – 104 Menschen den Drogentod, zehn Jahre später – 1982 – waren es schon 383, wiederum zehn Jahre weiter – 1992 – fielen 2096 Menschen und Frauen dem Rauschgift zum Opfer. Im Vergleich zum Vorjahr sind es 4 Tote weniger gewesen, zum ersten Mal gab es keine weitere Steigerung. Für 1993 wird ein noch viel deutlicherer Rückgang erwartet, aber niemand spricht von Entwarnung, da die Gründe für diesen »Einbruch« völlig im dunkeln liegen; lediglich spekuliert werden kann, ob die »Alt-Junkies« inzwischen aus der Szene herausgewachsen sind beziehungsweise ob Fixer der ersten Stunde in den vergangenen Jahren in relativ hoher Zahl unter den Drogentoten waren, ob der Stoff in seiner Qualität kalkulierbarer geworden ist, was Substanz und Grad der Reinheit angeht, oder ob das Wissen um die harten Stoffe besser geworden ist und die Konsumenten daher auch kompetenter mit ihnen umgehen können.

Eine Entwarnung kann dieser Rückgang schon deshalb nicht sein, weil die Menge des Drogenkonsums weiterhin zunimmt. So erreichten die nach Europa geschmuggelten Drogen 1992 wieder Rekordmarken mit geschätzten 95 Tonnen Heroin (Jahresweltproduktion: 500 t), 67 Tonnen Kokain (Jahresweltproduktion: 1400 t) und 4000 Tonnen Haschisch respektive Marihuana.

Im selben Jahr wurden 5,9 Tonnen harter Drogen und 11,5 Tonnen Cannabisprodukte in der Bundesrepublik sichergestellt. Die Zahlen sprechen für sich. Natürlich beeindrucken auch die »Steigerungen bei der Sicherstellung« illegaler Drogen, aber im Verhältnis zur stetig wachsenden Angebotsware aus Asien oder Südamerika wirken diese polizeilichen Erfolge schon weit weniger imposant.

So heißt es denn auch im offiziellen Bericht der Bundesregierung fast jedes Jahr aufs neue: »Eine Wende im Bereich der Rauschgiftkriminalität kann aufgrund der dem Bundeskriminalamt vorliegenden Zahlen leider nicht festgestellt werden ... Polizeiliche Maßnahmen der Drogenbekämpfung sind und bleiben auch weiterhin notwendig ... Der Polizei müssen die gesetzlichen Instrumentarien an die Hand gegeben werden, die ihr ein effektives Wirken möglich machen, dies gilt insbesondere für den Einsatz technischer Mittel.«[164] Gemeint mit diesen technischen Mitteln sind elektronische Abhörgeräte, mit denen die vehement diskutierten, aber inzwischen von CDU, CSU und SPD sanktionierten Lauschangriffe auf verdächtige Täter durchgeführt werden sollen. Die Aufrüstung geht weiter, obwohl alle Daten aus dem weltweiten Kampf gegen die internationalen Drogenkartelle aus der Sicht der vergangenen Jahre eindeutig dagegen sprechen, daß damit je ein Erfolg zu erzielen sein wird.

Seit Jahrzehnten scheitern alle Aktionen gegen die Drogenmacht an Unfähigkeit, Unwillen oder Korruption und, wie das US-Außenministerium immer wieder betont, an einem starken Gegner: »Wir haben es mit einer der bestfinanzierten, bestbewaffneten und rücksichtslosesten Organisationen der Welt zu tun. Sie können schwere Verluste hinnehmen und dennoch gedeihen.«[165] Wie hoch wollen die Politiker in Europa und in den USA diese Spirale eines Drogenkrieges eigentlich noch drehen, wenn selbst in den Vereinigten Staaten von Amerika das Jahresbudget von inzwischen 90 Milliarden Dollar im Anti-Drogen-Kampf das Elend der Rauschgiftszene eher verschlimmert denn mildert? Die Prophezeiung des Hamburger Ärztefunktionärs Damm (siehe auch Kapitel 12), daß das Drogenverbot in Deutschland bald mehr Probleme verursachen werde als die Drogen an sich, ist in den USA auch von Politikern längst eingestandene Realität.[166]

Dennoch geht die militärische wie polizeiliche Aufrüstung weiter, wider besseren Wissens. Und die Erfolglosigkeit dieses Apparates nimmt mit seiner Größe zu, die wohl immer weiter wachsen wird, weil argumentiert wird, das Problem sei so groß, daß die Mittel im Kampf dagegen nicht ausreichten. So entsteht ein Teufelskreis, denn das organisierte Verbrechen mit seinen Protagonisten in der Unterwelt wie in der Wirtschaft und der Politik ist immer einen Schritt voraus, und die

Begehrlichkeit der Konsumenten wird weder durch Lauschangriffe noch durch härtere Strafen für Dealer oder Junkies
abnehmen. Der Risikozuschlag im Drogenhandel ist so hoch,
daß sich immer wieder Menschen bereitfinden werden, ins
gewinnträchtige Geschäft einzusteigen – da schrecken weder
Verhaftungen noch die Androhung von Todesstrafen.

Auch das BKA bestätigt diesen Sisyphos-Effekt, vielleicht un-
bewußt, aber dafür um so deutlicher: »Eine Wende im Bereich
der Rauschgiftkriminalität … kann nicht konstatiert werden.
Lediglich für Haschisch sind deutlich rückläufige Sicherstel-
lungsmengen feststellbar, und die Zahl der sichergestellten
illegalen Rauschgiftlabore fällt im Vergleich mit dem Vorjah-
reszeitraum (1991) ebenfalls erheblich niedriger aus … so kann
für das Rauschgiftproblem keine Entwarnung gegeben werden.«[167]

Und das Bundeskriminalamt geht auch für die Zukunft von
eher düsteren Prognosen aus: »Im Hinblick auf die Entwicklung in den ostdeutschen Bundesländern und in den osteuro-
päischen Staaten ist hervorzuheben, daß Rostock zu einem
herausragenden Anlaufpunkt für Kokainzufuhren auf dem
Seeweg avancierte, daß das dort beschlagnahmte sowie auch
in Hamburg sichergestellte Kokain z. T. für Osteuropa bestimmt war, daß Know-how und Technik aus der CSFR und
der Baltenrepublik Lettland zu einer umfangreichen MDA-
Produktion (synthetische Drogen) genutzt wurden. Die Sachverhalte belegen, daß der Rauschgiftmarkt in Ostdeutschland
bzw. Osteuropa in Bewegung geraten ist.«[168] Ist dieser »Lagebericht« des BKA nun das Eingeständnis einer erfolglosen
Drogenpolitik der vergangenen zwei Jahrzehnte, das konse-
quenterweise zu alternativen Wegen führen müßte, oder ist er
eher Signal für eine weitere Ausbauphase des kriminaltechni-
schen Apparates im Drogenkampf? Daß die ausgetretenen
Pfade unter dem Hinweis auf eine internationale Zusammen-

arbeit aller »Drogenkrieger« eher noch ausgebaut werden, scheint für die nahe Zukunft bereits ausgemachte Sache.

Der Drogenbeauftragte der Bundesregierung, Eduard Lintner, bestätigt das in seinem drogenpolitischen Credo: »Unser Ziel muß daher sein und bleiben: ein Leben ohne Drogen. Aus diesem Grund wende ich mich entschieden gegen jeden Ansatz zur Legalisierung von Drogen, und sei es auch nur eine teilweise Drogenfreigabe.«[169] Auch die Freigabe von Haschisch und Marihuana ist für Lintner nicht akzeptabel: »Vielmehr würde eine derartige Regelung zur Verharmlosung des Problems beitragen. In Anbetracht der Erfahrung, daß Cannabis bei vielen Abhängigen von harten Drogen Einstiegsdroge war, hätte eine solche Regelung fatale Folgen.«[170]

Hier irrt Herr Lintner, der nicht zur Kenntnis nehmen will, daß *Alkohol* die Einstiegsdroge in den Konsum von Heroin oder Kokain ist, der auch nicht wahrhaben will oder nicht weiß, daß hochrangige Kommunalpolitiker und Polizeipräsidenten längst ganz andere Denkmodelle im Kampf gegen die Rauschgiftkriminalität in aller Öffentlichkeit diskutieren. Und die Fakten geben ihnen von Jahr zu Jahr immer wieder recht und bieten Argumente in der politischen Auseinandersetzung um eine Wende in der Drogenpolitik.

Daß die Staatsanwaltschaften bundesdeutscher Großstädte einen Großteil ihrer Ermittlungsarbeit dem Bereich der Rauschgiftkriminalität widmen müssen, hat der hessische Generalstaatsanwalt Schaefer in der Vergangenheit des öfteren zum Anlaß genommen, verantwortlichen Politikern die Erfolglosigkeit der bisherigen Drogenpolitik drastisch vor Augen zu führen (siehe auch Kapitel 8). Die einschlägigen Zahlen belegen diese dringend notwendige »Belehrung«: nahezu 100 000 Akten legen die Rauschgiftfahnder Jahr für Jahr an, über 2000 Drogenpolizisten nehmen in den alten Bundesländern Tag für Tag zwischen 200 und 300 Drogentäter fest, auf mehr als fünf Milliarden Mark wird die Summe geschätzt, die jährlich für den Erwerb der illegalen Drogen kriminell beschafft wird – ein Umsatz, der zu Lasten aller geht, der den einzelnen, der auf offener Straße überfallen wird, betrifft und auch den, dessen Schaufenster eingeschlagen wird, um an Schmuck oder Kleidung zu kommen, oder den Autobesitzer, dem das Stereo-Cassetten-Radio nebst Boxen gestohlen wird. Jeder zweite Kfz-Bruch, jeder fünfte Raub und jeder dritte Einbruch geht nach Berechnungen der Kriminologen auf das Konto der Drogensucht. Von den 100 000 Tatverdächtigen können allenfalls zehn Prozent des Drogenhandels bezichtigt werden. Die Ermittler ahnen und wissen es auch meist, daß die Straftatbestände, die sie zu Protokoll geben, mit dem Erwerb illegaler Drogen zu tun haben, aber nachweisen können sie es eben nicht, wenn der Delinquent zwar mit einem gestohlenen Autoradio oder einer Lederjacke aus Diebesgut erwischt wird, aber nicht beim Drogendeal für den nächsten Schuß. Zu holen ist bei den meisten Junkies ohnehin nichts, zahlen müssen oft die Versicherungen, und die Haftstrafen verhindern nach der Entlassung in der Regel auch nicht den nächsten Deal. Und wenn jemand tatsächlich einmal für längere Zeit in den Knast wandert, rettet er sich oft mit der von den Richtern angebotenen Alternative »Therapie statt Strafe« in einen Entzug. Manche beherrschen dieses Spiel so blendend, daß sie sowohl um jahrelange Strafen herumkommen, aber auch nie eine Abstinenztherapie länger als zwei Wochen durchhalten. Auch eine vom Staat konsequent durchgehaltene Politik, alle Strafen »vollziehen« zu lassen, liefe ins Leere, denn »im Kittchen ist kein Zimmer frei«. Im Gefängnis aber wäre die notwendige Behandlung und Therapie lediglich verschoben und das unter äußerst ungünstigen Voraussetzungen, nämlich hinter Gittern. Schließlich ist selbst der Knast nicht drogenfrei, wie viele Direktoren unserer Justizvollzugsanstalten beklagen.

Für Drogen – so scheint es – gibt es keine Schlösser oder Riegel, die sie vor den Konsumenten sichern könnten.

Der kriminelle Preis der Sucht, ein Preis, den die Gesellschaft insgesamt zu tragen hat, ist hoch. Zu etwa 21 Prozent finanzieren männliche Abhängige ihren Konsum mit einem regulären Einkommen, zu 39 Prozent über landläufige Kriminalität, zu 38 Prozent aus Drogenhandel, zu knapp zwei Prozent mit Prostitution; bei den Frauen sind es 30 Prozent, die sich auf dem Drogenstrich ihr Geld beschaffen, 35 Prozent dealen mit dem Stoff, um den eigenen Schuß zu finanzieren, 17 Prozent gehen stehlen, machen Brüche oder betrügen und 18 Prozent schaffen es noch mit einem regulärem Einkommen.

Die bundesdeutschen Großstädte wie Hamburg, Frankfurt, Stuttgart, Dortmund oder Bielefeld leiden am stärksten unter der Beschaffungskriminalität und -prostitution, müssen Ärger verkraften mit den Bürgern, die in den Vierteln leben und arbeiten, in denen sich die Drogenszene fest etabliert hat. Frankfurt hat inzwischen einen Antrag auf Freigabe harter Drogen beim Bundesgesundheitsamt gestellt, Hamburg will einen großangelegten Modellversuch zur Heroinvergabe starten, Stuttgarts Oberbürgermeister Rommel hat angeregt, offen und vorurteilsfrei über Alternativen zur herkömmlichen Drogenpolitik nachzudenken, der Oberbürgermeister von Karlsruhe will 20 bis 40 Heroinsüchtigen in seiner Stadt die Droge unter medizinischer Aufsicht verabreichen lassen. Dahinter steht der politische Wille, das »Elend von der Straße zu holen«,[171] weil es niemand mehr mitansehen möchte. Die Kommunalpolitiker wissen sich mit den üblichen Mitteln der Repression schon längst nicht mehr zu helfen. Aus dieser Not heraus haben einige begonnen, einschlägige Literatur zum Drogenkonsum und seinen Auswirkungen zu studieren, haben begonnen, über den Teufelskreis von Sucht und Kriminalität nachzudenken, haben begonnen, das Drogenproblem ohne Vorurteile zu erörtern. Und sie haben rasch eingesehen, wie verzerrt die öffentliche Wahrnehmung der Drogenabhängigkeit ist. »Gescheitert an den Ansprüchen der Leistungsgesellschaft, vereinsamt in der Anonymität unserer Städte, durchleben Drogenabhängige nur die extremste Version eines allgemeinen Sozialverhaltens. Ob Tabletten- oder Fernsehkonsum, ob Freßsucht oder Alkoholismus, ob Kettenraucher oder Autoraser, ob Fitneßwahn oder Workaholic – wer findet schon immer das rechte Maß? Es scheint, als wolle die Gesellschaft des ›Immer mehr!‹ und ›Immer schneller!‹ ihre allgemeine Sucht mit der Ausgrenzung und der Bestrafung einiger weniger Sündenböcke verdrängen.«[172]

Nicht nur Kommunalpolitiker, auch Beamte in hohen Polizeiämtern sind angesichts des täglichen Elends in der Drogenszene ins Grübeln geraten. Früher haben sie mit Stolz verkündet, wieder 150 Kilogramm Heroin oder 500 Kilogramm Hasch sichergestellt zu haben, waren außer sich vor Freude, wieder einen Dealer oder gar einen kleinen Dealerring ausgehoben zu haben. Daß gleichzeitig der Preis für die Drogen in die Höhe schnellte und der Druck auf die Junkies enorm anstieg, weil statt 200 plötzlich 300 oder 400 Mark pro Tag für den Stoff beschafft werden mußten, das haben sie in ihrer Verblendung nicht mehr wahrgenommen. Fast alle Polizeieinsätze haben die fatale Konsequenz – bei allem kriminalistischen Erfolg –, daß das Elend der Abhängigen nur noch größer wurde, die Zahl der Rauschgiftdelikte anstieg, die Szene immer brutaler wurde. Das Strafrecht – das ist immer deutlicher bei Fahndern und Anklägern in vielen Bundesländern zu hören – schaffe in der Drogenpolitik ein immer »böseres Klima«, und so sieht es auch der Frankfurter Staatsanwalt Harald Hans Körner.[173] Polizisten und Kriminalbeamte zweifeln an ihrer Arbeit. Der ehemalige Dortmunder Polizeipräsident Wolfgang Schulz gehörte zu den ersten Repräsentanten seines Ranges, der offen gegen die verfahrene Drogenpolitik wetterte: »Die Kollegen erleben doch täglich, daß aller Einsatz und alle Erfolge nicht weiterführen.« Er forderte nicht nur die Legalisierung der Cannabisprodukte Hasch und Marihuana, sondern die Freigabe aller harten Drogen, darunter auch Heroin. Sein Bonner Amtskollege Michael Kniesel pflichtet dem bei, weil die polizeilichen Kräfte zum überwiegenden Teil falsch und wenig effektiv eingesetzt würden. Aus der Sicht der Polizei würde sich eine Liberalisierung der staatlichen Drogenpolitik lohnen. Wie haarscharf diese politischen Strömungen am Ohr des Drogenbeauftragten der Bundesregierung vorbeigehen, bewies Eduard Lintner in einem Fernsehinterview, als er auf die Feststellung, daß immer mehr Ärzte, Richter, Kriminalwissenschaftler, Polizisten, Polizeichefs, Politiker und Eltern den Versuch einer kontrollierten Heroinvergabe forderten, belehrend bemerkte: »Die Front ist keineswegs so einheitlich, also Polizeibeamte kenne ich noch keine, die die kontrollierte Abgabe von Heroin fordern.«[174] Zu diesem Zeitpunkt war es schon mehr als ein Jahr her, daß über die »Rebellion« der Polizeipräsidenten in allen Medien unwidersprochen berichtet wurde.

Für dieselbe Fernsehsendung führte ich auch ein Interview mit dem Polizeipräsidenten von Bielefeld, Horst Kruse, der zu den Vordenkern auf Polizeiebene gehört und von Ärztekammern, Ärzteverbänden oder kassenärztlichen Vereinigungen zu aufklärenden Vorträgen gebeten wird. Kruse ist als Polizeipräsident politischer Beamter und in dieser Funktion fordert der Staat von ihm natürlich ein hartes Durchgreifen gerade im Kampf gegen Heroin, Hasch und Kokain. Er hingegen appelliert an seinen Dienstherrn, harte Drogen zumindest kontrolliert freizugeben. Kommt da ein Beamter hohen Ranges mit seiner Aufgabe nicht mehr zurecht, hat er resigniert, mit polizeilichen Mitteln das Drogenelend in den Griff zu bekommen, zumal in einer eher ländlich-beschaulich strukturierten Groß-stadt wie Bielefeld?

Dieser kantige Mann mit einem scharfen Ton in der Sprache zieht bedächtig an seiner Pfeife, bevor er antwortet: »Das Drogenelend ist weder in Bielefeld noch anderswo mit rein polizeilichen Maßnahmen in den Griff zu kriegen. Wir haben hier in Bielefeld 1988 250 Drogenfälle aufgeklärt, 1991 waren es bereits über 1100, und in diesem Zeitraum konnten wir über 40 Kilogramm Heroin sicherstellen, das war fast ein Drittel der im ganzen Land Nordrhein-Westfalen sichergestellten Men-ge.«[175]

Natürlich gesteht Kruse ein, daß diese Zahlen für Erfolge stehen, wenn man die konventionellen Maßstäbe des Drogen-kampfes anlegt. Er geht davon aus – und das bestätigen auch die Trendmeldungen des Bundeskriminalamtes –, daß in Zu-kunft die einschlägigen Delikte im Drogenhandel zunehmen werden. Mit seinem Polizeiapparat könne er dagegen kaum etwas ausrichten, um das Drogenproblem zu entschärfen, denn alle Erfahrungen deuteten darauf hin, daß repressive Maßnahmen in der Szene keinen Respekt auslösten. »Des-wegen bin ich der Auffassung, daß sich die Drogenpolitik grundsätzlich ändern muß, um eine Wende herbeizuführen. Ich weiß, daß es keine Strategie ohne Risiken gibt, ich halte es aber für ganz besonders riskant, so weiterzumachen wie bis-her.«[176]

Kruse leitet eine staatstragende Behörde, die für Sicherheit und Ordnung steht; er steht einem Apparat vor, der eher als konservativ gilt, und dennoch prägt er mit seinen Äußerungen zur Drogenpolitik in der Öffentlichkeit ein rebellisches Bild von sich. Sachlich und kompetent trägt er seine Argumente in der von vielen Vorurteilen durchsetzten Drogendebatte vor: »Man muß ansetzen beim Betäubungsmittelrecht, bei den sogenannten weichen Drogen, den Cannabisprodukten Haschisch und Marihuana. Weshalb sind diese Drogen unter Strafandrohung verboten? Hat jemand schon einmal von einem Haschisch-Toten gehört? Ich glaube, nein! Nicht all das, was vielleicht ungesund ist, muß mit den Mitteln des Strafrechts verfolgt werden. Sonst müßte man auch Alkohol unter strafrechtlicher Androhung verbieten.«[177] Er hält auch das gängige Vorurteil, Haschisch sei eine Einstiegsdroge, für falsch. Abgesehen von der Tatsache, daß der überwiegende Teil der Drogenkonsumenten mit Alkohol »einsteige« in die Drogen wie Heroin und Kokain, führe Haschisch aus einem anderen, sehr plausiblen Grund zum harten Stoff: »Haschisch ist allenfalls deswegen eine Einstiegsdroge, weil es in derselben Szene gehandelt wird wie die härteren Sachen. Und es wird in derselben Szene gehandelt, weil es illegal ist. Ich meine, daß diese Cannabisprodukte von den Strafandrohungen des Betäubungsmittelrechts freizustellen sind.«[178] Im Klartext ist das die Forderung, Hasch und Marihuana zu legalisieren.

In einem weiteren Punkt will Kruse die Drogenpolitik entscheidend verändert wissen: »Ich bin für eine flächendeckende Ausdehnung der Methadon-Programme, die sehr niedrigschwellig angelegt sein müßten wie in der Schweiz.«[179] Das heißt, jeder Junkie, der Methadon haben möchte, um auszusteigen aus der Szene, solle es auch bekommen, natürlich unter ärztlicher Aufsicht und mit einer nicht ganz so streng angelegten psycho-sozialen Betreuung: »Nach unseren Einschätzungen hier in Bielefeld und nach den Erfahrungen der hiesigen Drogenberatungsstelle würde etwa ein Drittel der von Heroin und Kokain Abhängigen in ein solches Programm einsteigen.«[180] Aber das ist für Kruse noch nicht der letzte Schritt: »Dann müßte man überlegen, inwieweit der Besitz von harten Drogen zum Eigenverbrauch straffrei sein sollte.«[181] Das heißt wer nicht dealt, für den ist die Droge frei. Damit postuliert er einen sehr konsequenten Weg, den allerdings

auch ein Politiker wie Voscherau so noch nicht weisen mag –
noch nicht.

Die Polizeibasis sieht vielerorts, daß die bislang praktizierte
Drogenpolitik in der Sackgasse steckt und daß auch bei einer
weiteren Aufrüstung der Polizei – personell wie materiell – der
Kampf gegen die internationalen Drogenkartelle nicht zu gewinnen ist. Und dennoch will die offizielle Drogenpolitik
ihren »Krieg« weiterführen. Belege dafür sind die Ausführungen des Staatsministers im Kanzleramt, Bernd Schmidbauer,
der in einer Presseerklärung vom 31. März 1993 für den sogenannten Großen Lauschangriff plädiert, um den internationalen Rauschgifthandel aushebeln zu können. Schmidbauer
erklärt in diesem Zusammenhang, daß es den Rauschgiftkar-
tellen gelungen sei, ihr multinationales Imperium auszubau-
en: »In zahlreichen Ländern verfügen sie mit Hilfe von korrupten Politikern und Komplizen in Polizei und Justiz, bei Zoll
und Militär über einen nahezu unbegrenzten Aktionsradius.«[182] Er gesteht auch ein, daß die Produktion harter Drogen
erneut angestiegen sei und zu einem »erheblichen Angebotsdruck« vor allem in Westeuropa geführt habe. Schmidbauer
bestätigt auch, daß die Drogen nicht vom Markt zu bringen
sind, sie sich im Gegenteil immer stärker in immer neuen
Variationen verbreiten, denn bei synthetischen Drogen sei ein
starker Trend zu verzeichnen. So würde allein in den USA mit
Amphetaminen und Methamphetaminen ein Jahresumsatz
von drei Milliarden Dollar erzielt, und in Polen gebe es schätzungsweise 200 Amphetamin-Laboratorien.

Gegen wen wollen unsere Politiker eigentlich kämpfen, bei
einer Sachlage, die eindeutig als völlig verfahren gelten darf,
auch international? Warum wollen sie uns glauben machen,
für die Drogenabhängigen zu handeln, indem sie einen jahrelangen »Drogenkrieg« führen wollen, der politisch international kaum zu koordinieren sein dürfte, weil niemand weiß, wer

wo gerade welchen Stoff anbaut, produziert und weiterverarbeitet? Warum wird wider besseres Wissen der Eindruck erweckt, mit einem modernen Kreuzzug den Drogenkartellen, ihren Bossen und Handlangern und den Konsumenten das »Handwerk« legen zu können?

Zu diesem Kreuzzug gehört auch das bundesdeutsche Geldwäschegesetz zum Aufspüren von Gewinnen aus schweren Straftaten. Daß diese Kontrolle am Sparkassen- und Bankschalter zu kurz greift im Kampf gegen die Drogenmafia, zeigen die Erfahrungen anderer Länder, in denen schon früher ähnliche Gesetze beschlossen wurden, die weder den Handel mit Rauschgift noch die damit verbundene Begleitkriminalität einschränken konnten. In den USA sind alle Versuche, den Drogenhandel durch eine umfassende Registrier- und Meldepflicht einzuschränken, gescheitert. Trotz phantasiereicher Ideen gegen die Geldwäsche liefen die Geschäfte mit Heroin und Kokain, LSD oder Cannabis besser als zuvor. Frankreich und Italien etwa mußten erkennen, daß ihre Kontrollen an den Bankschaltern keinerlei durchschlagenden Erfolg hatten.

Solche Gesetze führen zum »Goldenen Schuß«[183] in den ohnehin schon prall gefüllten Geldsack der Drogenbosse, die die höheren Kosten der Geldwäsche, die entstehen, weil die Drogendollars über verschlungenere und längere Pfade transferiert werden müssen, um ihre Herkunft zu verwischen, immer auf die Konsumenten abwälzen werden. Und wer nach Stoff giert, der kauft ihn sich um jeden Preis, was wiederum zur Folge hat, daß die sozialen Kosten der Beschaffungskriminalität steigen werden.

Eine Drogenpolitik, die mit fast blindwütiger Konsequenz den Teufelskreis zwischen Sucht und Kriminalität wie ein gut geschmiertes Karussell unablässig in Gang hält, ist nicht nur fragwürdig, sondern fahrlässig und unmenschlich.

»Es reicht nicht aus, in der zunehmenden Zahl der Heroinsüchtigen allein ein soziales Problem zu sehen. Die eiskalten Geschäfte mit dem Drogenelend werden weiter blühen, solange sie rentabel sind. Erst wenn es gelingt, ihnen die ökonomische Grundlage zu entziehen, wird eine erfolgreiche Drogenpolitik möglich. Ein Gesetz, das lediglich im nachhinein die Herkunft der Gewinne aufspüren will, statt sie von vornherein zu verhindern, zielt in die falsche Richtung.«[184]

Heroin vom Staat, Heroin auf Krankenschein – eine abwegige Idee? Warum werden die möglichen positiven Konsequenzen eines solchen Weges nicht zur Kenntnis genommen, sondern statt dessen immer weiter eine Politik der Kriminalisierung der Süchtigen betrieben? Warum will die Bundesregierung nicht den Versuch einer kontrollierten Heroinvergabe wagen? Will sie mögliche Ergebnisse – gestützt durch wissenschaftliche und psychosoziale Begleitforschung –, die ihrer derzeitigen politischen Überzeugung zuwiderlaufen, nicht wahrhaben? Will sie einfach nicht wissen, daß etwa die Süchtigen dann keine Angst mehr haben müßten vor dreckigem, gestrecktem Stoff, die Zahl der Todesfälle zurückginge, die Gefahr von Aids und anderen Infektionserkrankungen gemildert würde, auch die Zahl der Ersteinsteiger abnehmen könnte, weil den Dealern die Geschäftsbasis entzögen wäre, junge Menschen zu verführen, und daß die Beschaffungskriminalität gesenkt würde und mit ihr die gesellschaftlichen Folgekosten? Warum denkt die deutsche Bundesregierung so konsequent und mit großen engsitzenden Scheuklappen in immer nur ein und dieselbe Richtung? Warum tauscht sie sich nicht beispielsweise mit der Schweiz oder Großbritannien oder den Niederlanden aus, um eine neue Qualität in die Debatte um eine alternative Drogenpolitik zu bringen und sich den Problemen der Rauschgiftsucht offen und frei von Vorurteilen zu stellen? Muß sie auf dem Rücken sozial geächteter Menschen, die sich aus dem Strudel des Drogenelends allein nicht mehr retten können, politische Härte zeigen, den »starken Mann« herauskehren, um abzulenken von Defiziten in der Sozial- oder Jugendpolitik, von der zunehmenden Verarmung gerade kinderreicher Familien, von der größer werdenden Perspektivlosigkeit vor allem junger Menschen, die in der beruflichen Qualifikation »ganz unten« sitzenbleiben, vom Fehlen eines Orientierungsrahmens, das eine Identifizierung mit der Gesellschaft und ihren Zahlen fast unmöglich macht, von der Maxime, daß nur noch höchste Leistung zählt und höchster Standard im Konsum von Luxusgütern und nicht der charakterliche Wert eines Menschen an sich ohne die Meßlatte, wie superschlau oder cool oder durchsetzungsfähig oder reich er ist? Das mag sich lesen wie das »Wort zum Sonntag«, aber hinter diesem Appell steckt der Zorn, daß sich unsere Gesellschaft immer weniger um die Ursachen sozialer Verelendung kümmert – das meint nicht nur die Junkies, auch die Penner, die Obdachlosen, die Straßenkinder, die Sozialhilfeempfänger, die in den Armenküchen unserer Städte sitzen, die Langzeitarbeitslosen, zu denen in den neuen Bundesländern immer mehr junge Menschen zählen –, statt eine zukunftsorientierte oder besser zukunfteröffnende Jugend- und Sozialpolitik zu gestalten.

Eine Politik, die auf ihre eigenen sozialen Versäumnisse nur mit Prügeln zu antworten weiß, darf sich nicht wundern, wenn sie von immer weniger Bürgern ernst genommen wird. Für den drogenabhängigen oder drogengefährdeten Menschen ist es oft nicht einsichtig, warum dem Raucher, der an Lungenkrebs erkrankt, dem Alkoholkonsumenten, der an einer kranken Leber leidet, dem Tablettensüchtigen, der wegen Nierenversagens dialysiert werden muß, warum ihnen allen geholfen wird mit ausreichenden finanziellen Mitteln unseres Gesundheitssystems, damit sie wieder auf die Beine kommen, selbst dann, wenn sie nach einer Kehlkopfoperation wieder zu

rauchen beginnen oder nach der dritten oder vierten Alkohol-
therapie wieder zur Flasche greifen. Das soziale Netz fängt sie
– dem Staat sei Dank – immer wieder auf.

Warum nur wird der drogenkranke Mensch nicht ebenso
umsorgt mit allen uns zur Verfügung stehenden Mitteln und
unter Berücksichtigung aller wissenschaftlich-medizinischen
und psychosozialen Erkenntnisse? Warum nicht?

Der Bremer Professor für Sozialwissenschaften und Kriminologe Staphan Quensel hat Gegenrezepte erarbeitet, schon vor
Jahren: »Wünschenswert«, so schrieb er 1990, »wäre eine
schrittweise Entkriminalisierung, die durch Angebote zum
Aufbau einer sich selbst regulierenden Drogen-Kultur ergänzt
werden müßte. Eine Entkriminalisierung wäre zunächst ohne
Änderung des Betäubungsmittelgesetzes zu erreichen, etwa
durch ein Absenken der polizeilichen Erfassungs-Aktivität,
häufigere Einstellung von Strafverfahren wegen Geringfügig-
keit, geringere Freiheitsstrafen, eine frühzeitige Öffnung der
Strafanstalten, eine Aufhebung der derzeitigen Zwangsthera-
pie (vier von fünf Langzeitklienten stehen unter direktem
Strafdruck) und durch Aufklärung, die nicht auf Abschrek-
kung basiert: Die eventuelle Abschreckungswirkung der ge-
genwärtigen Drogenprävention wird durch Neugierverhalten
(›verbotene Früchte‹) und negativen Statusgewinn (›besonders cool‹) zunichte gemacht.«[185] Im Klartext läuft das darauf
hinaus, Haschisch und Marihuana zu legalisieren, Methadon-
Programme auszuweiten und auf beängstigende Anti-Dro-
gen-Propaganda zu verzichten, sondern statt dessen aufzuklären im Sinne eines bewußten Umganges mit Drogen. Eine
Heroin-Freigabe würde nach Quensels Ansicht das Drogenproblem zwar nicht vollständig lösen, »insbesondere nicht das
der verelendeten Fixer«, sie würde das Elend aber immerhin
entschärfen, entdramatisieren: »Sie würde jedoch, allmählich
und behutsam umgesetzt, die Konsumentenzahl eher verrin-

gern und, bei wachsender sozialer Akzeptanz von Drogenkonsum und -konsumenten, das Heroinrisiko unter das des Alkohols senken.«[186] Quensels Überlegungen zielen auf die freie Regulierung des Drogenmarktes in Verbindung mit psychosozialen Begleitmaßnahmen und setzen auf eine langfristige Entdramatisierung, die er allerdings ergänzt wissen möchte »durch ein – weithin noch fehlendes – hinreichendes Angebot akzeptierender Drogenarbeit für verelendete Abhängige, das ihnen – ohne Drogenfreiheits-Mythos – ein Leben ermöglichte, wie es auch Nikotinabhängige führen.«[187] Quensel möchte den bislang illegalen Drogen einen annehmbaren Platz verschaffen in unserer gesellschaftlichen Konsum-Kultur. »Schließlich fehlt noch eine alle Drogen betreffende ›positive‹ Aufklärung über deren Risiken ebenso wie über deren kreativ-genußvolle Seiten, damit wir innerhalb eines einsichtigen kulturellen Rahmens selbstverantwortlich die zur eigenen seelischen Verfassung und zur sozialen Situation passenden Drogen konsumieren können.«[188]

Das sind Überlegungen, die vor wenigen Jahren noch von den verantwortlichen Drogenpolitikern als Ideen eines Spinners abqualifiziert wurden, der das Recht auf Rausch für jedermann postuliere.

14 Recht auf Rausch

Die Empörung war groß, das Echo in allen Medien, die Resonanz erreichte Länderparlamente ebenso wie den Bundestag, die politischen Reaktionen waren deftig. Im Februar 1992 hatte eine Lübecker Strafkammer ein ungewöhnliches Urteil gesprochen, das die drogenpolitische Diskussion in eine völlig neue Dimension führte. Ein Urteil, das für die verantwortlichen Politiker in unserem Lande, die die Maßstäbe im Umgang mit drogenabhängigen Menschen kategorisch und unumstößlich festgelegt haben, mehr als nur eine schallende Ohrfeige war. Es ist die Quittung für eine politische Haltung der Ignoranz, die auf dem Rücken kranker Menschen und zu Lasten des gesamten Gesellschaft ausgetragen wird.

In der Sache wurde vor der Zweiten Kleinen Strafkammer des Landgerichts Lübeck ein ganz gewöhnlicher Fall aus dem bundesdeutschen Drogenalltag verhandelt: Eine Frau hatte bei einem Besuch im Lübecker Gefängnis ihrem Mann ein Briefchen Haschisch mitgebracht. Für diese Straftat wurde sie zu zwei Monaten ohne Bewährung verurteilt. Die Zweite Kleine Strafkammer setzte das Verfahren aus, um das Bundesverfassungsgericht anzurufen.[189] Der Vorsitzende Richter der Kammer, Wolfgang Neskovic, vertritt in seiner Begründung die Auffassung, ein Verbot von Cannabisprodukten (Hasch und Marihuana) verstoße gegen die grundgesetzlich garantierte Gleichbehandlung. Neskovic hat für seinen Beschluß vielfältige Literatur herangezogen, die ihm überzeugend belegt habe, daß es unter verfassungsrechtlichen Gesichtspunkten keinen Grund gebe, den Verkehr und Konsum mit Cannabisprodukten zu bestrafen und den Alkohol etwa straflos zu lassen. Er zitiert die Aussagen von Experten und Sachverständigen, wonach Haschisch und Marihuana die Rauschmittel mit den geringsten individuellen und gesamtgesellschaftlichen Wirkungen seien, der Genuß von ein bis zwei Joints pro Tag unschädlich sei, zumindest aber weit weniger schädlich als der tägliche Konsum von Alkohol oder von 20 Zigaretten. Übermäßiger Alkoholgenuß, so der Richter, wirke sich auf alle körperlichen Organe und Organsysteme aus und könne sie schwer schädigen (siehe auch Kapitel 12). Cannabis würde dagegen, wenn überhaupt, nur sehr geringe körperliche Schäden verursachen. So werde die Zahl der Alkoholtoten auf jährlich 40 000 geschätzt, während kein Fall bekannt sei, bei dem der Tod eines Menschen auf Haschisch zurückzuführen sei.

Zur Geschichte der Drogen merkt Neskovic an, daß die Menschen, obwohl der Drogenkonsum auch erhebliche Probleme herbeiführe, auf ihren Genuß nicht verzichten konnten oder wollten. Der Rausch gehöre wie Essen, Trinken und Sex zu den fundamentalen Bedürfnissen des Menschen. Das »Recht auf Rausch« ist nach Ansicht der Lübecker Strafkammer durch den Artikel 2 Absatz 1 des Grundgesetzes im Rahmen der freien Entfaltung der Persönlichkeit geschützt. Danach stehe es dem einzelnen frei, sich nicht nur selbst zu schädigen oder die Gefahr einer Selbstschädigung in Kauf zu nehmen, sondern in der verfassungsrechtlichen Literatur werde sogar die Auffassung vertreten, daß das Recht auf Selbsttötung zum grundgesetzlichen Schutzbereich des Artikel 1 Absatz 1 gehöre. Der Gesetzgeber habe deshalb die Beihilfe zur Selbsttötung straflos gelassen.

Das ist nur eine knappe Zusammenfassung der richterlichen

Begründung, die aber schon zu belegen vermag, warum der Lübecker Beschluß – es geht darin ausschließlich um die weichen Drogen Hasch und Marihuana, nicht einmal um die kontrollierte Freigabe von Heroin – so viel Ärger und Unmut provozierte, zu Bedrohungen des Richters führte, namhafte Politiker sich zu Beleidigungen und Schmähreden hinreißen ließ. Es ging so weit, daß sich der Gerichtspräsident des Lübecker Landgerichts veranlaßt sah, rechtliche Schritte gegen die Kritiker anzudrohen. Den Gipfel der Schelte markierte der Vorsitzende der schleswig-holsteinischen CDU-Landesgruppe im Bundestag, Rolf Olderog. Er warf Neskovic, einem führenden Mitglied in der Arbeitsgemeinschaft sozialdemokratischer Juristen, vor, sein Richteramt zu mißbrauchen, um für seine »linkssozialistischen politischen Auffassungen zu agitieren«. Wegen dieses »ehrenrührigen Angriffs« nahm der Gerichtspräsident Neskovic ausdrücklich in Schutz.[190]

In der politischen Diskussion ist Neskovic längst nicht mehr nur ein Verfechter einer Legalisierung von Haschisch und Marihuana; in der Öffentlichkeit vertritt er klar die Überzeugung, daß der Konsum weicher wie harter Drogen straffrei zu stellen sei.

In seiner Begründung, das Verfahren vor der Lübecker Strafkammer auszusetzen, beruft sich Neskovic nicht nur auf Sachverständige und internationale Fachliteratur, sondern auch ganz bewußt auf Zahlen und Fakten, die im Vergleich von Cannabis und Alkohol den verkrampften Zustand unserer drogenpolitischen Debatte bloßlegen. Eine Auswahl seiner sachlichen Argumente:

– »Nach dem Absetzen von Alkohol treten bei Abhängigen schwere körperliche Entzugserscheinungen auf, bei Cannabisprodukten keine.«
– »Übermäßiger Alkoholkonsum kann schwere psychische

Schäden bewirken (zu den körperlichen siehe oben), Cannabis keine gravierenden. Allenfalls mit einer geringfügigen psychischen Abhängigkeit muß gerechnet werden.«

- »In der Bundesrepublik gibt es eine Vielzahl von Verbänden, speziellen Krankenhäusern und speziellen Therapien, die sich mit Alkoholerkrankungen und Alkoholabhängigkeiten beschäftigen, während es weder eine spezielle Therapie für Cannabiskonsumenten noch spezielle Krankenhäuser oder Verbände gibt.«

- »Die Folgekosten des Alkoholkonsums werden in der Bundesrepublik auf jährlich 50 Milliarden Mark geschätzt, während bei Cannabisprodukten entsprechende Zahlen nicht existieren.«

- »Der Alkoholkonsum hat erhebliche Auswirkungen auf den Arbeitsplatz (Unfälle, Kündigungen, Krankheit, Einstellung von Suchtberatern), während bei Cannabisprodukten entsprechende Beobachtungen nicht existieren.«

- »Der Anteil von tödlichen Unfällen im Zusammenhang mit Alkohol wird in der Bundesrepublik auf 50 Prozent geschätzt und die Zahl der Verkehrsunfälle unter Alkoholeinfluß mit Personenschäden auf gut 30 000 pro Jahr, während bei Cannabisprodukten auf keine entsprechenden Schätzungen zurückgegriffen werden kann.«

- »Nach der Kriminalstatistik wurden 1990 mehr als 140 000 Tatverdächtige (knapp zehn Prozent aller Tatverdächtigen) registriert, die unter Alkoholeinfluß standen. Im Bereich der Gewaltdelikte (Totschlag, Vergewaltigung, Sexualmord) liegt der Anteil der Tatverdächtigen über 36 Prozent, während bei Cannabisprodukten Erhebungen nicht durchgeführt werden.«[191]

Aufgrund der gesundheitlich relativ ungefährlichen Cannabisdrogen hält Neskovic den Aufwand, den Polizei und Justiz leisten müssen, um Haschisch- oder Cannabiskonsumenten zu verfolgen, für weit überzogen: »Bundesweit wurden z. B. im Jahre 1989 94 000 Verstöße gegen das Betäubungsmittelgesetz registriert. Hiervon entfielen 33 251 Verstöße auf den Cannabiskonsum. Nach der Hamburger Justizbehörde sind die Ressourcen der Staatsanwaltschaft durch Bagatellfälle gegen Drogenkonsumenten in Höhe von 20 Prozent gebunden.«[192] In einem Artikel der *Zeit* führt der Lübecker Richter dieses Zahlenbeispiel noch ein wenig weiter aus: »Im Jahre 1989 gab es bei über 23 000 Rauschgiftverfahren nur 44 Verurteilungen zu mehr als zehn Jahren. Das sind 0,2 Prozent aller Fälle. Die Polizei kommt an die Hintermänner des Drogenhandels nicht heran. Den Richtern werden untergeordnete Dealer, Kuriere und Kleinkonsumenten präsentiert. Verurteilungen bis zu zweieinhalb Jahren Freiheitsstrafe machten 81,5 Prozent aller Verurteilungen aus. Dazu muß man wissen, daß bei sogenannten nichtgeringen Mengen beziehungsweise der Einfuhr schon die Mindeststrafe bei einem beziehungsweise zwei Jahren liegt.«[193]

Die Sachverständigen, die Neskovic in dieser Berufungsverhandlung zu Rate gezogen hatte, der Lübecker Facharzt für Psychiatrie, Dr. Barchewitz, der seit 15 Jahren im Therapiebereich tätig ist und eine Fachklinik für Suchtkrankheiten leitet, und der Direktor des Institutes für Pharmakologie der medizinischen Universität in Lübeck, Prof. Dominiak, bestätigten ihm nach dem Stand der internationalen Wissenschaft, daß der gelegentliche Konsum von Haschisch oder Marihuana genauso ungefährlich sei wie ein Schluck Wein.

Neskovic beweist bei aller gebotenen juristischen Sachlichkeit Sinn für Humor, wenn er sich fragt, »welche Legitimation der Gesetzgeber hat, eine solche Verhaltensweise mit dem Strafrecht zu bekämpfen. Es erscheint selbstverständlich, daß der Staat seinen Bürgern z. B. nicht vorschreiben darf, während der Winterzeit nur mit Hut und Mantel auf die Straße zu gehen. Ein solches Gebot erscheint abwegig, obwohl das Gemeinwesen gute Gründe anführen könnte: Vorkehrungen gegen grassierende grippale Infekte, die die Gesundheit des einzelnen erheblich schwächen und die Kraft der Volkswirtschaft schmälern könnten.«[194]

In einem Interview für eine ZDF-Sendung habe ich Wolfgang Neskovic, der vor Gericht nicht nur Cannabis-, sondern beispielsweise auch Heroindelikte zu verhandeln hat, gefragt, warum es denn seiner Meinung nach wenig Sinn mache, Drogenabhängige wie den Heroin-Fixer oder den Marihuana-Raucher zu bestrafen. Zunächst einmal, betont er, gründe sich seine Überzeugung nicht auf einzelne Erfahrungen vor Gericht, sie sei über Jahre auch in der intensiven Beschäftigung mit dem polizeilich-juristischen Aspekt des Drogenproblems gewachsen. Er stünde auch nicht allein da mit seiner Meinung unter den Richtern in der Bundesrepublik, wie inzwischen ja auch viele Staatsanwälte der Auffassung seien, daß das Strafrecht zur Bewältigung des Drogenproblems denkbar ungeeignet sei: »Wer im Strafprozeß erleben muß, mit welchen Menschen wir es zu tun haben, und das Elend sieht, das Grundlage ist für ein Strafverfahren, der muß zu dem Schluß kommen, daß eine Strafe weniger hilft als abschreckt, das Elend eher verschärft.«[195] Für Neskovic ist der Teufelskreis zwischen Abhängigkeit und Kriminalisierung verantwortlich dafür, daß sich viele Drogensüchtige scheuen, Hilfe zu suchen oder in Anspruch zu nehmen. »So wird ihnen der Ausstieg erschwert.«[196] Die Kriminalisierung, argumentiert der Lübecker Richter weiter, fördere »die Identifikation des Konsumenten mit der Außenseiterrolle und der Subkultur«[197] und begünstige somit noch ein Abgleiten in die Sucht und ins Elend der Drogenszene. Aus seiner Erfahrung als Richter weiß er, daß viele Drogenabhängige erst im Knast richtig kriminell würden: »Nicht selten lernt jemand, der als Haschischkonsument in den Strafvollzug kommt, erst dort die harte Droge Heroin kennen und wird abhängig.«[198] Besonders unerträglich ist es für Richter Neskovic, daß zwar viele Abhängige nach einer langen Drogenkarriere den Ausstieg schaffen, ihnen aber die Vorstrafen aus der Beschaffungskriminalität den Neueinstieg in die Gesellschaft erschwerten.

In der herrschenden Drogenpolitik, so darf man folgern, ist das Strafrecht ein Faktor der Unmenschlichkeit, »denn viele Drogenabhängige haben intensive persönliche und soziale Probleme, denen sie mit Hilfe der Droge zu entfliehen suchen. Wir müssen feststellen, daß die Lebensläufe vieler, die bei uns vor Gericht stehen, zutiefst beschädigt sind, daß sie in Heimen gelebt haben, daß sie nie ein Zuhause gehabt haben, das von Zuwendung und Liebe getragen gewesen ist. Wir müssen auch erleben, daß die meisten von ihnen Alkoholprobleme, also Suchtprobleme, bei den Eltern schon erlebt haben, und wenn solche Menschen, die krank sind, ins Gefängnis kommen, dann ist das etwas, was einen Richter auch menschlich betroffen macht.«[199] Diese Betroffenheit, die nicht aus Mitleid geboren ist, sondern sich auf Fakten und vielfältige Erfahrungen stützt, formuliert der Richter als begründete Anklage: »Ich halte es für zutiefst inhuman, Menschen, die krank sind, in ein Gefängnis zu stecken. Die Kriminalisierung von Kranken ist kein Mittel der Gesundheitspolitik. Kranke Menschen müssen behandelt werden, dafür haben wir Ärzte, Psychologen, Psychiater und Sozialarbeiter, und wenn es eine Berufsgruppe gibt, die in diesem Bereich am wenigsten zu suchen hat, dann sind es die Strafrichter.«[200]

Der Richter liest seinem Staat die Leviten, erklärt sich und seinen Berufsstand für ohnmächtig im Kampf gegen den Drogenmißbrauch, kämpft für ein wenig mehr Humanität für die Schwächsten unter uns und will das Strafrecht außer Kraft setzen. »Ja, das ist richtig!« betont er, »Aus meiner Sicht ist das so, daß die Gesellschaft diesem Suchtproblem hilflos gegenübersteht. Die Übertragung dieses Problems auf die Strafjustiz ist Ausdruck von Ohnmacht und Hilflosigkeit, gesellschaftliche Hilflosigkeit.«[201] Mit seiner Überzeugung macht er sich auch zum Anwalt seiner Kollegen und erklärt, »daß wir uns insoweit von der Politik auch mißbraucht fühlen und daß sich innerhalb der Justiz zunehmend gegen diesen Mißbrauch Widerstand breitmacht, weil es keinen Sinn macht, mit den Mitteln von Justiz und Polizei diesem Drogenproblem Herr zu werden«.[202]

Politisch angegiftet wurde Neskovic vor allem wegen seiner Formulierung, daß das Recht auf Rausch zu den fundamentalen Bedürfnissen des Menschen gehört wie Essen, Trinken und Sex. Da war mancher Politiker, mancher Standeskollege nicht mehr zu halten: Wir könnten dann ja gleich das Recht auf Höchstgeschwindigkeit, das Recht auf Vergewaltigung, das Recht auf Diebstahl proklamieren, polterten sie in den Medien. Neskovic kennt die Anwürfe: »Es geht hier zunächst nicht darum, den Rausch irgendwie zu beschönigen oder zu propagieren, sondern es geht darum, daß Menschen in der gesamten Menschheitsgeschichte das Bedürfnis hatten, sich zu berauschen, das ist unzweifelhaft. Wer das bezweifelt, den kann ich nur als Ignoranten bezeichnen. Etwas ganz anderes ist es, wie die Gesellschaft mit solchen Bedürfnissen umgeht. Was wir in der Lübecker Strafkammer begründet haben, läuft darauf hinaus, daß derjenige, der als Erwachsener im vollen Besitz seiner Kräfte ist, frei entscheiden können muß, welche Rauschmittel er zu sich nehmen will, und daß die Gesellschaft zumindest nicht mit den Mitteln des Strafrechts in diesen freien Entscheidungsprozeß eingreifen darf. Das halte ich auch verfassungsrechtlich für nicht möglich.«[203]

In seiner Begründung dafür, das Bundesverfassungsgericht in

Karlsruhe anzurufen, weil das Verbot der Cannabisprodukte gegen die grundgesetzlich garantierte Gleichbehandlung verstoße, verweist er auf einen für die weitere Diskussion äußerst wichtigen Zusammenhang, daß nämlich »die Rechtsprechung und auch die verfassungsrechtliche Literatur ohne nähere Begründung – wie selbstverständlich – davon ausgehen, daß zum Beispiel ein generelles Rauch- oder Alkoholverbot verfassungswidrig wäre.

Nach Auffassung der Kammer liegt ein Verstoß gegen Artikel 2 Absatz 2 Satz 1 vor, weil der Bürger, der sich im Rahmen seines grundrechtlich geschützten ›Rechts auf Rausch‹ gemäß Artikel 2 Absatz 1 berauschen will, durch das strafrechtliche Verbot, Cannabisprodukte zum Eigenverbrauch zu erwerben oder zu erlangen, in die gesundheitsschädlichere Alternative, nämlich in den nicht strafbewehrten Alkoholkonsum gezwungen wird. Wer sich berauschen will, hat die Wahl zu treffen, ob er es legal, aber gefährdeter, oder weniger schädlich, dafür aber illegal tut. Die Verfassungswidrigkeit unter dem Gesichtspunkt des Schutzes der körperlichen Unversehrtheit tritt hierbei offen zutage.«[204]

Neskovic streitet allerdings nicht ab, daß der Staat regulierend eingreifen könne, wenn er Drogen wie Hasch oder Heroin, Marihuana oder Kokain freigeben, legalisieren würde. Er plädiert für ein Werbeverbot sowie dafür, daß es nur bestimmte Abgabestellen – Apotheken etwa – geben dürfe und daß selbstverständlich Kontrollmöglichkeiten zur Überprüfung der Qualität der Drogen eingerichtet werden müßten. Mit vielen Drogenexperten weiß er sich einig, daß es in erster Linie einer Aufklärung bedarf, die nicht mit dem Strafrecht droht, sondern sachlich informiert über die Wirkung der Droge, ihre pharmakologische Zusammensetzung, die notwendige Dosierung, ihre körperliche wie psychische Schädlichkeit und das Suchtpotential.[205]

Der Polizeipräsident von Bielefeld, Horst Kruse, der ja auch für eine sehr weitgehende Freigabe aller Drogen eintritt (siehe auch Kapitel 13), hat eingeräumt, daß jede Strategie mit Risiken verbunden sei.[206] Neskovic betrachtet auch das nüchtern und sachlich und pointiert: »Die Strategie der Freigabe birgt das Risiko des Scheiterns in sich. Eine solche Strategie ist aber immer noch einer Strategie vorzuziehen, die schon gescheitert ist.«[207]

Und was hat die gescheiterte Strategie der vergangenen 20 Jahre bewirkt? In der Bundesrepublik Deutschland, in der Schweiz, in den USA, in Frankreich, Italien oder den Niederlanden sieht das Bild ähnlich aus, hat die drogenpolitische Entwicklung deutliche Spuren in der Gesellschaft hinterlassen.

Das Verbot der Drogen – von Haschisch bis LSD – hat die Preise auf dem Schwarzmarkt so stark erhöht, daß die Konsumenten durch reguläre Einnahmen oder Verdienste ihr Heroin oder Kokain nicht erwerben können. Dieser Geldmangel – durchschnittlich benötigt ein Junkie etwa 200 bis 400 Mark pro Tag, wenn er »gut drauf« ist – wirkt sich auf seine Wohnsituation aus, auf Ernährung, Kleidung und Hygiene. Da der Erwerb dieser harten Drogen verboten ist, wird er als kriminelles Delikt von Polizei und Justiz verfolgt und geahndet, was wiederum die persönliche Lebenssituation des Abhängigen negativ belastet. Eine ordentliche Beschäftigung ist für die meisten in diesem Kreislauf von Verfolgung und Drogenkonsum unmöglich geworden. Die Beschaffung der Drogen kostet so viel Energie, daß für andere Aktivitäten keine Zeit mehr bleibt, so daß die Szene das Zuhause wird. Durch die Prostitution und die sehr riskanten Konsumformen – mehrere Junkies teilen sich eine Spritze, der Stoff ist gestreckt und verdreckt, Medikamente und Alkohol oder Drogencocktails müssen herhalten, den »Affen« zu vertreiben – wird der Gesundheitszustand immer labiler, Abwehrschwäche führt zu Krankheiten und zum Tod. Und in jedem Stadium dieser »Drogenkarriere« sind Polizei und Justiz präsent. Selbstgewählte Möglichkeiten, zur Ruhe zu kommen, gibt es für die meisten Junkies nicht, sie bleiben auf der Rolle.

Daß ein Kilogramm Heroin dreißigmal mehr kostet als ein Kilo Gold, zeigt, welche Gewinne die Hersteller, Produzenten und Weiterverkäufer einstecken, und verrät, wie diese illegale Währung Anlaß gibt zu Korruption, Betrug und Hehlerei nicht zuletzt auch in den höheren Etagen von Wirtschaft und Politik. Im Geldkreislauf der westlichen Industrieländer sind mittlerweile Billionen-Dollar-Beträge aus dem Rauschgifthandel versteckt, die kaum jemand wird ausfindig machen können. Weltweit ist der Immobilienbesitz der Drogenkartelle verstreut, sitzen sie mit verdeckten Beteiligungen in Unternehmen mit Weltklang, ohne daß es jemand zu wissen bekommt. Aber das ist ja hinlänglich bekannt. Wie will uns die Politik da einreden wollen, daß ein Verbot von Drogen erfolgreich sein könnte? Wer eigentlich ist hier Komplize, wer ist Opfer? Die Opfer sind diejenigen, die abhängig geworden in der Drogenszene verelenden; die Komplizen der Drogenmafia diejenigen, die eine Politik durchsetzen, mit der sie die Konsumenten direkt in die Arme der Mafiabosse treiben, ihnen damit die Geldsäcke füllen und füllen. Die Illegalität diktiert Preis, Elend, Krankheit und Tod vieler Tausender Menschen jedes Jahr.

»Sie sterben nicht am Heroin, sie sterben an der Drogenpolitik!« so lautet ein bitterböser Spruch von Angehörigen, die für eine gesellschaftliche Akzeptanz aller Drogen kämpfen, weil sie die Realität der repressiven Drogenpolitik am Leid der eigenen Kinder hautnah miterlebt haben. Dieser Druck durch Polizei und Justiz, der in erster Linie die abhängigen Menschen trifft und so gut wie kaum die Hintermänner der Drogenkartelle, stempelt kranke Frauen und Männer zu Kriminellen. Das Verbot von Heroin und die rigide Verfolgung der Heroinkonsumenten verursachen letztlich den Drogentod vieler junger Menschen.

Darf da die staatliche Losung lauten, noch mehr Druck zu machen, noch stärker auf Verfolgung und Bestrafung der Drogenkonsumenten zu setzen? Darf die Politik die Dosis der Repression steigern, obwohl nach allen internationalen Erfahrungen – kriminologischen wie wissenschaftlichen – die derzeit verabreichte Dosis längst tödlich wirkt?

Hat das Verbot bestimmter Drogen wie Heroin oder Kokain, Marihuana oder Haschisch nicht längst viel mehr gesellschaftlichen Schaden angerichtet, als durch die Legalisierung und Eigenwirkung der Drogen an Schaden entstehen könnte?

Wer der Erkenntnis, daß nicht die Droge selbst das tödliche Elend schafft, sondern der Stempel der Illegalität dafür verantwortlich ist, Rechnung trägt, müßte zum Wohle unserer Gesellschaft im allgemeinen und der süchtigen Menschen im besonderen neue Wege in der Drogenpolitik suchen.

Wer nach wie vor bereits wissenschaftlich exakt abgestimmte und staatlich streng kontrollierte Versuche zur Vergabe von Heroin für verantwortungslos hält, muß sich fragen lassen, ob diese ignorante Haltung kranken Menschen gegenüber nicht den Tatbestand unterlassener Hilfeleistung erfüllt. Wir wissen längst, daß nur ein Teil der Abhängigen über die Angebote der Abstinenztherapie erreicht werden kann, während andere über Ersatzdrogen den Ausstieg aus der Drogenhölle schaffen, und daß es darüber hinaus sehr viele gibt, denen die Hilfen der herkömmlichen Drogenarbeit nicht zusagen beziehungsweise nichts nutzen. Für sie gilt es, Wege zu öffnen, die erfolgversprechender als die bisherigen zu sein scheinen, sie vor dem sonst sicheren Drogentod zu bewahren. Es ist das humane Gebot einer sozial denkenden und handelnden Gesellschaft, die Ungleichbehandlung von Menschen so weit wie möglich auszuschließen. Was dem Alkoholkranken recht ist, sollte dem Heroinsüchtigen billig sein, nämlich ihm alle medizinisch möglichen Therapien zugute kommen zu lassen.

Worin liegen eigentlich die Ursachen für das in unserer Gesellschaft so weit verbreitete Phänomen der Sucht? Antworten darauf kann uns die Wissenschaft weltweit nicht geben, weder die Soziologie noch die Medizin noch die Psychologie. Wer abhängig wird und wer nicht – ob es an der Biochemie des einzelnen Menschen liegt, an seiner Erziehung, seiner gesellschaftlichen Sozialisation oder am jeweiligen Stoff selbst –, darüber gibt es keine verläßlichen Aussagen, lediglich Spekulationen. Schuld daran sind nicht die Wissenschaften, sondern die Politiker, die viel zuwenig Geld bereitstellen für eine überfällige Grundlagenforschung, die hierzulande wie auch in den USA oder anderen westlichen Industrieländern stiefmütterlich behandelt wird. Haben die Politiker Angst vor unbequemen Antworten, die die gesellschaftspolitischen Defizite offenlegen würden, die Defizite in der Familien-, Jugend- und Sozialpolitik vor allem?

Das Thema Sucht ist in unserer Gesellschaft in merkwürdiger Weise tabuisiert, weil über die legalen – kulturell anerkannten – Drogen wie Alkohol oder Tabletten allenthalben milde geurteilt wird, auch wenn sie durch Mißbrauch zu Krankheit und Tod führen. Wir gehen schnell zur Tagesordnung über, denn zu unserem eigenen Alltag gehören meist dieselben Drogen, an denen andere psychisch oder physisch krank geworden sind, dieselben Drogen, die andere rausgeworfen haben aus den Bezügen von Familie und Beruf.

Warum urteilen wir über Menschen, die Heroin spritzen oder einen Joint rauchen, so unverhältnismäßig hartherzig? Warum verweigern wir ihnen mögliche Hilfen? Warum verstoßen wir Kinder, die krank sind? Warum nehmen wir billigend tausendfach den Tod junger Menschen in Kauf, indem wir sie ins Elend der Illegalität jagen? Unsere Drogenpolitik gibt vor, die internationalen Drogenkartelle zerschlagen zu wollen, in Wirklichkeit aber zerstört sie in erster Linie das Leben kranker hilfsbedürftiger Menschen.

Ein selbstbeherrschter Umgang mit Alkohol, Nikotin oder Tabletten gilt in unserer Gesellschaft als erlernbar. Für diejenigen, die an diesen Drogen krank werden, ist ein engmaschiges soziales und medizinisches Netz geknüpft, das sie wohlwollend auffängt.

Der Umgang mit Heroin, Kokain oder LSD wird hingegen verteufelt. Für diejenigen, die an diesen Drogen krank werden, gibt es, wenn überhaupt, nur wenig Pardon.

Die kontrollierte Freigabe harter Drogen ist der längst überfällige erste Schritt auf dem Weg zu einer Drogenpolitik, deren Maßstab allein die ungeteilte menschliche Zuwendung allen Süchtigen gegenüber sein muß.

Wenn wir das verstanden haben, werden wir keine Angst mehr vor der Erkenntnis haben müssen, daß auch ein sozialverträglicher Umgang mit Heroin erlernbar ist.

15 Der Ausstieg

Lisa und Robin spielen mit hölzernen Klötzen, großen und kleinen, gelben, roten, grünen und blauen. Sie bauen Türme und Häuser, Straßen und Brücken, sausen mit dem Jaguar oder dem Ford Caravan durch die Stadt, brummen mit dem Bulldozer oder dem Traktor über das freie Gelände ihrer Baugrube.

Lisa ist drei, Robin fünf Jahre alt. Seit einer halben Stunde liegen sie auf dem weichen Teppich im Wohnzimmer. Alex und Norma, ihre Eltern, sitzen entspannt am Eßtisch, schauen ab und zu, was ihre Kinder so treiben. Sie genießen die Ruhe am Abend, die Behaglichkeit ihres Zuhauses, draußen ist es kalt und stürmisch, den ganzen Tag über hat es geregnet.

Eine Familienidylle wie aus dem Bilderbuch des britischen Hochadels. Nur das Prasseln und Knacken eines Kaminfeuers fehlt. Alex und Norma, beide 33 Jahre alt, sind aufgewachsen im Hafenmilieu von Liverpool. Als sie 20 waren, sind sie nach Widnes gekommen, weil sie raus wollten aus der Drogenszene ihrer Heimatstadt. In Widnes – nur 30 Kilometer von Liverpool entfernt, mit 150 000 Einwohnern ein überschaubarer Ort – erhofften sie sich ein besseres Leben. Sie wollten aussteigen, runter vom Gift, von vorne anfangen. Damals hingen sie beide schon seit fünf beziehungsweise sechs Jahren an der Nadel. Heroin bestimmte ihren Alltag.

In Widnes glaubten sie, in Ruhe leben, sich ganz allein von der Sucht befreien zu können. Sie wollten einsteigen in ein ganz normales Leben, fanden zunächst auch Unterkunft in einer Wohngemeinschaft und verdienten sich ein wenig Geld mit Gelegenheitsjobs. Norma ging putzen, sortierte bei der Post Briefe und Pakete oder spielte Babysitter; Alex stapelte Getränkekisten, spülte Flaschen in der Brauerei oder schleppte Möbel treppauf, treppab.

Doch das Leben ohne den Kick durch Heroin oder manchmal auch Kokain war ihnen auf die Dauer zu fad, vergessen die quälenden Tage und Nächte, in denen der Drogenentzug ihnen körperlich und seelisch arg zu schaffen gemacht hatte, den sie ganz allein in ihrem kleinen Zimmer ohne Medikamente und Beistand von Freunden durchlitten hatten. Vergessen die guten Vorsätze, irgendwann einmal auch eine ordentliche Berufsausbildung anzustreben. Die Droge war stärker, so stark, daß sie, um ausreichend Geld zu haben für den Stoff, ihre Mitbewohner beklauten, Schecks und Unterschriften fälschten, schließlich den Video-Recorder und die Stereo-Anlage aus der Wohnung mitgehen ließen. Sie mußten einmal mehr wieder untertauchen, dieses Mal in die Drogenszene von Widnes.

Norma und Alex fanden zunächst hier und da bei anderen Junkies Unterschlupf, trieben rast- und ruhelos durch die Stadt auf der Suche nach Geld und Gift. Sie hausten in Abbruchhäusern und teilten sich mit den Ratten die Essensreste aus Papierkörben oder Abfalleimern. An den wenigen warmen Tagen schliefen sie wie Penner in Parks und Grünanlagen. Das ging so über Jahre.

Immer wieder hatten sie versucht, über Abstinenztherapien auszusteigen – immer dann, wenn sie mit ihren Kräften ganz am Ende waren, aber diese »Pausen« waren nur kurz.

Norma und Alex waren in der Drogenszene »das Ehepaar«, unzertrennlich auch in den schlimmsten Phasen ihres Drogenelends.

Sie gingen durch dick und dünn, klammerten sich aneinander fest und hielten sich über Wasser. Weder die ständige Angst vor der Verfolgung durch die Polizei, noch der verdreckte Stoff, noch die elenden Lebensumstände konnten sie zur Umkehr zwingen. Kontakt zum Elternhaus hatten sie seit dem Weggang von Liverpool nicht mehr, die Eltern hatten ihnen jegliche Unterstützung versagt und erklärt, sie erst wiedersehen zu wollen, wenn sie clean, drogenfrei wären.

Außerhalb ihrer Szene gab es nichts, was ihnen hätte helfen können. Jedes Therapieangebot war nur ein Strohhalm, der immer wieder schnell zerbrach. Norma und Alex, das wußten die beiden ganz genau, sind Drogenkinder und würden es auch immer bleiben.

1985 – da waren sie gerade 25 Jahre alt – erfuhren sie von einem Arzt in der Stadt, der Drogen auf Rezept verschrieb, Heroin und Kokain und Amphetamine. Sie hörten von Junkies, die sich täglich ihren Stoff in der Apotheke holten, in flüssiger Form für die Spritze oder präpariert in Zigaretten zum Rauchen, sie ließen sich erzählen, daß Dr. Marks ein strenger Arzt sei, der seine Drogenpatienten jede Woche sehen wolle, daß sie regelmäßig an Sitzungen mit Therapeuten und Sozialarbeitern teilnehmen müßten, daß sie darüber hinaus aber niemand zwingen würde, abstinent zu leben, selbst langfristig nicht (siehe auch Kapitel 9). Wer die wöchentlichen Treffs in der Drogenklinik versäumt, wer sie häufig stört oder wer mit dem verschriebenen Stoff handelt oder zusätzlich Drogen auf dem Schwarzmarkt erwirbt und spritzt und damit die ärztliche Behandlung gefährdet, fliegt raus. Wen dieses Urteil des Teams trifft, der hat es sehr schwer, wieder aufgenommen zu werden.

All das vernehmen Norma und Alex, und zunächst macht ihnen das angst: »Wieder so eine strenge Therapie.«

Viele Gespräche mit Junkies, die bei Marks in Behandlung

sind, können Norma und Alex schließlich von der Idee überzeugen, mit Heroin auf Krankenschein ein fast ganz normales
Leben führen zu können.

Dr. Marks – ein distanzierter Mensch – gibt ihnen zu verstehen,
daß sie bestimmte Regeln einzuhalten hätten, um den Stoff auf
Rezept zu bekommen. Er zeigt Verständnis, daß die beiden auf
ein Leben ohne Drogen nicht verzichten mögen. Sie gehen
diesen »Vertrag« ein. Alex möchte weiterhin spritzen, Norma
wählt die Heroinzigaretten.

Ihr Alltag wird ruhiger – die Hast nach Geld und Gift ist von
einem Tag auf den anderen vorüber. Sie haben Zeit zum
Nachdenken, sie orientieren sich neu und finden mit Hilfe von
Sozialarbeitern auch den Weg zu den Behörden, die ihnen
Wohngeld und Sozialhilfe gewähren.

In den ersten Monaten leben sie bei Junkies, die sie in der
Drogenklinik kennengelernt haben. Norma, die mit 16 Jahren
– damals schon heroinabhängig, wenn auch in Maßen – eine
Ausbildung als Kindergärtnerin begann, träumt davon, sie
fortzusetzen. Alex weiß nicht so recht, was er will, nimmt aber
kleine Jobs an, während Norma eine Ausbildungsstelle sucht.
Allerdings vergeblich.

Als Norma 1987 schwanger wird, suchen die beiden eine
eigene Wohnung. Schließlich finden sie mit Unterstützung der
Sozialarbeiter in der Drogenklinik auch eine. Norma gelingt
es, in der Schwangerschaft ohne Stoff auszukommen, bittet
aber Dr. Marks danach – Robin ist gerade ein halbes Jahr alt –
wieder um die Heroinzigaretten. »Es ist halt meine Droge!«
erklärt sie achselzuckend.

In ihrem Wohnviertel wissen die Nachbarn nichts von ihrer
Drogenabhängigkeit. Beide wollen es ebenso vor Robin ver-
bergen, weshalb sich Alex auch entschließt, Heroin zu rauchen, statt zu spritzen, weil es einfach unauffälliger ist. Auf
die Droge verzichten möchte er nicht. Er ist schon stolz genug,

daß er die tägliche Dosis Heroin um etwa ein Drittel senken konnte.

Selbst als er bei einer Spedition als Lagerarbeiter festangestellt wird, führt ihn der Weg jeden Morgen in die Apotheke, wo er sich seine Zigaretten holt.

Mit Beginn ihrer zweiten Schwangerschaft gelingt es Norma wieder, ohne Heroin zu leben. Dieses Mal will sie nach der Geburt von Lisa im August 1990 keinen Stoff mehr anrühren.

Heute ist sie »im vierten Jahr nach Heroin«, wie sie voller Stolz erzählt. Norma gehört zu den fünf Prozent der Patienten von Dr. Marks, die den Ausstieg geschafft haben.

Ob es ihr was ausmacht, wenn ihr Mann Alex weiterhin sein Heroin raucht? »Nein«, lacht sie, warum? »Er braucht den Kick noch, und wen stört es? Die Kinder nicht, die Nachbarn nicht, seinen Chef nicht, seine Kollegen nicht – keiner merkt es!«

Als ich einmal mit Dirk über Widnes sprach, sagte er, das wäre es, zumindest für ihn, denn Heroin, das sei ja eigentlich seine Droge, die Remis würden es im Endeffekt wohl doch nicht bringen: »Ich glaube, für mich wäre der einzige Stoff, der mir verschrieben werden könnte vom Arzt oder so, tatsächlich Heroin, aber das wird es wohl nicht geben, wird es hier wohl niemals geben; also unter den momentanen politischen Bedingungen wird das wohl nicht möglich sein, daß Heroin auf Krankenschein verschrieben werden kann.«

Und er fügt hinzu: »Hamburg ist nicht Widnes und auch nicht Basel oder Zürich oder Bern.«

Anmerkungen

1 Gatzemeier, H.: ZDF-Reportage – »Ausstieg aus der Hölle« in: ZDF-Spezial – »Der Drogenkrieg«, 10. 10. 1989

2 Gatzemeier, H. und Kaiser, R.: ZDF-Film – »Heroin auf Kranken-schein« in: Zündstoff, 3. 3. 1993

3 Amendt, G.: Der Staat – Die Droge – Der Tod, auf dem Weg in die Drogengesellschaft. S. 182, Hamburg 1992

4 Amendt, G.: a. a. O. S. 182

5 Amendt, G.: a. a. O. S. 182

6 Amendt, G.: a. a. O. S. 55

7 Gatzemeier, H.: a. a. O.

8 Frankfurter Rundschau, 2. 12. 1992

9 Jahrbuch Sucht '93, Geesthacht 1992

10 Amendt, G.: a. a. O. S. 51

11 Rausch und Realität, Drogen im Kulturvergleich. Köln 1981

12 Geo Wissen, Sucht und Rausch. Hamburg 1990

13 a. a. O.

14 a. a. O.

15 Rote Liste 1992, Arzneimittelverzeichnis des BPI. Psychopharmaka S. 70 137 ff. Frankfurt 1992

16 Suchtreport, 4/92

17 Amendt, G.: a. a. O. S. 51

18 Deutsche Presse Agentur, 31. 7. 1989

19 Amendt, G.: a. a. O. S. 15

20 Associated Press, 14. 7. 1993 nach Die Woche, 14. 7. 1993

21 Associated Press, 13. 7. 1993

22 Agence France Press, 29. 5. 1993 nach Welt am Sonntag, 30. 5. 1993

23 Deutscher Depeschen Dienst, 5. 6. 1993

24 Global Press, 7. 6. 1993

25 Deutsche Presseagentur, 11. 5. 1993

26 Agence France Press, 11. 5. 1993

27 Agence France Press, a. a. O.

28 Deutsche Presse Agentur, 19. 5. 1993

29 Associated Press, 17. 5. 1993

30 Die Zeit, Nr. 13, 20. 3. 1992

31 Die Zeit, a. a. O.

32 Süddeutsche Zeitung, 8. 2. 1992

33 Amendt, G.: a. a. O. S. 98

34 Sucht, Hamm 1–93

35 Der Spiegel, 34/1992

36 Der Bundesminister für Gesundheit, Horst Seehofer, am 1. 7. 1993 im
    Bundestag, Text nach Vorlage des Pressereferats vom 1. 7. 1993

37 Der Bundesminister für Gesundheit, a. a. O.

38 Deutscher Depeschen Dienst, 23. 10. 1992

39 Der Bundesminister für Gesundheit, a. a. O.

40 Der Bundesminister für Gesundheit, a. a. O.

41 Der Bundesminister für Gesundheit, a. a. O.

42 Der Bundesminister für Gesundheit, a. a. O.

43 Der Bundesminister für Gesundheit, a. a. O.

44 Der Bundesminister für Gesundheit, a. a. O.

45 Der Bundesminister für Gesundheit, a. a. O.

46 Der Bundesminister für Gesundheit, a. a. O.

47 Amendt, G.: a. a. O. S. 182

48 Der Bundesminister für Gesundheit, a. a. O.

49 Der Bundesminister für Gesundheit, a. a. O.

50 Amendt, G.: a. a. O. S. 187

51 Der Bundesminister für Gesundheit, a. a. O.

52 Der Bundesminister für Gesundheit, a. a. O.

53 Der Bundesminister für Gesundheit, a. a. O.

54 Der Spiegel, 11/1993

55 Der Bundesminister für Gesundheit, a. a. O.

56 Der Spiegel, 11/1993

57 Der Bundesminister für Gesundheit, a. a. O.

58 Der Bundesminister für Gesundheit, a. a. O.

59 Gatzemeier, H. und Kaiser, R.: a. a. O.

60 Associated Press, 2. 6. 1993

61 Süddeutsche Zeitung, 21. 7. 1993

62 Psychologie Heute, 7/1993

63 Die Zeit, Nr. 15, 3. 4. 1992

64 Die Zeit, Nr. 15, 3. 4. 1992

65 Deutscher Depeschen Dienst, 26. 6. 1993

66 Der Spiegel, 26/1993

67 Deutsche Presse Agentur, 18. 6. 1993

68 Frankfurter Rundschau, 2. 12. 1992

69 Konfuzius, Buch der Gespräche

70 Diskussionsbeitrag in Podiumsdiskussion zur Tagung des Arbeitskreises sozialdemokratischer Juristen, 9. 8. 1992

71 Gatzemeier, H. und Kaiser, R.: a. a. O.

72 Rausch und Realität, a. a. O.

73 Gatzemeier, H. und Kaiser, R.: a. a. O.

74 Agence Press, 29. 5. 1993 nach Welt am Sonntag, 30. 5. 1993

75 Agence Press, 29. 5. 1993 nach Welt am Sonntag, 30. 5. 1993

76 Die Zeit, Nr. 13, 20. 3. 1992

77 Die Zeit, Nr. 13, 20. 3. 1992

78 Gatzemeier, H. und Kaiser, R.: a. a. O.

79 Gatzemeier, H. und Kaiser, R.: a. a. O.

80 Gatzemeier, H. und Kaiser, R.: a. a. O.

81 Die Zeit, Nr. 13, 20. 3. 1992

82 Gatzemeier, H. und Kaiser, R.: a. a. O.

83 Gatzemeier, H. und Kaiser, R.: a. a. O.

84 Global Press, 18. 6. 1993

85 Deutsche Presse Agentur, 31. 3. 1993

86 Deutsche Presse Agentur, 31. 3. 1993

87 Schran, Peter: ZDF-Film »Kuriere der Mafia – über jugendliche Drogenkuriere« in: Zündstoff, 29. 9. 1993

88 Amendt, G.: a. a. O. S. 160

89 Amendt, G.: a. a. O. S. 218

90 Amendt, G.: a. a. O. S. 214

91 Frankfurter Rundschau, 2. 12. 1992

92 Bundesrat – Drucksache 395/93, Entwurf eines Gesetzes zur Änderung des Betäubungsmittelgesetzes, 18. 6. 1993

93 Bundesrat – Drucksache 395/93, a. a. O.

94 Gatzemeier, H. und Kaiser, R.: a. a. O.

95 Bundesrat – Drucksache 395/93, a. a. O.

96 Bundesrat – Drucksache 395/93, a. a. O.

97 Süddeutsche Zeitung, 4. 3. 1993

98 Süddeutsche Zeitung, 4. 3. 1993

99 Süddeutsche Zeitung, 4. 3. 1993

100 Süddeutsche Zeitung, 4. 3. 1993

101 Süddeutsche Zeitung, 4. 3. 1993

102 Evangelischer Presse Dienst, 7. 9. 1992 und vgl. Bundesrat – Drucksache 395/93, a. a. O.

103 Gatzemeier, H. und Kaiser, R.: a. a. O.

104 Gatzemeier, H. und Kaiser, R.: a. a. O.

105 Gatzemeier, H. und Kaiser, R.: a. a. O.

106 Gatzemeier, H. und Kaiser, R.: a. a. O.

107 Der Spiegel, 11/1993

108 Amendt, G.: a. a. O. S. 216

109 Katholische Nachrichten Agentur, 31. 8. 1992

110 Deutscher Depeschen Dienst, 16. 2. 1993

111 Evangelischer Presse Dienst, 18. 4. 1993

112 Gatzemeier, H. und Kaiser, R.: a. a. O.

113 Deutsche Presse Agentur, 1. 7. 1993

114 Frankfurter Rundschau, 2. 12. 1992

115 Deutsche Presse Agentur, 17. 12. 1989

116 Amendt, G.: a. a. O. S. 54

117 Gatzemeier, H. und Kaiser, R.: a. a. O. und Gatzemeier, H.: a. a. O.

118 Grimm, G.: Drogen gegen Drogen. Kiel 1992

119 Grimm, G.: Interview-Protokoll beim Verfasser, 1989

120 Grimm, G.: Interview-Protokoll, a. a. O.

121 Grimm, G.: Lösung des Drogenproblems, Kiel 1989

122 Berufsgerichtshof Schleswig, mündliche Verhandlung, 26. 8. 1993

123 Samson, E.: Verteidigungsschrift, 16. 8. 1993

124 Samson, E.: a. a. O.

125 Seidenberg, A.: Chancen einer diversifizierten ›Opiat‹-Abgabe,
     Aufsatz, 1989

126 Associated Press, 24. 5. 1993

127 Frankfurter Allgemeine Zeitung, 24. 5. 1993

128 Weinbrevier »La Bourgogne«, Guide de Visite et Degustations,1993

129 Deutsche Presse Agentur, 18. 6. 1993

130 Pschyrembel, 255. Auflage. Berlin 1986

131 Amendt, G.: a. a. O. S. 44

132 Die Zeit, Nr. 15, 3. 4. 1992

133 Die Zeit, Nr. 15, 3. 4. 1992

134 Die Zeit, Nr. 15, 3. 4. 1992

135 Gatzemeier, H. und Kaiser, R.: a. a. O.

136 Gatzemeier, H. und Kaiser, R.: a. a. O.

137 Gatzemeier, H. und Kaiser, R.: a. a. O.

138 Gatzemeier, H. und Kaiser, R.: a. a. O.

139 Gatzemeier, H. und Kaiser, R.: a. a. O.

140 Gatzemeier, H. und Kaiser, R.: a. a. O.

141 Gatzemeier, H. und Kaiser, R.: a. a. O.

142 Mino, A.: Wissenschaftliche Literaturanalyse der kontrollierten
     Heroin- oder Morphinabgabe. Bundesamt für Gesundheitswesen.
     Bern 1991.

143 Mino, A.: a. a. O.

144 Mino, A.: a. a. O.

145 Mino, A.: a. a. O.

146 Mino, A.: a. a. O.

147 Seidenberg, A.: a. a. O.

148 Seidenberg, A.: a. a. O.

149 Seidenberg, A.: a. a. O.

150 Seidenberg, A.: a. a. O.

151 Seidenberg, A.: a. a. O.

152 Seidenberg, A.: a. a. O.

153 Seidenberg, A.: a. a. O.

154 Seidenberg, A.: a. a. O.

155 Mino, A.: a. a. O.

156 Seidenberg, A.: a. a. O.

157 Gatzemeier, H.: a. a. O.

158 Gatzemeier, H.: a. a. O.

159 Gatzemeier, H.: a. a. O.

160 Gatzemeier, H.: a. a. O.

161 Gatzemeier, H. und Kaiser, R.: a. a. O.

162 Gatzemeier, H. und Kaiser, R.: a. a. O.

163 Bundesministerium des Innern: Rauschgiftbilanz 1992, Bonn 19. 1. 1993

164 Bundesministerium des Innern: a. a. O.

165 Der Spiegel, 34/1992 und vgl.: Associated Press, 2. 4. 1993

166 Gatzemeier, H.: a. a. O.

167 Bundeskriminalamt: Lagebericht – Rauschgift. Wiesbaden, 31. 12. 1992

168 Bundeskriminalamt: a. a. O.

169 Bundesministerium des Innern: a. a. O.

170 Bundesministerium des Innern: a. a. O.

171 Der Spiegel, 26/1993

172 Die Zeit, Nr. 7, 7. 2. 1992

173 Der Spiegel, 34/1992

174 Gatzemeier, H. und Kaiser, R.: a. a. O.

175 Gatzemeier, H. und Kaiser, R.: a. a. O.

176 Gatzemeier, H. und Kaiser, R.: a. a. O.

177 Gatzemeier, H. und Kaiser, R.: a. a. O.

178 Gatzemeier, H. und Kaiser, R.: a. a. O.

179 Gatzemeier, H. und Kaiser, R.: a. a. O.

180 Gatzemeier, H. und Kaiser, R.: a. a. O.

181 Gatzemeier, H. und Kaiser, R.: a. a. O.

182 Deutsche Presse Agentur, 31. 3. 1993

183 Die Zeit, Nr. 28, 9. 7. 1993

184 Die Zeit, Nr. 28, 9. 7. 1993

185 Geo Wissen: a. a. O.

186 Geo Wissen: a. a. O.

187 Geo Wissen: a. a. O.

188 Geo Wissen: a. a. O.

189 Die Zeit, Nr. 10, 28. 2. 1992

190 Deutscher Depeschen Dienst, 28. 2. 1992

191 Die Zeit, Nr. 10, 28. 2. 1992

192 Die Zeit, Nr. 10, 28. 2. 1992

193 Die Zeit, Nr. 25, 18. 6. 1993

194 Die Zeit, Nr. 25, 18. 6. 1993

195 Gatzemeier, H. und Kaiser, R.: a. a. O.

196 Die Zeit, Nr. 25, 18. 6. 1993

197 Die Zeit, Nr. 25, 18. 6. 1993

198 Die Zeit, Nr. 25, 18. 6. 1993

199 Gatzemeier, H. und Kaiser, R.: a. a. O.

200 Gatzemeier, H. und Kaiser, R.: a. a. O.

201 Gatzemeier, H. und Kaiser, R.: a. a. O.

202 Gatzemeier, H. und Kaiser, R.: a. a. O.

203 Gatzemeier, H. und Kaiser, R.: a. a. O.

204 Die Zeit, Nr. 10, 28. 2. 1992

205 Die Zeit, Nr. 25, 18. 6. 1993

206 Gatzemeier, H. und Kaiser, R.: a. a. O.

207 Die Zeit, Nr. 25, 18. 6. 1993